MILAN KUNDERA

VERRATENE VERMÄCHTNISSE

Essay

Aus dem Französischen
von Susanna Roth

Carl Hanser Verlag

Titel der französischen Originalausgabe
Les Testaments trahis, Paris (Gallimard) 1993

1 2 3 4 5   98 97 96 95 94

ISBN 3-446-17764-7
© Milan Kundera 1993
© der deutschen Ausgabe
Carl Hanser Verlag München Wien 1994
Satz: Fotosatz Reinhard Amann, Aichstetten
Druck und Bindung: Friedrich Pustet, Regensburg
Printed in Germany

INHALT

ERSTER TEIL

Der Tag, an dem Panurge die Welt nicht mehr zum Lachen bringt

Die Erfindung des Humors

Madame Grandgousier, schwanger, aß eine Unmenge Kutteln, so daß man ihr ein Adstringens verordnen mußte; es war so stark, daß die Gebärmutterwände sich lockerten, der Foetus Gargantuas in eine Ader drang, nach oben schlüpfte und durchs Ohr seiner Mama auf die Welt kam. Von den ersten Sätzen an legt das Buch seine Karten offen: was hier erzählt wird, ist nicht ernst gemeint: was heißen soll: hier werden nicht (wissenschaftliche oder mythische) Wahrheiten bestätigt; man ist nicht verpflichtet, Tatsachen so zu beschreiben, wie sie in Wirklichkeit sind.

Glücklich die Zeit von Rabelais: der Schmetterling des Romans fliegt empor, während auf seinem Körper noch Reste der Puppe haften. Durch seine Riesenerscheinung gehört Pantagruel noch in die Vergangenheit der Zaubermärchen, während Panurge aus der damals noch unbekannten Zukunft des Romans kommt. Der außergewöhnliche Moment der Geburt einer neuen Kunst verleiht Rabelais' Buch einen unglaublichen Reichtum; alles ist darin enthalten: Wahrscheinliches und Unwahrscheinliches, Allegorie, Satire, Riesen und normale Menschen, Anekdoten, Meditationen, reale und phantastische Reisen, gelehrte Streitgespräche, Digressionen nur um der sprachlichen Virtuosität willen. Als Erbe des 19. Jahrhunderts empfindet der Romancier von heute eine neidvolle Sehnsucht nach jenem wunderbar vielfältigen Universum der ersten Romanciers und nach der fröhlichen Freiheit, mit der sie es bewohnten.

Wie Rabelais auf den ersten Seiten seines Buches Gargantua durch Mamas Ohr auf die Bretter der Welt fallen läßt, so fallen in den *Satanischen Versen* die beiden Helden Salman Rushdies nach einer Flugzeugexplosion in die Tiefe, während sie plaudern, singen, sich komisch und unwahrscheinlich verhalten. Während »über, hinter, unter ihnen im leeren Raum zurückgeklappte Sitze, Pappbecher, Sauerstoffmasken und Passagiere« herumfliegen, schwimmt der eine, Gibril Farishta, »in der Luft, Bruststil, Schmetterlingsstil, rollte er sich zu einer Kugel zusammen, spreizte wie ein Adler Arme und Beine vor der Beinahe-Unendlichkeit dieser Beinahe-Dämmerung«; der andere, Saladin Chamcha, ist »ein pedantischer, kopfüber fallender Schatten, in einem grauen Anzug, alle Jackettknöpfe zugeknöpft, Arme an die Seiten gepreßt [...] die Melone auf seinem Kopf«. Mit dieser Szene beginnt der Roman, denn Rushdie weiß wie Rabelais, daß die Vereinbarung zwischen Romancier und Leser von Anfang an zu bestehen hat; es muß klar sein: was hier erzählt wird, ist nicht ernst gemeint, auch wenn es sich um die furchtbarsten Dinge handelt.

Die Vermischung von Unernstem und Furchtbarem: dazu eine Szene aus dem *Vierten Buch*: Pantagruels Schiff begegnet auf offener See einem Boot mit Kauffahrern; als einer der Händler Panurge ohne Hosenlatz sieht, die Brille an der Mütze befestigt, glaubt er, sich wichtig machen zu müssen, und schimpft ihn einen Hahnrei. Panurge rächt sich auf der Stelle: er kauft ihm einen Hammel ab und wirft ihn ins Meer; da es in der Natur von Schafen liegt, dem Leithammel nachzulaufen, springen alle anderen ebenfalls ins Wasser. Entsetzt packen die Händler sie am Fell und an den Hörnern und werden so ihrerseits ins Meer hinuntergerissen. Panurge hält ein Ruder in der Hand, nicht etwa, um sie zu retten, sondern um sie davon abzuhalten, auf sein Schiff zu klettern; er ermahnt sie wortgewaltig, indem er ihnen alles Unglück dieser Welt schildert sowie das Gute und das Glück des Lebens im Jenseits und beteuert, die Verstorbenen seien glücklicher als die Lebenden. Falls es ihnen dennoch gefallen sollte, unter den Menschen weiterzuleben, wünscht er ihnen, sie mögen wie Jonas einem Walfisch begegnen. Als alle ertrunken sind, gratuliert Bruder Jan Panurge, er hält ihm nur vor, den Händler bezahlt und so Geld hinausgeworfen zu haben. Darauf Panurge: »Potz Keil! Hab doch für mehr als fünfzigtausend Franken Spaß dabei gehabt!«

Die Szene ist irreal, unmöglich; hat sie wenigstens eine Moral? Prangert Rabelais die Knauserigkeit der Händler an, deren Bestrafung uns ergötzen soll? Oder will er uns gegen Panurges Grausamkeit aufbringen? Oder mokiert er sich, antiklerikal, über die Dummheit der von Panurge vorgetragenen religiösen Gemeinplätze? Sie dürfen raten! Jede Antwort ist eine Falle für Dummköpfe.

Octavio Paz: »Weder Homer noch Virgil haben den Humor gekannt; Ariost scheint ihn vorauszuahnen, doch der Humor nimmt erst mit Cervantes Gestalt an […] Der Humor ist die große Erfindung des modernen Geistes.« Ein grundlegender Gedanke: der Humor wird von den Menschen nicht seit unvordenklichen Zeiten praktiziert; er ist eine mit der Geburt des Romans verbundene *Erfindung*. Der Humor ist also nicht Lachen, Spott, Satire, sondern vielmehr eine spezifische Art des Komischen, über die Paz sagt (und dies ist der Schlüssel, um das Wesen des Humors zu verstehen), »er macht alles, was er berührt, vieldeutig«. Wer keine Freude an der Szene hat, in der Panurge die Schafhändler ertrinken läßt, während er ihnen eine Lobrede auf das Leben im Jenseits hält, wird nie etwas von der Kunst des Romans verstehen.

Der Bereich, in dem das moralische Urteil aufgehoben ist

Fragte mich jemand nach dem häufigsten Grund für Mißverständnisse zwischen meinen Lesern und mir, würde ich nicht zögern zu antworten: der Humor. Ich lebte noch nicht lange in Frankreich und war alles andere als blasiert. Als ein bedeutender Professor der Medizin mich sehen wollte, weil er *Abschiedswalzer* mochte, war ich sehr geschmeichelt. Seiner

Meinung nach ist mein Roman prophetisch; mit der Person Doktor Skretas, der in einem Badestädtchen scheinbar unfruchtbare Frauen behandelt, indem er ihnen mit einer Spezialnadel heimlich seinen Samen einspritzt, hätte ich das große Problem der Zukunft angesprochen. Er lädt mich zu einer Tagung über künstliche Befruchtung ein. Er zieht ein Blatt Papier aus der Tasche und liest mir den Entwurf seines Vortrags vor. Die Gabe des Spermas sollte anonym, gratis und (in diesem Moment schaut er mir in die Augen) durch eine dreifache Liebe motiviert sein: die Liebe zu einem unbekannten Ei, das seine Berufung erfüllen möchte; die Liebe des Spenders zu seiner eigenen Individualität, die durch die Spende in die Zukunft verlängert wird, und, zum dritten, die Liebe zu einem leidenden, unerfüllten Paar. Dann schaut er mir abermals in die Augen: trotz aller Achtung erlaube er sich, mich zu kritisieren: es sei mir nicht geglückt, die moralische Schönheit des Samenspendens in überzeugender Weise darzustellen. Ich verteidige mich: Der Roman ist komisch! Mein Doktor ist ein Phantast! Man darf nicht alles so ernst nehmen! – Man soll Ihre Romane also nicht ernst nehmen? fragt er mich argwöhnisch. Ich verheddere mich, und plötzlich wird mir klar: es gibt nichts Schwierigeres, als Humor verständlich zu machen.

Im *Vierten Buch* bricht auf dem Meer ein Sturm los. Alle stehen auf der Brücke und versuchen, das Schiff zu retten. Einzig Panurge, gelähmt vor Angst, wehklagt nur: sein wunderbares Gejammer erstreckt sich über ganze Seiten. Kaum daß der Sturm sich gelegt hat, kehrt sein Mut zurück, und er tadelt alle für ihre Faulheit. Und dies ist das Sonderbare: dieser Feigling, dieser Faulenzer, Lügner und Komödiant ruft in uns nicht nur keine Empörung wach, gerade im Moment seiner Prahlereien mögen wir ihn am meisten. Solche Passagen sind es, die Rabelais' Buch voll und ganz zum Roman werden lassen: das heißt: *zu einem Bereich, in dem das moralische Urteil aufgehoben ist.*

Das moralische Urteil aufzuheben bedeutet nicht die Immoralität des Romans, sondern seine *Moral*. Eine Moral, die sich der unausrottbaren menschlichen Gewohnheit widersetzt, sofort, unablässig und jedermann zu beurteilen, zu urteilen, noch bevor und ohne daß man verstanden hat. Unter dem Blickwinkel der Weisheit des Romans ist diese leidenschaftliche Bereitschaft zu urteilen die abscheulichste Dummheit, das gefährlichste Übel. Nicht daß der Romancier die Berechtigung eines moralischen Urteils generell bestreiten würde, aber er verweist es außerhalb des Romans. Klagen Sie, wenn Sie Lust dazu haben, Panurge seiner Feigheit wegen an, klagen Sie Emma Bovary, klagen Sie Rastignac an, das ist Ihre Sache; der Romancier hat damit nichts zu tun.

Die Schaffung eines imaginären Raums, in dem das moralische Urteil aufgehoben ist, war eine Leistung von unermeßlicher Tragweite: nur dort können Romanfiguren sich entfalten, das heißt Individuen, die nicht mit Rücksicht auf eine bereits existierende Wahrheit erdacht wurden, als Beispiele für das Gute oder das Böse oder als Verkörperung objektiver, aufeinanderstoßender Gesetze, sondern als autonome, auf ihre eigene Moral, ihre eigenen Gesetze gegründete Wesen. Die westliche Gesellschaft hat die Gewohnheit angenommen, sich als Gesellschaft der Menschenrechte zu verstehen; bevor ein Mensch jedoch Rechte haben konnte, mußte er sich als Individuum konstituieren, sich selbst als solches betrachten und als solches betrachtet werden; dies hätte nicht geschehen können ohne eine lange Ausübung der europäischen Künste und insbesondere des Romans, der den Leser lehrt, neugierig zu sein in bezug auf den anderen und zu versuchen, Wahrheiten zu verstehen, die sich von den eigenen unterscheiden. In diesem Sinn hat Cioran recht, wenn er die europäische Gesellschaft als die »Gesellschaft des Romans« bezeichnet und von den Europäern als den »Söhnen des Romans« spricht.

Die Profanation

Die Entgötterung der Welt ist eines der typisch neuzeitlichen Phänomene. Entgötterung bedeutet nicht Atheismus, sie bezeichnet die Situation, in der das Individuum, das denkende Ich, Gott als Grundlage von allem ersetzt; der Mensch kann weiterhin seinen Glauben bewahren, in der Kirche niederknien, im Bett beten, seine Frömmigkeit wird fortan nur noch seinem subjektiven Universum angehören. Heidegger hat diese Situation beschrieben und kommt zu dem Schluß: »Ist es dahin gekommen, dann sind die Götter entflohen. Die entstandene Leere wird durch die historische und psychologische Erforschung des Mythos ersetzt.«

Mythen, sakrale Texte, historisch und psychologisch zu erforschen, bedeutet: sie profan zu machen, sie zu profanieren. Das Wort profan stammt aus dem Lateinischen: *profanum*: der Ort vor dem Tempel, außerhalb des Tempels. Die Profanation ist folglich die Verlegung des Heiligen nach außerhalb, in die Sphäre außerhalb der Religion. Insofern als das Lachen unsichtbar in der Luft des Romans liegt, ist die Profanation durch den Roman die schlimmste aller Profanationen. Denn Religion und Humor sind unvereinbar.

Thomas Manns Tetralogie *Joseph und seine Brüder*, geschrieben zwischen 1926 und 1942, ist das Paradebeispiel einer »historischen und psychologischen Erforschung« von sakralen Texten, die, im lächelnden und erhaben langweiligen Ton Thomas Manns erzählt, plötzlich nicht mehr heilig sind: Gott, der in der Bibel vom Anbeginn der Ewigkeit existiert, wird bei Mann eine menschliche Schöpfung, eine Erfindung Abrahams, der ihn aus dem polytheistischen Chaos als zunächst übergeordnete, dann einzige Gottheit hervortreten ließ; da Gott weiß, wem er seine Existenz verdankt, ruft er aus: »Es ist unglaublich, wie weitgehend dieser Erdenkloß mich erkennt! Fange ich nicht an, mir durch ihn einen Namen zu machen? Wahrhaftig, ich will ihn salben!« Vor allem aber: Thomas Mann betont, daß es sich bei seinem Roman um ein

humoristisches Werk handelt. Die Heilige Schrift gibt Anlaß
zum Lachen! Wie etwa die Geschichte von Potiphars Weib
und Joseph; sie, toll vor Liebe, beißt sich in die Zunge und
spricht ihre verführerischen Worte dann lispelnd aus wie ein
Kind, »slaf bei mir, slaf bei mir«, während der keusche Joseph
der Lispelnden drei Jahre lang Tag für Tag geduldig erklärt,
daß es ihnen verboten sei, miteinander zu schlafen. Am
schicksalhaften Tag befinden sich die beiden allein im Haus;
sie insistiert einmal mehr, »slaf bei mir, slaf bei mir«, und er
erklärt ihr nochmals, geduldig, pädagogisch, die Gründe, weshalb sie nicht miteinander schlafen sollten, doch während
dieser Erklärung bekommt er eine Latte, er bekommt, mein
Gott, eine so phantastische Latte, daß Potiphars Weib bei diesem Anblick völlig verrückt wird und ihm das Hemd vom
Leib reißt, und als Joseph davonläuft, um sich zu retten, immer noch mit seiner Latte, fängt sie an zu schreien, verstört,
verzweifelt und entfesselt, sie ruft um Hilfe und beschuldigt
Joseph, er habe sie vergewaltigen wollen.

Thomas Manns Roman genoß einstimmige Anerkennung;
ein Beweis dafür, daß die Profanation nicht mehr als Beleidi-
gung empfunden wurde, sondern mittlerweile Bestandteil der
Sitten war. Im Laufe der Neuzeit hörte die Ungläubigkeit auf,
suspekt oder provozierend zu sein, und der Glaube seinerseits
verlor seine frühere missionarische oder intolerante Sicherheit. Bei dieser Entwicklung spielte der Schock des Stalinismus eine entscheidende Rolle: indem der Stalinismus versuchte, das christliche Gedächtnis ganz auszuradieren, hat er
uns allen, Gläubigen und Ungläubigen, Gotteslästerern und
Frömmlern, in brutaler Weise klargemacht, daß wir derselben, in der christlichen Vergangenheit verwurzelten Kultur
angehören, ohne die wir nur substanzlose Schatten, wortlose
Schwätzer, geistig Heimatlose wären.

Ich bin als Atheist erzogen worden und habe mich als solcher bis zu dem Tag wohl gefühlt, als ich in den schwärzesten
Jahren des Kommunismus sah, wie man Christen schika-
nierte. Mit einem Mal entschwand der provokative und unbe-

schwerte Atheismus meiner frühen Jugend wie eine kindische Albernheit. Ich verstand meine gläubigen Freunde und begleitete sie, mitgerissen von Solidarität und Rührung, manchmal zur Messe. Doch auch wenn ich dies tat, gelangte ich nicht zu der Überzeugung, daß Gott als ein Wesen existiert, das unsere Geschicke lenkt. Was konnte ich überhaupt darüber wissen? Und sie, was konnten sie darüber wissen? Waren sie sich sicher, sicher zu sein? Ich saß in einer Kirche mit dem seltsamen und glücklichen Gefühl, daß meine Ungläubigkeit und ihr Glaube einander auf merkwürdige Weise nahe waren.

Der Brunnen der Vergangenheit

Was ist ein Individuum? Worin liegt seine Identität? Alle Romane suchen eine Antwort auf diese Fragen. In der Tat, wodurch definiert sich ein Ich? Durch das, was eine Person tut, durch ihre Taten? Doch die Tat läuft ihrem Urheber davon, wendet sich fast immer gegen ihn. Also durch sein inneres Leben, seine Gedanken, seine verborgenen Gefühle? Ist ein Mensch aber fähig, sich selbst zu verstehen? Können seine verborgenen Gedanken als Schlüssel zu seiner Identität dienen? Oder ist der Mensch durch seine Sicht der Dinge, seine Ideen, seine Weltanschauung bestimmt? Das ist Dostojewskis Ästhetik: seine Personen sind in einer ureigenen persönlichen Ideologie verwurzelt und handeln ihr zufolge mit einer unbeugsamen Logik. Bei Tolstoi hingegen ist die persönliche Ideologie weit davon entfernt, etwas Stabiles zu sein, worauf sich die individuelle Identität gründen könnte. »Stepan Arkadjewitsch wählte weder seine Haltung noch seine Meinungen, nein, die Haltungen und Meinungen kamen von allein auf ihn zu, genauso, wie er weder die Form seiner Hüte noch seiner Mäntel wählte, sondern das nahm, was man trug« (*Anna Karenina*). Wenn jedoch das persönliche Denken nicht Grundlage der Identität eines Individuums ist (wenn es nicht wichtiger ist als ein Hut), was bildet dann diese Grundlage?

Zu dieser endlosen Suche hat Thomas Mann einen sehr wichtigen Beitrag geleistet: wir glauben zu handeln, wir glauben zu denken, es ist jedoch ein anderer, es sind andere, die in uns denken und handeln: das heißt uralte Gewohnheiten. Archetypen, die, einmal zu Mythen geworden und von einer Generation zur anderen überliefert, eine ungeheure Verführungskraft besitzen und uns (wie Mann sagt) aus dem »Brunnen der Vergangenheit« herauf fernsteuern.

Thomas Mann: »[...] ist etwa des Menschen Ich überhaupt ein handfest in sich geschlossen und streng in seine zeitlich-fleischlichen Grenzen abgedichtetes Ding? Gehören nicht viele Elemente, aus denen es sich aufbaut, der Welt von außer ihm an? [...] und die Unterscheidung zwischen Geist überhaupt und individuellem Geist besaß bei weitem nicht immer solche Gewalt über die Gemüter wie in dem Heute, das wir verlassen haben [...]« Und weiter: »In diesem Falle liegt eine Erscheinung vor, die wir als Imitation oder Nachfolge bezeichnen möchten, eine Lebensauffassung nämlich, gegebene Formen, ein mythisches Schema, das von den Vätern gegründet wurde, mit Gegenwart auszufüllen und wieder Fleisch werden zu lassen.«

Der Konflikt zwischen Jaakob und seinem Bruder Esau ist nur eine Wiederaufnahme der alten Rivalität zwischen Abel und seinem Bruder Kain, zwischen dem von Gott Bevorzugten und dem andern, dem Vernachlässigten, Eifersüchtigen. Dieser Konflikt, dieses »mythische, von den Vorfahren festgesetzte Schema«, findet eine neue Ausprägung im Schicksal von Jaakobs Sohn Joseph, der ebenfalls von privilegierter Abstammung ist. Angetrieben vom uralten Schuldgefühl der Privilegierten, schickt Jaakob Joseph los, damit dieser sich mit seinen eifersüchtigen Brüdern versöhne (eine unheilbringende Initiative: sie werden ihn in einen Brunnen werfen).

Sogar das Leiden, eine anscheinend unkontrollierbare Reaktion, ist nur »Imitation oder Nachfolge«: wenn der Roman von Jaakobs Verhalten und seiner Klage über Josephs Tod berichtet, kommentiert Mann: »Das waren nicht seine eigensten Worte, man hörte es gleich. Schon Noah sollte, alten Liedern zufolge, so oder ähnlich angesichts der Flut gesprochen haben, und Jaakob machte es sich zu eigen [...] Überhaupt sprach und klagte er viel Gemünztes oder Halbgemünztes in seiner Verzweiflung, [...] wenn auch niemand glauben darf, daß dadurch seine Unmittelbarkeit im geringsten vermindert worden wäre.« Wichtige Anmerkung: Imitation bedeutet nicht fehlende Authentizität, denn das Individuum kann nicht anders, als das zu imitieren, was es bereits gegeben hat; wie aufrichtig es auch immer ist, es ist nur eine Reinkarnation; wie wahrhaftig es auch immer ist, es ist nur ein Ergebnis der Anregungen und Befehle, die dem Brunnen der Vergangenheit entspringen.

Koexistenz verschiedener historischer Zeiten in einem Roman

Ich denke an die Tage, als ich den Roman *Der Scherz* zu schreiben begann: von Anfang an und ganz spontan wußte ich, daß der Roman in der Figur Jaroslavs einen Blick in die Tiefe der Vergangenheit (der Vergangenheit der Volkskunst) werfen und das »Ich« meiner Figur sich in und durch diesen Blick offenbaren würde. Übrigens sind die vier Protagonisten folgendermaßen konzipiert: vier persönliche kommunistische Welten, aufgepfropft auf vier europäische Vergangenheiten: Ludvik: der Kommunismus, der auf dem scharfen Geist Voltaires wächst; Jaroslav: der Kommunismus als Wunsch, die Zeit der patriarchalischen, in der Folklore konservierten Vergangenheit zu rekonstruieren; Kostka: die dem Evangelium aufgepfropfte kommunistische Utopie; Helena: der Kommunismus als Quelle des Enthusiasmus eines *homo sentimentalis*. Diese persönlichen Welten sind im Moment ihrer Zersetzung erfaßt: vier Formen der Auflösung des Kommunismus; und das bedeutet auch: Zusammenbruch von vier alten europäischen Abenteuern.

In *Der Scherz* offenbart die Vergangenheit sich nur als Facette der Psyche der Figuren oder in essayistischen Digressionen; später wollte ich sie direkt in Szene setzen. In *Das Leben ist anderswo* habe ich das Leben eines jungen Dichters unserer Tage vor das Panorama der Geschichte der europäischen Lyrik gestellt, damit seine Schritte mit denen von Rimbaud, Keats, Lermontow verschmelzen. Und in dem Roman *Die Unsterblichkeit* bin ich in der Konfrontation verschiedener historischen Zeiten noch weiter gegangen.

Als junger Schriftsteller, in Prag, habe ich das Wort ›Generation‹ verabscheut, weil mich der Beigeschmack des Herdenmenschen abstieß. Den Eindruck, mit anderen verbunden zu sein, hatte ich erstmals als ich später in Frankreich Carlos Fuentes' *Terra nostra* las. Wie ist es möglich, daß ein Mensch auf einem anderen Kontinent, durch seinen Werdegang und seine Kultur weit von mir entfernt, von der gleichen ästhetischen Obsession besessen ist, verschiedene historische Zeiten in einem Roman nebeneinander existieren zu lassen, einer Obsession, die ich bisher naiverweise ausschließlich für meine persönliche gehalten hatte?

Man kann unmöglich erfassen, was die Terra nostra, die Terra nostra Mexikos ist, ohne sich über den Brunnen der Vergangenheit zu beugen. Nicht in der Art eines Historikers, um darin den chronologischen Ablauf der Ereignisse abzulesen, sondern um sich zu fragen: worin liegt das *konzentrierte Wesen* der mexikanischen *Terra*? Fuentes hat dieses Wesen in Gestalt eines Traumromans erfaßt, in dem mehrere historische Epochen in einer Art poetischer und traumartiger Meta-Historie aufeinanderprallen; auf diese Weise hat er etwas schwer Beschreibbares und jedenfalls in der Literatur noch nie Dagewesenes geschaffen.

Das letzte Mal hatte ich dieses gleiche Gefühl geheimer ästhetischer Verwandtschaft bei der Lektüre von Philippe Sollers' *La Fête à Venise*, diesem seltsamen Roman, dessen Handlung zwar in unseren Tagen spielt, aber eine Plattform für Watteau, Cézanne, Monet, Tizian, Picasso und Stendhal ist, für das Schauspiel ihrer Aussagen und ihrer Kunst.

Und inzwischen noch *Die satanischen Verse*: komplizierte Identität eines europäisierten Inders; terra non nostra; terrae non nostrae; terrae perditae; um diese zerrissene Identität zu erfassen, untersucht der Roman sie an verschiedenen Orten des Planeten: in London, in Bombay, in einem pakistanischen Dorf und dann im Asien des 7. Jahrhunderts.

Die Koexistenz verschiedener Epochen stellt den Romancier vor ein technisches Problem: wie kann man sie miteinander verbinden, ohne daß der Roman seine Einheit verliert?

Fuentes und Rushdie haben Lösungen im Bereich des Phantastischen gefunden: bei Fuentes schreiten die Figuren als ihre eigenen Reinkarnationen von einer Epoche in die andere. Bei Rushdie ist es die Figur Gibril Farishtas, welche diese überzeitliche Verbindung herstellt, indem sie sich in den Erzengel Gibril verwandelt, der dann seinerseits Mahounds (romaneske Variante für Mohammed) Medium wird.

Bei Sollers und bei mir hat die Verbindung nichts Phantastisches: Sollers: die Bilder und die Bücher, die von den Personen gesehen und gelesen werden, dienen als Fenster zur Vergangenheit. Bei mir sind Gegenwart und Vergangenheit durch die gleichen Themen und die gleichen Motive verbunden.

Kann diese unterirdische (nicht wahrgenommene und nicht wahrnehmbare) ästhetische Verwandtschaft durch wechselseitige Beeinflussung erklärt werden? Nein. Durch gemeinsam erlebte Einflüsse? Ich wüßte nicht, welche. Oder haben wir die gleiche Luft der Geschichte eingeatmet? Hat die Geschichte des Romans uns durch ihre spezifische Logik vor die gleiche Aufgabe gestellt?

Die Geschichte des Romans als Rache an der Geschichte

Die Geschichte. Kann man sich noch auf diese veraltete Autorität berufen? Was ich jetzt sage, ist ein rein persönliches Geständnis: als Romancier habe ich mich immer als mitten in der

Geschichte empfunden, das heißt auf einem Weg, im Dialog mit denen, die mir vorausgegangen sind und vielleicht sogar (weniger) mit jenen, die nachkommen werden. Ich spreche selbstverständlich von der Geschichte des Romans und keiner anderen, und ich spreche von ihr so, wie ich sie sehe: sie hat nichts gemein mit Hegels außerhalb des Menschen existierender Vernunft; sie ist weder im voraus entschieden noch mit der Fortschrittsidee identisch; sie ist voll und ganz menschlich, von den Menschen gemacht, von *einigen* Menschen, und insofern vergleichbar mit der Entwicklung eines einzelnen Künstlers, der bald ganz gewöhnlich, bald unvorhersehbar handelt, bald mit Genie, bald ohne, und manche Gelegenheit verpaßt.

Ich bin dabei, eine Beitrittserklärung zur Geschichte des Romans abzugeben, während all meine Romane Abscheu vor der Geschichte ausdrücken, dieser feindlichen, unmenschlichen Macht, die, ungeladen und unerwünscht, unser Leben von außen in Beschlag nimmt und zerstört. Dennoch ist diese zweideutige Haltung nicht inkonsequent, sind die Menschheitsgeschichte und die Geschichte des Romans doch völlig verschiedene Dinge. Wenn erstere dem Menschen nicht gehört, wenn sie sich ihm als fremde, von ihm nicht beeinflußbare Macht aufgedrängt hat, so ist die Geschichte des Romans (der Malerei, der Musik) aus der Freiheit des Menschen geboren, aus seinen ganz persönlichen Schöpfungen, seinen Entscheidungen. Der Sinn der Geschichte einer Kunst läuft dem der Geschichte an sich zuwider. Durch ihren persönlichen Charakter ist die Geschichte einer Kunst eine Rache des Menschen an der Unpersönlichkeit der Menschheitsgeschichte.

Persönlicher Charakter der Geschichte des Romans? Muß diese Geschichte, um ein einziges Ganzes zu bilden, im Laufe der Jahrhunderte nicht durch einen gemeinsamen, durchgängigen und folglich notwendigerweise überpersönlichen Sinn vereinheitlicht werden? Nein. Ich glaube, daß sogar dieser gemeinsame Sinn immer persönlich, menschlich bleibt, denn im Laufe der Geschichte werden die Auffassungen von dieser oder jener Kunst (was ist ein Roman?) ebenso wie der Sinn ihrer Entwicklung (woher kommt sie und wohin geht sie?) unaufhörlich von jedem Künstler definiert und mit jedem Kunstwerk wieder neu definiert. Der Sinn der Geschichte des Romans besteht in der Suche nach diesem Sinn, seiner fortwährenden Schaffung und Wiedererschaffung, die rückwirkend stets die gesamte Vergangenheit des Romans mit einschließt: Rabelais hat seinen *Gargantua und Pantagruel* bestimmt nie einen Roman genannt. Das Buch *war* kein Roman; es ist zu einem Roman *geworden*, in dem Maße, wie spätere Romanciers (Sterne, Diderot, Balzac, Flaubert, Vančura, Gombrowicz, Rushdie, Kiš, Chamoiseau) sich von ihm inspirieren ließen, wie sie sich offen auf ihn beriefen und ihn auf diese Weise in die Geschichte des Romans integrierten, mehr noch, ihn als Grundstein dieser Geschichte erkannten.

Die Worte vom »Ende der Geschichte« haben in mir folglich nie Angst oder Mißfallen hervorgerufen. »Wie beseligend wäre es, jene vergessen zu können, die den Saft unseres kurzen Lebens aufsaugen, um ihn für ihre eitlen Werke zu verwenden, wie schön wäre es, die Zeitgeschichte vergessen zu können!« (*Das Leben ist anderswo*). Wenn sie enden muß (obwohl ich mir dieses Ende, von dem die Philosophen so gern sprechen, *konkret* nicht vorstellen kann), dann soll sie sich beeilen! Wird jedoch die gleiche Formulierung vom »Ende der Geschichte« auf die Kunst angewandt, dann wird mir bang ums Herz; dieses Ende kann ich mir nur allzu gut vorstellen, denn der größte Teil der heutigen Romanproduktion besteht aus Romanen, die außerhalb der Geschichte des Romans stehen: Beichten in Romanform, Reportagen in Romanform, Abrechnungen in Romanform, Autobiographien in Romanform, Indiskretionen in Romanform, Denunziationen in Romanform, politische Lektionen in Romanform, Todeskämpfe des Ehemanns in Romanform, Todeskämpfe des Vaters in Romanform, Todeskämpfe der Mutter in Romanform, Entjungferungen in Romanform, Entbindungen in Romanform, Romane *ad infinitum*, bis ans Ende der Zeit, Romane, die nichts Neues sagen, keine ästhetischen Ansprüche haben, keine Veränderung bringen, weder für unser Verständnis vom Menschen noch für die Form des Romans; sie gleichen einander und sind morgens perfekt konsumierbar, abends perfekt wegwerfbar.

Meiner Meinung nach können große Werke nur innerhalb der Geschichte ihrer Kunst entstehen und indem sie an ihr *teilhaben*. Einzig innerhalb der Geschichte kann man erfassen, was neu und was nachgesagt, was Entdeckung und was Nachahmung ist, mit anderen Worten, nur innerhalb der Geschichte kann ein Werk als *Wert* existieren, den man erkennen und schätzen kann. Nichts scheint mir folglich für die Kunst furchtbarer als der Fall aus ihrer Geschichte heraus, denn es ist ein Fall ins Chaos, in dem ästhetische Werte nicht mehr wahrnehmbar sind.

Improvisation und Komposition

Als Cervantes den *Don Quijote* schrieb, tat er sich keinen Zwang an und änderte im Laufe der Arbeit den Charakter seines Helden. Die Freiheit, durch die Rabelais, Cervantes, Diderot, Sterne uns in Bann schlagen, war an die Improvisation gebunden. Die Kunst der komplexen, strengen Komposition wurde erst in der ersten Hälfte des 19. Jahrhunderts zur verbindlichen Notwendigkeit. Die Form des Romans, wie sie damals entstand, mit einer auf einen sehr kurzen Zeitraum begrenzten Handlung, eine Art Schnittpunkt, wo verschiedene Geschichten verschiedener Personen sich begegnen, erforderte in bezug auf Handlungen und Szenen einen genauen Plan: bevor der Romancier zu schreiben anfing, entwarf er immer wieder von neuem den Plan seines Romans, er rechnete und berechnete, zeichnete und korrigierte, wie man es noch nie zuvor getan hatte. Man braucht nur in Dostojewskis Notizen zu blättern, die er für *Die Dämonen* schrieb: in den sieben Notizheften, die in der Pléiade-Ausgabe 400 Seiten umfassen (der ganze Roman hat 750), sind die Motive auf der Suche nach den Figuren, die Figuren auf der Suche nach den Motiven,

23

streiten die Figuren sich lange um den Platz eines Protagonisten; Stawrogin sollte verheiratet sein, aber »mit wem«? fragt Dostojewski und versucht, ihn nacheinander mit drei Frauen zu verheiraten; usw. (Ein nur scheinbares Paradox: je genauer diese Konstruktionsmaschine berechnet ist, desto realer und natürlicher wirken die Figuren. Das Vorurteil gegen die konstruierende Vernunft als »nichtkünstlerisches« Element, das den »lebendigen« Charakter der Personen entstelle, entspricht nur der sentimentalen Naivität derer, die nie etwas von Kunst verstanden haben.)

Der Romancier unseres Jahrhunderts, der sich nach der Kunst der Altmeister des Romans zurücksehnt, kann den Faden nicht dort wieder anknüpfen, wo er durchschnitten wurde; weder kann er die gewaltige Erfahrung des 19. Jahrhunderts überspringen, noch sie vergessen; um zu der ungezwungenen Freiheit eines Rabelais oder Sterne zurückzufinden, muß er sie mit den Erfordernissen der Komposition in Einklang bringen.

Ich erinnere mich an meine erste Lektüre von *Jacques le Fataliste*; bezaubert vom Reichtum dieser kühnen Vielfalt, wo Reflexion und Anekdote einander berühren, eine Erzählung von einer anderen umrahmt wird, begeistert von dieser Freiheit der Komposition, die sich über die Regel der Handlungseinheit mokiert, habe ich mich gefragt: Beruht diese herrliche Unordnung auf einer bewundernswerten, raffiniert berechneten Konstruktion oder auf der Euphorie einer reinen Improvisation? Ohne Zweifel überwiegt hier die Improvisation; doch die Frage, die ich mir spontan gestellt habe, hat mich verstehen lassen, daß dieser trunkenen Improvisation eine außergewöhnliche architektonische Möglichkeit innewohnt, die Möglichkeit einer komplexen, reichen Konstruktion, die zugleich perfekt berechnet, bemessen und geplant wäre, wie notwendigerweise selbst die überbordendste architektonische Phantasie einer Kathedrale bemessen und geplant war. Läßt eine solche architektonische Absicht den Roman seinen Charme der Freiheit verlieren? Seinen Spiel-Charakter? Doch was ist, genau genommen, das Spiel? Jedes Spiel beruht auf Regeln, und je strenger die Regeln sind, desto mehr ist das Spiel Spiel. Im Gegensatz zum Schachspieler erfindet der Künstler seine Regeln selbst und für sich; wenn er ohne Regeln improvisiert, ist er also nicht freier, als wenn er sein eigenes Regelsystem erfindet.

Die Freiheit eines Rabelais oder Diderot mit den Erfordernissen der Komposition in Einklang zu bringen, stellt den Romancier unseres Jahrhunderts jedoch vor andere Kompositionsprobleme als jene, die Balzac oder Dostojewski beschäftigt haben. Ein Beispiel: das dritte Buch von Hermann Brochs Roman *Die Schlafwandler* ist ein »polyphoner«, aus fünf »Stimmen«, fünf von einander völlig unabhängigen Linien, komponierter Fluß: die Linien sind weder durch eine gemeinsame Handlung noch durch die gleichen Figuren untereinander verbunden, und jede hat einen ganz anderen formalen Charakter (Essay, Gedicht, Novelle, Roman, Reportage). In den achtundachtzig Kapiteln des Buchs alternieren die fünf Reihen in dieser sonderbaren Reihenfolge: A-A-A-B-A-B-A-C-A-D-E-C-A-B-D-C-D-A-E-A-A-B-E-C-A-D-B-B-A-E-A-A-E-A-B-D-C-B-B-D-A-B-E-A-A-B-A-D-A-C-B-D-A-E-B-A-D-A-B-D-E-A-C-A-D-D-B-A-A-C-D-E-B-A-B-D-B-A-B-A-A-D-A-A-D-D-E.

Was hat Broch veranlaßt, ausgerechnet diese und nicht eine andere Reihenfolge zu wählen? Was hat ihn veranlaßt, im vierten Kapitel die Linie B und nicht C oder D aufzunehmen? Nicht die Logik der Charaktere oder der Handlung, denn es gibt keine diesen fünf Linien gemeinsame Handlung. Er wurde von anderen Kriterien geleitet: vom Reiz der überraschenden Nachbarschaft verschiedener Formen (Vers, Erzählung, Aphorismen, philosophische Meditationen); vom Kontrast verschiedener Stimmungen, die den Charakter der verschiedenen Kapitel prägen; von der unterschiedlichen Länge der Kapitel; schließlich von der Entwicklung der gleichen existentiellen Fragen, die sich, wie in fünf Spiegeln, in den fünf Linien widerspiegeln. In Ermangelung eines besseren Begriffs wollen wir diese Kriterien als *musikalische* bezeichnen und den folgenden Schluß ziehen: das 19. Jahrhundert hat die Kunst der Komposition ausgearbeitet, aber unser Jahrhundert hat dieser Kunst die Musikalität hinzugefügt.

Die satanischen Verse sind aus drei mehr oder weniger unabhängigen Linien aufgebaut: A: die Lebensläufe von Saladin Chamcha und Gibril Farishta, zwei Indern von heute, die zwischen Bombay und London leben; B: die Geschichte aus dem Koran, welche die Entstehung des Islams behandelt; C: der Marsch der Dorfbewohner nach Mekka übers Meer, das sie trockenen Fußes zu überqueren glauben und in dem sie ertrinken.

Die drei Linien werden in den neun Teilen des Buchs nacheinander wiederaufgenommen, und zwar in der Reihenfolge: A-B-A-C-A-B-A-C-A (übrigens: in der Musik heißt eine solche Reihenfolge *Rondo*: im Wechsel mit einigen Nebenthemen kehrt das Hauptthema regelmäßig wieder).

Hier der Rhythmus des Ganzen (in Klammer gebe ich den gerundeten Seitenumfang der französischen Ausgabe an): A (100) B (40) A (80) C (40) A (120) B (40) A (70) C (40) A (40). Man erkennt, daß die Teile B und C gleich lang sind, was dem Ganzen eine rhythmische Regelmäßigkeit verleiht.

Die Linie A umfaßt fünf Siebtel, die Linie B ein Siebtel, die Linie C ebenfalls ein Siebtel des Raumumfangs. Aus diesem quantitativen Verhältnis ergibt sich die dominierende Position der Linie A: der Schwerpunkt des Romans liegt im zeitgenössischen Schicksal von Farishta und Chamcha.

Doch obwohl B und C untergeordnete Linien sind, ist die *ästhetische Herausforderung* des Romans in ihnen konzentriert, denn dank diesen beiden Teilen hat Rushdie es geschafft, das grundlegende Problem aller Romane (das der Identität eines Individuums, einer Figur) auf eine neue Weise zu erfassen, die über die Konventionen des psychologischen Romans hinausgeht: die Persönlichkeiten von Chamcha oder Farishta sind nicht durch eine detaillierte Beschreibung ihrer Seelenzustände zu erfassen; ihr Geheimnis liegt im Nebeneinander zweier Zivilisationen, der indischen und der europäischen, die in ihrer Psyche beschlossen sind; es liegt in ihren Wurzeln, von denen sie sich losgerissen haben, die aber gleichwohl in ihnen weiterleben. An welcher Stelle sind diese Wurzeln gebrochen, und wie weit muß man hinabsteigen, wenn man die Wunde berühren will? Dieser Blick in den »Brunnen der Vergangenheit« liegt nicht außerhalb des Themas, dieser Blick berührt den Kern der Sache: die existentielle Zerrissenheit der beiden Protagonisten.

Wie Jaakob unbegreiflich bleibt ohne Abraham (der, nach Thomas Mann, Hunderte von Jahren früher gelebt hat), da Jaakob nur Abrahams »Imitation oder Nachfolge« ist, bleibt Gibril Farishta unverständlich ohne den Erzengel Gibril, ohne Mahound (Mohammed), sogar ohne den theokratischen Islam Khomeinis oder dieses junge, fanatisierte Mädchen, das die Dorfbewohner nach Mekka oder besser in den Tod führt. Sie alle sind seine eigenen Möglichkeiten, die in ihm schlummern und gegen die er seine eigene Individualität behaupten muß. Es gibt in diesem Roman keine einzige wichtige Frage, die ohne einen Blick in den Brunnen der Vergangenheit untersucht werden könnte. Was ist gut und was ist schlecht? Wer ist der Teufel für den andern, Chamcha für Farishta oder Farishta für Chamcha? Ist es der Teufel oder der Engel, der den Dorfbewohnern die Pilgerfahrt eingegeben hat? Ist ihr Ertrinken ein elendiger Untergang oder der glorreiche Weg ins Paradies? Wer wird es sagen, wer wird es wissen? Und wenn diese Unfaßbarkeit des Guten und des Bösen jene Qual wäre, unter der die Religionsgründer gelitten haben? Hallen die schrecklichen Worte der Verzweiflung, die unerhörte Gotteslästerung Christi, »Mein Gott, mein Gott, warum hast du mich verlassen?«, nicht in der Seele jedes Christen nach? Liegt nicht im Zweifel Mahounds, der sich fragt, wer, Gott oder der Teufel, ihm die Verse eingeflüstert habe, die Ungewißheit verborgen, auf der die menschliche Existenz gegründet ist?

Im Schatten der großen Prinzipien

Seit den *Mitternachtskindern*, die zu ihrer Zeit (1980) einstimmig Bewunderung hervorriefen, bestreitet niemand in der angelsächsischen literarischen Welt, daß Rushdie einer der begabtesten zeitgenössischen Romanciers ist. *Die satanischen Verse*, die im September 1988 auf Englisch erschienen, wurden mit der Aufmerksamkeit aufgenommen, die man einem großen Autor schuldet. Diese Ehre wurde dem Buch zuteil, ohne daß jemand den Sturm voraussah, der einige Monate später losbrechen sollte, als der Meister des Iran, der Ayatollah Khomeini, Rushdie wegen Gotteslästerung zum Tode verurteilte und ihm bezahlte Killer auf den Hals schickte, eine Hetzjagd, deren Ende nicht abzusehen ist.

Dies geschah, bevor der Roman hatte übersetzt werden können. Mit Ausnahme der angelsächsischen Welt ist der Skandal also überall dem Buch vorausgegangen. In Frankreich wurden sofort Auszüge aus dem noch unpublizierten Roman in der Presse veröffentlicht, um die Gründe des Schuldspruchs zu erläutern. Ein völlig normales, für einen Roman jedoch tödliches Vorgehen. Indem man ausschließlich die *beanstandeten* Passagen vorstellte, hat man ein Kunstwerk von Anfang an in ein bloßes *Corpus delicti* verwandelt.

Nie werde ich üble Nachrede über die Literaturkritik betreiben. Denn es gibt für einen Schriftsteller nichts Schlimmeres als ihr Fehlen. Ich spreche von der Literaturkritik als Meditation, als Analyse; von der Literaturkritik, die es versteht, das zu besprechende Buch mehrmals zu lesen (wie eine große Musik, die man endlos hören kann, sind auch die großen Romane für wiederholte Lektüre geschaffen); von der Literaturkritik, die sich der erbarmungslosen Aktualität verschließt und bereit ist, über Werke zu diskutieren, die vor einem, vor dreißig, vor dreihundert Jahren entstanden sind; von der Literaturkritik, die sich bemüht, das Neue eines Werks zu erfassen und dieses so dem historischen Gedächtnis einzuschreiben. Wäre die Geschichte des Romans nicht von einer solchen Meditation begleitet, wüßten wir heute weder etwas von Dostojewski noch von Joyce noch von Proust. Denn ohne sie ist jedes Werk völlig willkürlichen Beurteilungen und einem raschen Vergessen preisgegeben. Der Fall Rushdie hat gezeigt (falls es überhaupt noch eines Beweises bedurfte), daß eine solche Meditation nicht mehr stattfindet. Unbemerkt, unschuldig, durch die Macht der Dinge, durch die Entwicklung der Gesellschaft, der Presse, hat die Literaturkritik sich in eine einfache (oft intelligente, stets überstürzte) *Information über die literarische Aktualität* verwandelt.

Im Falle der *Satanischen Verse* war das über den Autor verhängte Todesurteil die literarische Aktualität. In einer solchen Situation von Leben und Tod scheint es beinahe frivol, von Kunst zu sprechen. Tatsächlich, was bedeutet Kunst angesichts der Bedrohung der großen Prinzipien? Überall in der Welt haben sich die Kommentare denn auch auf die Problematik der Prinzipien konzentriert: die Meinungsfreiheit; die Notwendigkeit, sie zu verteidigen (man hat sie tatsächlich verteidigt, man hat protestiert, Petitionen unterschrieben); die Religion; den Islam und das Christentum; doch auch auf die folgende Frage: hat ein Autor das moralische Recht, Gott zu lästern und so die Gläubigen zu verletzen? Und sogar auf den Zweifel: und wenn Rushdie den Islam nur angegriffen hätte, um Reklame für sich zu machen und sein unlesbares Buch zu verkaufen?

Mit geheimnisvoller Einstimmigkeit (überall auf der Welt habe ich die gleiche Reaktion beobachtet) haben Literaten, Intellektuelle, Angehörige der literarischen Kreise über diesen Roman die Nase gerümpft. Sie beschlossen, einmal jeglichem kommerziellen Druck zu widerstehen, und lehnten es ab, etwas zu lesen, das ihnen als ein simples Skandalobjekt erschien. Sie unterschrieben alle Petitionen für Rushdie, fanden es aber schick, gleichzeitig mit dandyhaftem Lächeln zu sagen: »Sein Buch? O nein, o nein! Das habe ich nicht gelesen.« Die Politiker haben von diesem sonderbaren »Zustand der Ungnade« des

Romanciers, den sie nicht mochten, profitiert. Niemals werde ich die tugendhafte Unparteilichkeit vergessen, mit der sie sich damals brüsteten: »Wir verurteilen den Schuldspruch Khomeinis. Die Meinungsfreiheit ist uns heilig. Doch wir verurteilen nichtsdestotrotz diesen Angriff gegen den Glauben. Ein unwürdiger, elender Angriff, der die Seele der Völker beleidigt.«

Aber ja, niemand stellte mehr in Zweifel, daß Rushdie den Islam *angegriffen* hatte, der Text des Buches hatte keine Bedeutung mehr, er existierte nicht mehr.

Der Schock der drei Epochen

Eine einzigartige Situation in der Geschichte: durch seine Herkunft gehört Rushdie der moslemischen Gesellschaft an, die zum großen Teil noch in der Epoche vor der Neuzeit lebt. Er schreibt sein Buch in Europa, in der Epoche der Neuzeit oder genauer, am Ende dieser Epoche.

Ebenso wie der iranische Islam sich in jenem Moment von der religiösen Mäßigung zu einer kämpferischen Theokratie hin entwickelte, vollzog sich in der Geschichte des Romans mit Rushdie der Übergang vom liebenswürdigen und professoralen Lächeln Thomas Manns zur entfesselten, aus der wiederentdeckten Quelle des rabelaisschen Humors geschöpften Phantasie. Die ins Extreme gesteigerten Antithesen prallten aufeinander.

Unter diesem Blickwinkel erscheint die Verurteilung Rushdies nicht als Zufall, als Wahnsinn, sondern als Konflikt zwischen zwei Epochen, der tiefer nicht sein könnte: die Theokratie liegt im Streit mit der Neuzeit und nimmt deren repräsentativste Schöpfung zur Zielscheibe: den Roman. Denn Rushdie hat nicht Gott gelästert. Er hat nicht den Islam angegriffen. Er hat einen Roman geschrieben. Doch für den theokratischen Geist ist dies schlimmer als ein Angriff; greift man eine Religion an (durch eine Polemik, eine Gotteslästerung, eine Häresie), können die Tempelhüter sie auf ihrem eigenen Terrain, mit ihrer eigenen Sprache mühelos verteidigen; der Roman aber ist für sie ein anderer Planet; ein anderes Universum, das auf eine andere Ontologie gegründet ist; ein Infernum, wo die eine, alleinige Wahrheit machtlos ist und die satanische Vieldeutigkeit sämtliche Gewißheiten in Rätsel verkehrt.

Unterstreichen wir: kein Angriff; Vieldeutigkeit; der zweite Teil der *Satanischen Verse* (das heißt der beanstandete Teil, der Mohammed und die Entstehung des Islams beschwört) ist im Roman als *Traum* Gibril Farishtas geschildert, der später nach diesem Traum einen Schundfilm dreht, in dem er selbst die Rolle des Erzengels spielt. Die Erzählung ist auf diese Weise *doppelt* relativiert (zunächst als Traum, dann als *schlechter* Film, der zum Mißerfolg wird), sie wird also nicht als Behauptung präsentiert, sondern als *spielerische Erfindung*. Eine beleidigende Erfindung? Ich widerspreche: sie hat mich zum ersten Mal in meinem Leben die *Poesie* der islamischen Religion, der islamischen Welt verstehen lassen.

Betonen wir bei dieser Gelegenheit: im Universum der Relativität des Romans ist kein Platz für Haß: der Romancier, der einen Roman schreibt, um abzurechnen (ob es sich nun um persönliche oder ideologische Abrechnungen handelt), ist eines totalen ästhetischen Schiffbruchs sicher. Aischa, das junge Mädchen, das die halluzinierenden Dorfbewohner in den Tod führt, ist ein Monstrum, aber sie ist auch verführerisch, wunderbar (mit der Aureole der Schmetterlinge, die sie überallhin begleiten), und oft auch rührend; sogar im Porträt eines emigrierten Ayatollahs (ein imaginäres Porträt Khomeinis) begegnet einem ein fast ehrfurchtsvolles Verständnis; die westliche Modernität wird mit Skepsis beobachtet, auf keinen Fall wird sie als dem orientalischen Archaismus überlegen dargestellt; der Roman »untersucht historisch und psychologisch« alte sakrale Texte, aber er zeigt darüber hinaus, in welchem Grad sie von Fernsehen, Werbung und Unterhaltungsindustrie *entwürdigt* wurden; genießen wenigsten die Linken, die

die Frivolität dieser modernen Welt anprangern, die vorbehaltlose Sympathie des Autors? O nein, sie sind erbärmlich lächerlich und ebenso frivol wie die Frivolität, die sie umgibt; niemand hat recht und niemand hat absolut unrecht in dem grenzenlosen *Karneval der Relativität*, den dieses Werk darstellt.

Mit *Die satanischen Verse* wird also die Kunst des Romans als solche angeklagt. Deshalb ist das allertraurigste an dieser traurigen Geschichte nicht Khomeinis Schuldspruch (der einer grausamen, aber kohärenten Logik entspringt), sondern die Unfähigkeit Europas, die Kunst des Romans, diese europäischste aller Künste, zu verteidigen und zu erklären (geduldig sich selbst und den anderen zu erklären), mit anderen Worten, seine eigene Kultur zu erklären und zu verteidigen. Die »Söhne des Romans« haben die Kunst, die sie geprägt hat, fallengelassen. Europa, die »Gesellschaft des Romans«, hat sich selbst aufgegeben.

Es wundert mich nicht, daß die Theologen der Sorbonne, die ideologische Polizei des 16. Jahrhunderts, das so viele Scheiterhaufen anzündete, Rabelais das Leben schwermachten, indem sie ihn oft zwangen, zu flüchten und sich zu verstecken. Viel erstaunlicher und bewundernswerter scheint mir der Schutz, den mächtige Männer seiner Zeit ihm zukommen ließen, Kardinal du Bellay zum Beispiel, Kardinal Odet und vor allem François I., der König von Frankreich. Wollten sie irgendwelche Prinzipien verteidigen? Die Meinungsfreiheit? Die Menschenrechte? Das Motiv ihrer Haltung war edler; sie liebten die Literatur und die Künste.

Ich sehe keinen Kardinal du Bellay, keinen François I. im heutigen Europa. Aber ist Europa noch Europa? Das heißt die »Gesellschaft des Romans«? Mit anderen Worten: befindet es sich noch in der Epoche der Neuzeit? Ist es nicht schon im Begriff, in eine andere Epoche einzutreten, die noch keinen Namen hat und für die die Künste nicht mehr viel bedeuten? Weshalb sollte man sich dann wundern, daß es sich nicht übermäßig erregte, als die Kunst des Romans, *seine* Kunst par excellence, zum ersten Mal in ihrer Geschichte zum Tode verurteilt wurde? Führt der Roman in dieser neuen Epoche, nach der Neuzeit, nicht schon seit einiger Zeit das Leben eines Verurteilten?

Europäischer Roman

Um die Kunst, von der ich spreche, präzise einzugrenzen, nenne ich sie: *europäischer Roman*. Damit meine ich nicht: in Europa von Europäern geschaffene Romane, sondern: Romane, die ein Bestandteil einer Geschichte sind, die mit dem Beginn der Neuzeit in Europa eingesetzt hat. Natürlich gibt es andere Romane: den chinesischen, den japanischen Roman, den Roman der griechischen Antike, doch diese Romane sind durch keine Kontinuität der Entwicklung mit dem historischen Unternehmen verbunden, das mit Rabelais und Cervantes seinen Anfang nahm.

Ich spreche vom *europäischen Roman* nicht nur, um ihn (zum Beispiel) vom chinesischen zu unterscheiden, sondern auch um zu sagen, daß seine Geschichte supranational ist; daß der französische, englische oder ungarische Roman nicht in der Lage ist, eine eigene autonome Geschichte auszubilden, sondern daß sie alle an einer gemeinsamen supranationalen Geschichte teilhaben, die einen einzigen Kontext bildet, in dem sich sowohl der Sinn der Entwicklung des Romans wie auch der Wert der einzelnen Werke offenbaren können.

Während der verschiedenen Entwicklungsphasen des Romans haben verschiedene Nationen, wie in einem Staffellauf, die Initiative übernommen: zuerst Italien mit Boccaccio, dem großen Wegbereiter; dann Frankreich mit Rabelais; dann Spanien mit Cervantes und dem Schelmenroman; das 18. Jahrhundert des englischen Romans, und, gegen Ende des Jahrhunderts, die deutsche Intervention Goethes; das 19. Jahrhundert, das vollständig Frankreich gehört, mit, im letzten Drittel, dem Aufkommen des russischen und unmittelbar danach des skandinavischen Romans. Schließlich das 20. Jahrhundert und sein mitteleuropäisches Abenteuer mit Kafka, Musil, Broch und Gombrowicz ...

Ich glaube nicht, daß, wäre Europa nur eine einzige Nation, die Geschichte seines Romans sich mit einer solchen Vitalität, einer solchen Kraft und Vielfältigkeit über vier Jahrhunderte hätte erstrecken können. Es sind immer wieder neue historische Situationen (mit ihrem neuen existentiellen Gehalt), die einmal in Frankreich, einmal in Rußland, dann anderswo und wieder anderswo auftauchten und die Kunst des Romans vorantrieben, ihr neue Inspirationen verliehen, neue ästhetische Lösungen anboten. Als hätte die Geschichte des Romans auf ihrem Weg die verschiedenen Teile Europas einen nach dem andern erweckt, wobei sie sie in ihrer Besonderheit bestätigte und gleichzeitig in ein gemeinsames europäisches Bewußtsein integrierte.

In unserem Jahrhundert entstehen die großen Initiativen des europäischen Romans zum ersten Mal außerhalb Europas: zuerst in Nordamerika in den zwanziger und dreißiger Jahren, später, in den sechziger Jahren, in Lateinamerika. Nach dem Vergnügen, das mir die Kunst Patrick Chamoiseaus, des Romanciers der Antillen, dann diejenige Rushdies bereitet hat, ziehe ich es vor, allgemein vom *Roman unterhalb des fünfunddreißigsten Breitengrads* oder vom *Roman des Südens* zu sprechen: eine neue große Romankultur, charakterisiert durch einen außerordentlichen Sinn fürs Reale, der mit einer entfesselten, alle Regeln der Wahrscheinlichkeit überschreitenden Phantasie einhergeht.

Diese Phantasie bezaubert mich, ohne daß ich genau verstehe, woher sie stammt. Kafka? Gewiß. Für unser Jahrhundert war er es, der das Unwahrscheinliche in der Kunst des Romans legitimiert hat. Dennoch ist Kafkas Phantasie verschieden von derjenigen Rushdies oder Marquez'; diese wuchernde Phantasie scheint in der sehr spezifischen Kultur des Südens verwurzelt; zum Beispiel in der mündlichen Literatur, die immer noch lebendig ist (Chamoiseau beruft sich auf kreo-

lische Märchenerzähler), oder im Falle Lateinamerikas, wie
Fuentes gern betont, in dessen Barock, der üppiger, »verrückter« sei als der Europas.

Ein anderer Schlüssel zu dieser Phantasie: die *Tropikalisierung* des Romans. Ich beziehe mich auf folgendes phantastische Bild bei Rushdie: Farishta fliegt über London und
wünscht sich, diese feindliche Stadt zu »tropikalisieren«: er
faßt die Vorzüge der Tropikalisierung zusammen: »[…] landes-
weite Einführung der Siesta, [...] neue Vögel auf den Bäumen
(Aras, Pfaue, Kakadus), neue Bäume für die Vögel (Kokospal-
men, Tamarinden, Banyans mit hängenden Graunen), [...]
Religiöser Eifer, politische Unruhe, [...] Freunde fangen an,
einander spontan zu besuchen, ohne sich anzukündigen,
Seniorenheime werden geschlossen, die Großfamilie geför-
dert. Schärfer gewürzte Speisen kommen auf den Tisch [...].
Nachteile: Cholera, Typhus, Legionärskrankheit, Küchen-
schaben, Staub, Lärm, eine Kultur des Exzesses.«

(»Kultur des Exzesses«: eine hervorragende Formulierung. Die Tendenz des Romans in den letzten Phasen seiner
Moderne: in Europa: ins Extrem gesteigerte Alltäglichkeit;
ausgeklügelte Analyse des Grau in Grau; außerhalb Europas:
Anhäufung der außergewöhnlichsten Koinzidenzen; Farben
über Farben. Gefahr: Langeweile des Grau in Grau in Europa,
Monotonie des Pittoresken außerhalb Europas.)

Die unterhalb des fünfunddreißigsten Breitengrads ge-
schaffenen Romane sind, obwohl ein bißchen fremd für den
europäischen Geschmack, die Fortsetzung der Geschichte des
europäischen Romans, seiner Form, seines Geistes, und sogar
erstaunlich nah an seinen ersten Quellen; nirgends sonst fließt
der alte rabelaissche Saft heute so fröhlich wie im Werk dieser
nicht-europäischen Romanciers.

Der Tag, an dem Panurge die Welt nicht mehr zum Lachen bringt

Dies läßt mich ein letztes Mal zu Panurge zurückkehren. In *Pantagruel* verliebt er sich in eine Dame, und er will sie um jeden Preis besitzen. In der Kirche, während der Messe (ist dies nicht eine verdammte Frevelei?), raunt er ihr haarsträubende Obszönitäten zu (die ihm im heutigen Amerika hundertunddreizehn Jahre Gefängnis für ›sexuelle Belästigung‹ einbringen würden), und da sie ihn nicht erhören will, rächt er sich, indem er ihr das Geschlecht einer läufigen Hündin aufs Kleid streicht. Als sie die Kirche verläßt, rennen ihr sämtliche Hunde der Umgebung (sechshunderttausendundvierzehn, sagt Rabelais) nach und pissen sie an. Ich erinnere mich an die Zeit, als ich zwanzig war: eine Arbeiterunterkunft, mein tschechischer Rabelais unterm Bett. Den Arbeitern, die neugierig waren auf das dicke Buch, habe ich diese Geschichte unzählige Male vorlesen müssen, so daß sie sie bald auswendig konnten. Obwohl sie Menschen mit eher konservativer, bäuerlicher Moral waren, lag in ihrem Lachen nicht die geringste Verurteilung des Belästigers mit Rhetorik und Urin; sie bewunderten Panurge so sehr, daß sie einem unserer Kameraden seinen Namen gaben; ach nein, nicht einem Frauenhelden, sondern einem jungen Mann, der für seine Naivität und hyperbolische Keuschheit bekannt war, der sich schämte, unter der Dusche nackt gesehen zu werden. Ich höre ihre Rufe, als sei es gestern gewesen: »Panurk (das war unsere tschechische Aussprache dieses Namens), unter die Dusche! Oder wir werden dich in Hundepisse baden.«

Noch immer höre ich dieses herrliche Lachen, das das Schamgefühl eines Kameraden verspottete, gleichzeitig aber eine fast verwunderte Zärtlichkeit für dieses Schamgefühl ausdrückte. Sie waren entzückt über die Obszönitäten, die Panurge der Dame in der Kirche sagte, doch sie waren ebenfalls entzückt über die Strafe, die die Keuschheit der Dame Panurge auferlegte, die ihrerseits, zum großen Vergnügen meiner Freunde, durch Hundeurin bestraft wurde. Mit wem hatten sie sympathisiert, meine Kameraden von damals? Mit der Scham? Mit der Schamlosigkeit? Mit Panurge? Mit der Dame? Mit den Hunden, die das beneidenswerte Privileg hatten, eine Schöne zu bepinkeln?

Der Humor: der göttliche Blitz, der die Welt in ihrer moralischen Vieldeutigkeit enthüllt und den Menschen in seiner Inkompetenz, andere zu beurteilen; der Humor: die Trunkenheit angesichts der Relativität der menschlichen Dinge; das merkwürdige Vergnügen, das der Gewißheit entspringt, daß es keine Gewißheit gibt.

Doch der Humor ist, um auf Octavio Paz zurückzukommen, »die große Erfindung des modernen Geistes«. Er war weder seit jeher da, noch wird er es für immer bleiben.

Bangen Herzens denke ich an den Tag, an dem Panurge die Welt nicht mehr zum Lachen bringen wird.

Zweiter Teil

Der kastrierende Schatten des heiligen Garta

I

Dem Kafka-Bild, das heute mehr oder weniger von allen geteilt wird, liegt ein Roman zugrunde. Max Brod schrieb ihn unmittelbar nach Kafkas Tod und veröffentlichte ihn 1926. Lassen Sie den Titel auf der Zunge zergehen: *Zauberreich der Liebe*. Dieser Romanschlüssel ist ein Schlüsselroman. In seinem Protagonisten, dem deutschen Schriftsteller aus Prag, Nowy, erkennt man ein schmeichelhaftes Selbstporträt Brods (verehrt von den Frauen, beneidet von den Literaten). Nowy-Brod setzt einem Mann Hörner auf, der es daraufhin durch sehr ausgefallene, üble Intrigen schafft, ihn für vier Jahre hinter Gitter zu bringen. Auf Anhieb befindet man sich in einer sehr romanesken, aus dem Zusammentreffen der unwahrscheinlichsten Umstände gewobenen Geschichte (durch puren Zufall begegnen sich die Figuren mitten auf dem Meer auf einem Schiff, auf einer Straße in Haifa, einer Straße in Wien), man nimmt teil am Kampf zwischen den Guten (Nowy, seiner Geliebten) und den Bösen (dem Gehörnten, der so vulgär ist, daß er seine Hörner wohl verdient, und einem Literaturkritiker, der Nowys schöne Bücher systematisch verreißt), man ist gerührt über die melodramatischen Wendungen (die Heldin begeht Selbstmord, weil sie das Leben zwischen dem Gehörnten und dem Hörner Aufsetzenden nicht mehr erträgt), und man bewundert die empfindsame Seele von Nowy-Brod, die bei jeder Gelegenheit schmilzt.

Dieser Roman wäre vergessen worden, noch bevor er geschrieben war, gäbe es da nicht die Figur Gartas. Denn Garta, ein enger Freund Nowys, ist ein Porträt Kafkas. Ohne diesen Schlüssel wäre die Figur die uninteressanteste in der gesamten Literaturgeschichte; er ist als »Heiliger unserer Zeit« charakterisiert, doch selbst über das Amt seiner Heiligkeit erfährt man nicht viel, außer daß Nowy-Brod in amourösen Schwierigkeiten von Zeit zu Zeit Rat bei seinem Freund sucht, der unfähig ist, ihm zu helfen, da ihm als Heiligem solche Erfahrungen versagt sind.

Welch wunderbares Paradox: das ganze Bild Kafkas wie auch das ganze postume Schicksal seines Werks sind in diesem naiven Roman zum ersten Mal konzipiert und vorgezeichnet, in diesem Schmarren, dieser Karikatur einer Romanhandlung, die sich ästhetisch genau am Gegenpol von Kafkas Kunst befindet.

2

Einige Zitate aus dem Roman: Garta »war ein Heiliger unserer Zeit, ein wirklicher Heiliger«. »[...] vielleicht ist gerade das das Größte an ihm, daß er gegen alle Mythologien so selbständig und frei, so heilig nüchtern blieb, obwohl er ihnen im Innersten verwandt und selbst beinahe eine mythologische Figur war.« »[...] er wollte in vollendeter Reinheit leben, vielmehr – er konnte es gar nicht anders [...]«.

Die Wörter Heiliger, heilig, Mythologie, Reinheit sind nicht rhetorisch gemeint; man muß sie wörtlich nehmen: »Von allen Weisen und Propheten, die je über die Erde geschritten sind, ist er der stillste gewesen. [...] Vielleicht fehlte ihm ein Schritt: Selbstvertrauen. Hätte er auch das noch gehabt, wäre er ein Führer der Menschheit geworden. Nein, ein Führer war er nicht. Sprach nicht zu Schülern, zum Volke wie Buddha, Jesus, Moses. So sprach er nicht. Er blieb verschlossen. Aber vielleicht kam das daher, weil er das Grundgeheimnis noch tiefer sah als diese drei? Weil das, was er unternahm, noch schwerer war als das, was Buddha wollte? Weil es, wäre es gelungen, Endgültiges gewesen wäre?«

Und weiter: »Alle Religionsstifter hatten die Überzeugtheit

von sich selbst. Einer entfernt sich ins Dunkle, vielleicht der Ehrlichste: Laotse. Hier der Übergang zu Garta, so ähnlich stand es wohl um ihn.«

Garta wird geschildert als jemand, der schreibt. Nowy war zu seinem Testamentsvollstrecker bestimmt: »Wohl hatte Nowy Gartas gesamten literarischen Nachlaß übernommen – von Garta hiezu beauftragt, allerdings mit dem seltsamen Zusatze, der ganze Nachlaß sei zu vernichten.« Nowy »konnte auch noch diese extreme Forderung einigermaßen fassen. Garta war kein Verkündiger einer neuen Religion; nur sie leben, sie sein, das wollte er, das hätte ihn befriedigt. Das Äußerste verlangte er von sich; da es nicht gelungen war, hatten die Schriften (arme Vorstufen zu dieser letzten Höhe) keinen Wert für ihn.«

Trotzdem wollte Nowy-Brod dem Willen seines Freundes nicht nachkommen, weil dessen Schriften so wertvoll waren: »Den irrenden Menschen bedeuteten sie selbst als Versuche, Antastungen, Ahnungen etwas Unersetzliches.«

Ja, darin ist alles enthalten.

3

Ohne Brod würden wir heute nicht einmal mehr Kafkas Namen kennen. Sofort nach dem Tod seines Freundes ließ Brod dessen drei Romane veröffentlichen. Ohne Echo. Da begriff er, daß er, um Kafkas Werk durchzusetzen, einen richtigen, langen Krieg führen mußte. Ein Werk durchzusetzen heißt, es zu präsentieren, zu interpretieren. Brod startete eine regelrechte Kanoniersoffensive: die Vorworte: für *Der Prozeß* (1925), für *Das Schloß* (1926), für *Amerika* (1927), für *Beschreibung eines Kampfes* (1936), für das Tagebuch und die Briefe (1937), für die Erzählungen (1946): dann für die *Gespräche* mit Janouch (1952); dann die Dramatisierungen: *Das Schloß* (1953) und *Amerika* (1957): vor allem aber vier wichtige Bücher zur Interpretation (beachten Sie die Titel!): *Franz*

Kafka. Eine Biographie (1937). *Franz Kafkas Glauben und Lehre* (1946), *Franz Kafka als wegweisende Gestalt* (1951) und *Verzweiflung und Erlösung im Werk Franz Kafkas* (1959).

In all diesen Texten wird das im *Zauberreich der Liebe* entworfene Bild bekräftigt und weiterentwickelt: Kafka ist in erster Linie der religiöse Denker. Allerdings: »Eine systematische Darstellung seiner Philosophie und religiösen Weltanschauung hat Kafka nie gegeben. Dennoch lassen sich aus seinem Werk, speziell aus den Aphorismen, aber auch aus den Dichtungen, Briefen, Tagebüchern, ferner aus der Art seiner Lebensführung (vor allem aus dieser) ziemlich deutliche Grundlagen ableiten, die einem Kafkas Stellungnahme zu den Grundphänomenen des Menschseins erschließen.«

Etwas später heißt es: Eine richtige Deutung Kafkas sei nicht möglich, »solange man nicht zwei Strömungen in seinem Werk unterscheidet: 1) die Aphorismen, und 2) die erzählenden Schriften (Romane, Novellen, Fragmente).

In den Aphorismen gibt Kafka das *positive* Wort, das er der Menschheit zu sagen hat, einen Glauben, eine strenge Aufforderung, das persönliche Leben jedes Einzelnen zu ändern.«

In den Romanen und Erzählungen »schildert er die grauenhaften Strafsanktionen, die eintreten, wenn man das Wort nicht hört, den rechten Weg verläßt«.

Beachten Sie die Hierarchie: oben: Kafkas Leben als nachahmenswertes Beispiel; in der Mitte: die Aphorismen, das heißt alle sentenzenhaften, »philosophischen« Passagen seines Tagebuchs; unten: das erzählerische Werk.

Brod war ein brillanter Intellektueller von außerordentlicher Energie; ein großzügiger Mann, bereit, für andere zu kämpfen; seine Zuneigung für Kafka war herzlich und uneigennützig. Das Unglück lag einzig in seiner künstlerischen Orientierung: als Geistesmensch wußte er nicht, was die Leidenschaft für die Form bedeutet; seine Romane (er schrieb ungefähr zwanzig) sind hoffnungslos konventionell; und vor allem: er verstand absolut nichts von moderner Kunst.

Weshalb Kafka ihn trotz alledem so sehr gemocht hat? Hören Sie etwa auf, Ihren besten Freund zu mögen, weil er die Manie hat, schlechte Verse zu schreiben?

Dennoch wird der Mensch, der schlechte Verse schreibt, gefährlich, sobald er anfängt, das Werk seines Dichterfreundes herauszugeben. Stellen wir uns vor, der einflußreichste Kommentator Picassos wäre ein Maler, der noch nicht einmal die Impressionisten verstünde. Was könnte er über Picassos Bilder sagen? Wahrscheinlich das gleiche wie Brod über Kafkas Romane: sie schilderten »die grauenhaften Strafsanktionen, die eintreten, wenn man den rechten Weg verläßt«.

4

Max Brod hat das Bild von Kafka und von dessen Werk erfunden; gleichzeitig hat er die Kafkologie erfunden. Selbst wenn die Kafkologen sich gern von ihrem Vater distanzieren, verlassen sie nie das Gebiet, das dieser für sie abgesteckt hat. Ungeachtet der astronomischen Anzahl von Texten, die sie hervorbringt, entfaltet die Kafkologie in unendlichen Varianten den immer gleichen Diskurs, die gleiche Spekulation, die von Kafkas Werk immer unabhängiger wird, sich aus sich selbst nährt. In unzähligen Vorworten, Nachworten, Anmerkungen, Biographien und Monographien, Universitätsvorlesungen und Dissertationen produziert und konserviert sie ihr Kafkabild, wodurch der Autor, den das Publikum unter dem Namen Kafka kennt, nicht mehr Kafka, sondern der kafkologisierte Kafka ist.

Nicht alles, was über Kafka geschrieben wurde, ist Kafkologie. Wie also die Kafkologie definieren? Durch eine Tautologie: die Kafkologie ist die Rede, die das Ziel hat, Kafka zu kafkologisieren. Kafka durch den kafkologisierten Kafka zu ersetzen:

1) Nach dem Muster Brods untersucht die Kafkologie Kafkas Bücher nicht im *großen Kontext* der Literaturgeschichte (der Geschichte des europäischen Romans), sondern fast aus-

schließlich im *biographischen Mikrokontext*. In ihrer Mono-graphie berufen Boisdeffre und Albérès sich auf Proust und weisen die biographische Erklärung der Kunst von sich, aber nur, um zu behaupten, Kafka erfordere eine Ausnahme von dieser Regel, da seine Bücher »nicht von seiner Person zu tren-nen sind. Ob er Josef K., Rohan, Samsa, der Landvermesser, Bendemann, die Sängerin Josefine, der Hungerkünstler oder der Trapezkünstler heißt, der Held seiner Bücher ist niemand anders als Kafka selbst.« Die Biographie ist der wichtigste Schlüssel zum Verständnis des Werks. Schlimmer noch: der einzige Sinn des Werks liegt darin, ein Schlüssel zum Verständ-nis der Biographie zu sein.

2) Nach dem Muster Brods wird *Kafkas Biographie* unter der Feder der Kafkologen zur *Hagiographie*; das unvergeß-liche Pathos, mit dem Roman Kast seinen Vortrag auf der Kon-ferenz von Liblice 1963 beendete: »Dieser Dichter hat für uns geschrieben und für uns gelitten!« Verschiedene Arten von Hagiographien: religiöse; weltliche: Kafka als Märtyrer sei-ner Einsamkeit; links orientierte: Kafka, der »eifrig« anarchi-stische Versammlungen besuchte und »sehr aufmerksam war für die Revolution von 1917« (nach dem Zeugnis eines Mytho-manen, das stets zitiert wird, aber nie überprüft wurde). Jede Kirche hat ihre Apokryphen: die *Gespräche* mit Gustav Janouch. Jeder Heilige hat eine Opfergeste: Kafkas Wille, sein Werk vernichten zu lassen.

3) Nach Brods Muster *verdrängt die Kafkologie Kafka systematisch aus dem Bereich des Ästhetischen*: entweder als »religiösen Denker« oder, links orientiert, als Kunstverächter: »Seine Idealbibliothek enthielte nur Handbücher für Inge-nieure oder Mechaniker und juristische Urteilssammlungen« (Deleuze und Guattari). Unermüdlich erklärt die Kafkologie die Beziehungen zu Kierkegaard, zu Nietzsche, zu den Theo-logen, aber sie ignoriert die Romanciers und die Dichter. Nicht einmal Camus spricht in seinem Essay von Kafka als von einem Romancier, sondern als von einem Philosophen. Seine privaten Schriften und seine Romane werden gleich be-

handelt, wobei man erstere klar bevorzugt: ich nehme aufs Geratewohl den Kafka-Essay von Garaudy, damals noch Marxist: 54mal zitiert er Kafkas Briefe, 45mal die Tagebücher, 35mal die *Gespräche* mit Janouch; 20mal die Erzählungen; 5mal den *Prozeß*, 4mal das *Schloß*, nicht ein einziges Mal *Amerika*.

4) Nach dem Muster Brods *ignoriert die Kafkologie die Existenz der modernen Kunst*; als gehöre Kafka nicht zur Generation der großen Neuerer, Strawinsky, Webern, Bartók, Apollinaire, Musil, Joyce, Picasso, Braque, alle wie er selbst zwischen 1880 und 1883 geboren. Als in den fünfziger Jahren die Idee von Kafkas Verwandtschaft mit Beckett aufkam, protestierte Brod auf der Stelle: der heilige Garta habe mit dieser Dekadenz nichts zu tun!

5) Die Kafkologie ist keine Literaturkritik (sie untersucht nicht den Wert eines Werks: die bisher unbekannten Aspekte der Existenz, die im Werk offenbar werden, die ästhetischen Neuerungen, durch die es die Entwicklung der Kunst beeinflußt hat, etc.); *die Kafkologie ist eine Exegese*. Als solche kann sie in Kafkas Romanen nur Allegorien sehen. Sie sind religiös (Brod: Schloß = Gottes Gnade; der Landvermesser = der neue Parsifal auf der Suche nach dem Göttlichen; etc., etc.); sie sind atheistisch, psychoanalytisch, existentialistisch, marxistisch (der Landvermesser = Symbol der Revolution, da er das Land neu verteilt); sie sind politisch (Orson Welles' Film *Der Prozeß*); in Kafkas Romanen sucht die Kafkologie nicht die wirkliche, durch eine grenzenlose Phantasie veränderte Welt; sie entziffert religiöse Botschaften, enträtselt philosophische Parabeln.

5

Garta »war ein Heiliger unserer Zeit, ein wirklicher Heiliger«. Kann aber ein Heiliger ins Bordell gehen? Brod hat Kafkas Tagebücher herausgegeben, wobei er sie ein bißchen zensierte;

er hat nicht nur die Anspielungen auf die Dirnen, sondern alles die Sexualität Betreffende eliminiert. Die Kafkologie hat stets Zweifel an der Männlichkeit ihres Autors geäußert, und sie gefällt sich darin, ausführlich über das Martyrium seiner Impotenz zu reden. So ist Kafka seit langem zum Schutzheiligen der Neurotiker, der Depressiven, der Magersüchtigen, der Schwächlinge geworden, er ist zum Schutzheiligen der Verschrobenen, der lächerlichen Preziösen und der Hysteriker geworden (bei Orson Welles brüllt K. hysterisch, wogegen Kafkas Romane die am wenigsten hysterischen der ganzen Literaturgeschichte sind).

Die Biographen kennen das intime Sexualleben ihrer eigenen Ehefrau nicht, glauben jedoch, das von Stendhal oder Faulkner zu kennen. Ich wage über das von Kafka nur folgendes zu sagen: das (nicht besonders einfache) erotische Leben seiner Epoche glich dem unseren kaum: die jungen Mädchen von damals schliefen vor der Hochzeit nicht mit Männern; für einen Ledigen blieben nur zwei Möglichkeiten: verheiratete Frauen aus gutem Hause oder leichte Mädchen aus den unteren Schichten: Verkäuferinnen, Dienstmädchen und natürlich Prostituierte.

Die Phantasie von Brods Romanen nährte sich aus der ersten Quelle; daher ihre schwärmerische, romantische Erotik (dramatische Ehebrüche, Selbstmorde, pathologische Eifersucht), die asexuell ist: »Die schönen Frauen irren, wenn sie glauben, daß es dem wohlgearteten Mann auf die Besitzergreifung ankommt. Die ist nur Symbol, die Sache selbst ist bei weitem nicht so wichtig wie das Gefühl: die Frau liebt mich, ist durchaus und bis in die letzte Zelle mir wohlgesinnt. Alle Liebe des Mannes ist nur ein Kampf um Wohlwollen und Güte der Frau.« (*Zauberreich der Liebe*)

Die erotische Phantasie von Kafkas Romanen hingegen nährt sich fast ausschließlich aus der zweiten Quelle: »Ich gieng an dem Bordell vorüber wie an dem Haus einer Geliebten« (Tagebuch, 1910, von Brod zensierter Satz).

Obwohl die Romane des 19. Jahrhunderts es meisterhaft

48

verstanden, sämtliche amourösen Strategien zu analysieren, beließen sie die Sexualität und den Geschlechtsakt selbst im dunkeln. In den ersten Jahrzehnten unseres Jahrhunderts tritt die Sexualität aus dem Nebel der romantischen Leidenschaft. Kafka war (mit Joyce, gewiß) einer der ersten, der sie in seinen Romanen entdeckte. Er enthüllte die Sexualität nicht (in der Art des 18. Jahrhunderts) als dem kleinen Kreis der Libertins vorbehaltene Spielwiese, sondern als banale und zugleich fundamentale Realität im Leben jedes einzelnen. Kafka enthüllt die *existentiellen* Aspekte der Sexualität: die Sexualität als Gegensatz zur Liebe; die Fremdheit des anderen als Bedingung, als Forderung der Sexualität; die Zweideutigkeit der Sexualität: ihre erregenden und zugleich abstoßenden Seiten; ihre furchtbare Bedeutungslosigkeit, die ihre erschreckende Macht keinesfalls vermindert, etc.

Brod war Romantiker. Im Gegensatz dazu glaube ich, in Kafkas Romanen eine tiefe Antiromantik zu erkennen; sie tritt überall zutage: in der Art, wie Kafka die Gesellschaft sieht, ebenso wie in seiner Art, einen Satz zu konstruieren; vielleicht aber liegt ihr Ursprung in der Vorstellung, die Kafka von der Sexualität hatte.

6

Der junge Karl Rossmann (der Held von *Amerika*) wird aus dem väterlichen Haus gejagt und nach Amerika geschickt, wegen eines unglückseligen sexuellen Vorfalls mit einem Dienstmädchen, das ihn »verführt und ein Kind von ihm bekommen hatte«. Vor dem Koitus: »›Karl, o du mein Karl!‹ rief sie, als sähe sie ihn und bestätigte sich seinen Besitz, während er nicht das geringste sah und sich unbehaglich in dem vielen warmen Bettzeug fühlte, das sie eigens für ihn angehäuft zu haben schien.« [...] Dann »schüttelte [sie] ihn, horchte sein Herz ab, bot ihre Brust zum gleichen Abhorchen hin, [...]« Schließlich »suchte [sie] mit der Hand, so widerlich, daß Karl Kopf und

Hals aus den Kissen herausschüttelte, zwischen den Beinen, stieß dann den Bauch einige Male gegen ihn – ihm war, als sei sie ein Teil seiner selbst, und vielleicht aus diesem Grunde hatte ihn eine entsetzliche Hilfsbedürftigkeit ergriffen«.

Diese bescheidene Kopulation ist der Anlaß für alles, was im Roman weiter geschehen wird. Es ist deprimierend, wenn man sich bewußt wird, daß der Anlaß für unser Schicksal etwas völlig Bedeutungsloses ist. Doch jede Enthüllung unerwarteter Bedeutungslosigkeit ist zugleich eine Quelle der Komik. Post coitum omne animal triste. Kafka war der erste, der das Komische dieser Traurigkeit beschrieben hat.

Das Komische der Sexualität: eine Idee, die für Puritaner ebenso inakzeptabel ist wie für Neo-Libertins. Ich denke an D. H. Lawrence, diesen Sänger des Eros, diesen Evangelisten des Koitus, der in *Lady Chatterly und ihr Liebhaber* versucht, die Sexualität zu rehabilitieren, indem er sie lyrisch verbrämt. Die lyrische Sexualität ist jedoch noch viel lächerlicher als die lyrische Sentimentalität des vergangenen Jahrhunderts.

Das erotische Juwel in *Amerika* ist Brunelda. Sie hat Federico Fellini fasziniert. Lange hat er davon geträumt, *Amerika* zu verfilmen, und in *Intervista* zeigt er uns die Szene des Casting für diesen ersehnten Film: verschiedene unglaubliche Kandidatinnen, von Fellini mit dem überschwenglichen Vergnügen ausgewählt, das wir an ihm kennen, präsentieren sich für die Rolle Bruneldas. (Aber ich betone: dieses überschwengliche Vergnügen war auch Kafkas Vergnügen. Denn Kafka hat nicht für uns *gelitten*! Er hat sich für uns *amüsiert*!)

Brunelda, die alte Sängerin, die »sehr schwach veranlagt« ist und »Gicht in den Beinen« hat. Brunelda mit den kleinen fetten Händen, dem Doppelkinn, dem »übermäßig dicken Körper«. Brunelda, die breitbeinig dasitzt und »nur mit größter Anstrengung, unter vielem Schnappen und häufigem Ausruhen« sich so weit bücken kann, »um ihre Strümpfe am obersten Ende zu fassen«. Brunelda, die ihr Kleid hebt und dem weinenden Robinson mit dem Saum die Augen abwischt. Brunelda, die unfähig ist, zwei oder drei Stufen hochzusteigen

und getragen werden muß – ein Schauspiel, das Robinson dermaßen beeindruckt, daß er sein Leben lang seufzen wird: »Ach
Gott, ach Gott, war sie schön! So ein Frauenzimmer!« Brunelda, die nackt in der Badewanne steht und von Delamarche
gewaschen wird, während sie klagt und jammert. Brunelda,
die in derselben Badewanne liegt und mit den Fäusten wütend
ins Wasser schlägt. Brunelda, für die zwei Männer zwei Stunden brauchen, um sie die Treppe hinunterzuschaffen und in
das Wägelchen zu setzen, das Karl durch die Stadt schieben
wird, zu einem mysteriösen Ort, vermutlich einem Bordell.
Brunelda, die sich in diesem Handwagen ganz mit einem Tuch
zudeckt, weshalb ein Polizist sie für Kartoffelsäcke hält.

Neu an dieser Zeichnung fetter Häßlichkeit ist die Tatsache,
daß sie anziehend ist; auf morbide Weise anziehend, auf lächerliche Weise anziehend, aber trotzdem anziehend; Brunelda ist ein Monstrum der Sexualität auf der Grenze zwischen
dem Abstoßenden und dem Erregenden, und die bewundern-
den Schreie der Männer sind nicht nur komisch (sie *sind* komisch, natürlich, die Sexualität *ist* komisch!), sondern zugleich absolut echt. Man wundert sich nicht, daß Brod, der
romantische Anbeter der Frauen, für den der Koitus keine
Realität, sondern ein »Symbol des Gefühls« war, in Brunelda
nichts Echtes sehen konnte, nicht den Schatten einer wirklichen Erfahrung, sondern nur die Beschreibung der »grauenhaften Strafsanktionen, die eintreten, wenn man den rechten
Weg verläßt«.

7

Die schönste erotische Szene, die Kafka geschrieben hat, findet sich im dritten Kapitel von *Das Schloß*: der Liebesakt zwischen K. und Frieda. Kaum eine Stunde, nachdem K. dieses
»unscheinbare, kleine, blonde Mädchen« zum ersten Mal gesehen hat, umarmt er sie unter dem Ausschankpult »in den
kleinen Pfützen Biers und dem sonstigen Unrat, von dem der

Boden bedeckt war«. Schmutz: untrennbar von der Sexualität, von ihrem Wesen.

Aber unmittelbar danach, im folgenden Satz, läßt Kafka uns die Poesie der Sexualität verstehen: »Dort vergingen Stunden, Stunden gemeinsamen Atems, gemeinsamen Herzschlags, Stunden, in denen K. immerfort das Gefühl hatte, er verirre sich oder er sei so weit in der Fremde, wie vor ihm noch kein Mensch, einer Fremde, in der selbst die Luft keinen Bestandteil der Heimatluft habe, in der man vor Fremdheit ersticken müsse und in deren unsinnigen Verlockungen man doch nichts tun könne als weiter gehen, weiter sich verirren.«

Die Dauer des Koitus verwandelt sich in eine Metapher für das Gehen unter dem Himmel der Fremdheit. Und dennoch ist dieses Gehen nicht Häßlichkeit; im Gegenteil, es zieht uns an, lädt uns ein, noch weiter zu gehen, es berauscht uns: es ist Schönheit.

Und einige Zeilen weiter: »... allzu glücklich war er, Frieda in seinen Händen zu halten, allzu ängstlich-glücklich auch, denn es schien ihm, wenn Frieda ihn verlasse, verlasse ihn alles, was er habe.« Also doch Liebe? Aber nein, keine Liebe; wenn man ausgestoßen ist und nichts mehr besitzt, wird eine kleine Frau, die man kaum kennt und zwischen Bierpfützen umarmt hat, ein ganzes Universum – ohne daß die Liebe damit irgend etwas zu tun hätte.

8

Im ersten *Manifest des Surrealismus* äußert André Breton sich streng gegenüber der Kunst des Romans. Er wirft ihr vor, mit Mittelmäßigkeit und Banalität, mit allem, was der Poesie widerspricht, hoffnungslos überfrachtet zu sein. Er macht sich lustig über ihre Beschreibungen wie auch über ihre langweilige Psychologie. Unmittelbar auf die Kritik des Romans folgt eine Lobrede auf die Träume. Dann faßt er zusammen: »Ich glaube an die künftige Auflösung dieser scheinbar so gegensätzlichen Zustände von Traum und Wirklichkeit in einer Art absoluter Realität, wenn man so sagen kann: Surrealität.«

Ein Paradox: diese »Auflösung von Traum und Wirklichkeit«, die von den Surrealisten verkündet wurde, ohne daß sie es verstanden hätten, sie in einem großen literarischen Werk zu verwirklichen, hatte ausgerechnet in der Gattung, die sie schmähten, bereits stattgefunden: in Kafkas Romanen, die ein Jahrzehnt früher geschrieben worden waren.

Es ist sehr schwierig, die Phantasie, mit der Kafka uns bezaubert, zu definieren, zu benennen. Die Auflösung von Traum und Wirklichkeit, diese Formulierung, die Kafka natürlich nicht kannte, scheint mir erhellend. Desgleichen ein anderer, den Surrealisten teurer Satz, der Satz Lautréamonts von der Schönheit der zufälligen Begegnung eines Regenschirms und einer Nähmaschine: je fremder die Dinge einander sind, desto magischer ist das Licht, das aus ihrer Begegnung hervorblitzt. Ich möchte von einer Poetik der Überraschung sprechen; oder von der Schönheit als einem immerwährenden Staunen. Oder als Wertmaßstab den Begriff der *Dichte* verwenden: Dichte der Imagination, Dichte der unerwarteten Begegnungen. Die geschilderte Szene des Koitus zwischen K. und Frieda ist ein Beispiel solcher schwindelerregender Dichte: die kurze Passage von knapp einer Seite enthält drei verschiedene existentielle Entdeckungen (das existentielle Dreieck der Sexualität), die uns in ihrer unmittelbaren Aufeinanderfolge verblüffen: der Schmutz; die betörende dunkle Schönheit der Fremdheit; und die ergreifende, angstvolle Sehnsucht.

Das ganze dritte Kapitel ist ein Wirbel des Unerwarteten: auf relativ engem Raum folgen aufeinander: die erste Begegnung zwischen K. und Frieda im Wirtshaus; der wegen der Anwesenheit einer Drittperson (Olga) verschleierte, außerordentlich realistische Dialog der Verführung; das Motiv des Gucklochs in der Tür (ein banales Motiv, das jedoch über die empirische Wahrscheinlichkeit hinausgeht), durch das K. sieht, wie Klamm hinter seinem Schreibtisch schläft; die Die-

nerschaft, die mit Olga tanzt; die überraschende Grausamkeit
Friedas, die die Diener mit einer Peitsche verjagt, und die
überraschende Angst, mit der sie gehorchen; der Wirt, der ankommt, während K. sich unter dem Ausschankpult versteckt;
die Ankunft Friedas, die K. auf dem Boden entdeckt und seine
Anwesenheit dem Wirt gegenüber verleugnet (während sie
gleichzeitig mit ihrem Fuß verliebt K.s Brust berührt); der
Liebesakt, unterbrochen von Klamms Rufen, der hinter der
Tür erwacht ist; die erstaunlich mutige Geste Friedas, die
Klamm zuruft: »Ich bin beim Landvermesser!«; und dann,
der Höhepunkt (hier verläßt man die empirische Wahrscheinlichkeit vollkommen): über ihnen sitzen auf dem Pult die beiden Gehilfen; sie haben die ganze Zeit zugeschaut.

9

Die beiden Gehilfen vom Schloß sind wahrscheinlich Kafkas
glänzendster poetischer Einfall, ein Wunder seiner Phantasie;
ihre Existenz ist nicht nur unendlich verblüffend, sie ist zudem gespickt mit Bedeutungen: sie sind arme Singlehrer, Nervensägen; aber sie repräsentieren auch die ganze bedrohliche
»Modernität« der Welt des Schlosses: sie sind Polizisten, Re-
porter, Fotografen: Agenten der totalen Zerstörung des Pri-
vatlebens; sie sind die harmlosen Clowns, die durch die Arena
des Dramas schreiten; sie sind aber auch lüsterne Voyeure, deren Gegenwart dem Roman das sexuelle Parfum einer anstößi-
gen und kafkaesk komischen Promiskuität verleiht.

Vor allem aber: die Erfindung dieser beiden Gehilfen
gleicht einem Hebel, der die Geschichte in den Bereich em-
porhebt, wo alles auf merkwürdige Weise zugleich wirklich
und unwirklich, möglich und unmöglich ist. Zwölftes Kapitel: K., Frieda und ihre beiden Gehilfen campieren im Klas-
senzimmer einer Primarschule, das sie in ein Schlafzimmer
umfunktioniert haben. Die Lehrerin und die Schüler treten in
dem Augenblick ein, als der unglaubliche Vierer-Haushalt

sich anschickt, seine Morgentoilette zu machen; hinter an den Barren aufgehängten Decken ziehen sie sich an, während die Kinder sie amüsiert, irritiert, neugierig (auch sie Voyeure) beobachten. Dies ist mehr als die Begegnung eines Regenschirms und einer Nähmaschine. Es ist die herrlich unschickliche Begegnung zweier Räume: des Klassenzimmers einer Primarschule und eines dubiosen Schlafzimmers.

Diese Szene von ungeheuer komischer Poesie (die am Anfang einer Anthologie der Moderne des Romans stehen sollte) ist in der Epoche vor Kafka undenkbar. Absolut undenkbar. Wenn ich dies betone, will ich damit die ganze Radikalität von Kafkas ästhetischer Revolution zum Ausdruck bringen. Ich erinnere mich an ein Gespräch, das ich schon vor zwanzig Jahren mit Gabriel García Márquez geführt habe, der sagte: »Kafka hat mir beigebracht, daß man *anders* schreiben kann.« Anders, das hieß: indem man die Grenze des Wahrscheinlichen überschreitet. Nicht (in der Art der Romantiker), um der wirklichen Welt zu entfliehen, sondern um sie besser zu erfassen.

Denn die wirkliche Welt zu erfassen gehört zur Definition des Romans; wie aber soll man sie erfassen und sich zugleich einem bezaubernden Spiel der Phantasie hingeben? Wie soll man genau sein bei der Analyse der Welt und gleichzeitig verantwortungslos frei in den spielerischen Träumereien? Wie soll man diese beiden unvereinbaren Ziele in Einklang bringen? Kafka hat es verstanden, dieses gewaltige Rätsel zu lösen. Er hat eine Bresche in die Mauer des Wahrscheinlichen geschlagen; die Bresche, durch die ihm viele andere gefolgt sind, jeder auf seine Weise: Fellini, Márquez, Fuentes, Rushdie. Und andere, und wieder andere.

Zum Teufel mit dem heiligen Garta! Sein kastrierender Schatten hat einen der größten Romandichter aller Zeiten unsichtbar gemacht.

DRITTER TEIL

Improvisation zu Ehren
Strawinskys

Der Reiz der Vergangenheit

In einem Rundfunkvortrag spricht Schönberg 1931 von seinen Lehrmeistern: »In erster Linie Bach und Mozart; in zweiter Beethoven, Wagner, Brahms.« In knappen, aphoristischen Sätzen definiert er dann, was er von jedem dieser fünf Komponisten gelernt hat.

Zwischen dem Hinweis auf Bach und dem auf die anderen Komponisten besteht jedoch ein sehr großer Unterschied: bei Mozart zum Beispiel lernt er »die Ungleichheit der Phrasenlänge« oder »die Kunst der Nebengedankenformung«, das heißt eine ganz individuelle Gewandtheit, die nur Mozart eigen war. Bei Bach entdeckt er Prinzipien, die auch die der Musik in den Jahrhunderten vor Bach waren: erstens die Kunst, »Tongestalten zu erfinden, die sich selbst begleiten können«; und zweitens »die Kunst, alles aus einem zu erzeugen«.

Mit diesen beiden Sätzen, welche die Lektion enthalten, die Schönberg von Bach (und dessen Vorgängern) gelernt hat, könnte man die ganze dodekaphonische Revolution definieren: im Gegensatz zur klassischen und romantischen Musik, die kompositorisch auf einem Wechsel verschiedener aufeinander folgender musikalischer Themen beruht, ist eine Fuge Bachs ebenso wie eine dodekaphonische Komposition von Anfang bis Ende aus einem thematischen Kern entwickkelt, der Melodie und Begleitung zugleich ist.

Als Roland Manuel Strawinsky dreiundzwanzig Jahre später fragt: »Mit wem beschäftigen Sie sich heute vor allem?«, antwortet dieser: »Guillaume de Machaut, Heinrich Isaak, Dufay, Perotinus und Webern.« Es ist das erste Mal, daß ein

Komponist die enorme Wichtigkeit der Musik des 12., 14. und 15. Jahrhunderts so deutlich hervorhebt und sie in einen Zusammenhang mit der modernen Musik (Weberns Musik) stellt.

Einige Jahre später gibt Glenn Gould in Moskau ein Konzert für die Schüler des Konservatoriums; nachdem er Webern, Schönberg und Křenek gespielt hat, wendet er sich mit einem kurzen Kommentar an seine Zuhörer: »Das schönste Kompliment, das ich dieser Musik machen kann, ist, daß die Prinzipien, die man darin entdecken kann, nicht neu, sondern mindestens fünfhundert Jahre alt sind«; dann setzt er sein Konzert mit drei Fugen von Bach fort. Eine ganz bewußte Provokation: der sozialistische Realismus, im damaligen Rußland die offizielle Doktrin, bekämpfte die Moderne im Namen der traditionellen Musik; Glenn Gould wollte zeigen, daß die Wurzeln der modernen (im kommunistischen Rußland verbotenen) Musik viel tiefer liegen als die der offiziellen Musik des sozialistischen Realismus (der in Wahrheit nur eine künstliche Konservierung der romantischen Musik war).

Die zwei Halbzeiten

Die Geschichte der europäischen Musik ist ungefähr tausend Jahre alt (wenn ich ihre Anfänge in den ersten Versuchen einfacher Polyphonie sehe). Die Geschichte des europäischen Romans ungefähr vierhundert Jahre (wenn ich den Beginn im Werk von Rabelais und Cervantes sehe). Wenn ich an diese beiden Geschichten denke, werde ich den Eindruck nicht los, daß sie sich in einem ähnlichen Rhythmus entwickelt haben, gewissermaßen in zwei Halbzeiten. Die Zäsuren zwischen den Halbzeiten verlaufen in der Geschichte der Musik und der Geschichte des Romans nicht synchron. In der Geschichte der Musik erstreckt sich die Zäsur über das ganze 18. Jahrhundert (wobei Bachs *Kunst der Fuge* den symbolischen Höhepunkt der ersten Halbzeit darstellt und die Werke der ersten Klassiker den Beginn der zweiten markieren); in der Geschichte des Romans tritt sie etwas später auf: zwischen dem 18. und dem 19. Jahrhundert, das heißt zwischen Laclos und Sterne auf der einen, und Scott und Balzac auf der anderen Seite. Diese Ungleichzeitigkeit beweist, daß die wichtigsten Ursachen, die den Rhythmus der Geschichte der Künste bestimmen, weder soziologisch noch politisch, sondern ästhetisch sind: gebunden an den spezifischen Charakter einer bestimmten Kunst; als enthalte zum Beispiel die Kunst des Romans zwei verschiedene Möglichkeiten (zwei verschiedene Arten, Roman zu sein), die nicht gleichzeitig, parallel genutzt werden konnten, sondern nur nacheinander, eine nach der andern.

Die metaphorische Idee der zwei Halbzeiten ist mir einmal während eines Gesprächs unter Freunden gekommen und erhebt keinen Anspruch auf Wissenschaftlichkeit; es handelt sich um eine banale, elementare, in naiver Weise offensichtliche Erfahrung: in bezug auf die Musik und den Roman sind wir alle in der Ästhetik der zweiten Halbzeit erzogen. Eine Messe Ockeghems oder Bachs *Kunst der Fuge* sind für einen durchschnittlichen Musikliebhaber ebenso schwer zu verstehen wie Weberns Musik. Wie fesselnd ihre Handlung auch sein mag, die Romane des 18. Jahrhunderts schüchtern den Leser durch ihre Form ein, so daß die Verfilmungen (die Geist wie auch Form des Romans in fataler Weise verfälschen) viel bekannter sind als die Texte. Die Bücher Samuel Richardsons, des berühmtesten Romanciers des 18. Jahrhunderts, sind in Buchhandlungen nur schwer zu finden und praktisch vergessen. Im Gegensatz dazu ist Balzac, wenngleich er veraltet erscheinen mag, immer noch leicht zu lesen, die Form ist verständlich, dem Leser vertraut, ja weit mehr, sie ist für ihn geradezu das Modell der Romanform.

Der Graben zwischen der Ästhetik der zwei Halbzeiten gibt Anlaß zu einer Vielzahl von Mißverständnissen. In seinem Buch über Cervantes vertritt Vladimir Nabokov eine provokant negative Meinung über *Don Quijote*: ein überschätztes, naives Buch voller Wiederholungen und unerträglicher, unwahrscheinlicher Grausamkeit; diese »abscheuliche Grausamkeit« mache aus dem Buch »eines der härtesten und barbarischsten, die je geschrieben worden sind«; der arme Sancho verliere bei den verschiedenen Prügeleien mindestens fünfmal alle seine Zähne. Ja, Nabokov hat recht: Sancho verliert zu viele Zähne, aber wir sind nicht bei Zola, wo eine exakt und detailliert geschilderte Grausamkeit zum wahren Dokument einer sozialen Realität wird; bei Cervantes befinden wir uns in einer Zauberwelt, in der der Erzähler erfindet, übertreibt und sich von seinen Phantasien, seinen Maßlosigkeiten mitreißen läßt; Sanchos einhundertunddrei zerbrochene Zähne darf man nicht wörtlich nehmen, wie übrigens nichts in diesem Roman. »Gnädige Frau, Ihre Tochter ist von einer Dampfwalze überfahren worden! – Schon gut, ich sitze in der Badewanne. Schieben Sie sie unter der Tür durch.« Soll man diesem alten tschechischen Witz aus meiner Kindheit seiner Grausamkeit wegen den Prozeß machen? Cervantes' großes, grundlegendes Werk wurde durch den Geist des Unernsts belebt, einen Geist, der in der Folge durch die Romanästhetik der zweiten Halbzeit, durch deren Forderung nach Wahrscheinlichkeit, unverständlich wurde.

Die zweite Halbzeit hat die erste nicht nur in den Schatten gestellt, sie hat sie *verdrängt*; die erste Halbzeit ist zum schlechten Gewissen des Romans und vor allem der Musik geworden. Bachs Werk ist das berühmteste Beispiel: das Ansehen Bachs zu seinen Lebzeiten; das Vergessen Bachs (ein halbes Jahrhundert lang) nach seinem Tod; die allmähliche Wiederentdeckung Bachs im Laufe des 19. Jahrhunderts. Beethoven ist der einzige, dem es gegen Ende seines Lebens (das heißt siebzig Jahre nach Bachs Tod) beinahe gelungen ist, Bachs Erfahrung in die neue Ästhetik der Musik zu integrieren (seine wiederholten Versuche, die Fuge in die Sonate zu integrieren), wogegen die Romantiker nach Beethoven sich aufgrund ihres strukturellen Denkens um so weiter von Bach entfernten, je mehr sie ihn verehrten. Um den Zugang zu ihm zu erleichtern, wurde er subjektiviert, sentimentalisiert (die berühmten Bearbeitungen Busonis); dann wollte man, als Reaktion auf diese Romantisierung, Bachs Musik so wiedergeben, wie sie zu seiner Zeit gespielt worden war, was zu Interpretationen von beträchtlicher Langeweile geführt hat. Mir scheint, daß die Musik Bachs, nachdem sie die Wüste des Vergessens durchquert hat, für immer ein halb verschleiertes Gesicht bewahrt.

Geschichte als eine aus dem Nebel auftauchende Landschaft

Statt vom Vergessen Bachs zu sprechen, könnte ich meinen Gedanken umkehren und sagen: Bach ist der erste große Komponist, der das Publikum dank der immensen Bedeutung seines Werks zwang, seine Musik zur Kenntnis zu nehmen, obwohl sie bereits der Vergangenheit angehörte. Ein noch nie dagewesenes Ereignis, hatte die Gesellschaft bis zum 19. Jahrhundert doch fast ausschließlich mit zeitgenössischer Musik gelebt. Sie stand nicht in lebendigem Kontakt mit der musikalischen Vergangenheit: selbst wenn Musiker die Musik vorangegangener Epochen (selten) studiert hatten, war es nicht üblich, diese öffentlich zu spielen. Im Laufe des 19. Jahrhunderts jedoch beginnt die Musik der Vergangenheit neben der zeitgenössischen Musik wieder aufzuleben und schrittweise einen immer größeren Platz einzunehmen, bis sich im 20. Jahrhundert das Verhältnis zwischen Gegenwart und Vergangenheit umkehrt: man hört viel mehr Musik aus früheren Zeiten als zeitgenössische Musik, die heute fast gänzlich aus den Konzertsälen verschwunden ist.

Bach war also der erste Komponist, der sich ins Gedächtnis der Nachwelt einschrieb; mit ihm entdeckte das Europa des 19. Jahrhunderts folglich nicht nur einen wichtigen Teil der musikalischen Vergangenheit, es entdeckte die Geschichte der Musik. Denn Bach war für das 19. Jahrhundert nicht irgendeine, sondern eine von der Gegenwart radikal verschiedene Vergangenheit; so offenbarte sich die Zeit der Musik auf ein-

63

mal (und erstmals) nicht als einfache Abfolge von Werken, sondern als Abfolge von Veränderungen, Epochen, von unterschiedlichen ästhetischen Auffassungen.

Ich stelle mir ihn oft vor, wie er sich in seinem Todesjahr, genau in der Mitte des 18. Jahrhunderts, mit schwindendem Augenlicht über die *Kunst der Fuge* neigt, eine Musik, deren ästhetische Orientierung in Bachs Werk (das mannigfaltige Orientierungen aufweist) die archaischste Ausrichtung repräsentiert, fremd seiner Zeit, die der Polyphonie bereits völlig abgeschworen und sich einem einfachen, ja sogar einfältigen Stil zugewandt hat, der oft an Frivolität oder Dürftigkeit grenzt.

Die historische Situation von Bachs Werk zeigt also, was die nachkommenden Generationen im Begriff waren zu vergessen, daß nämlich die Geschichte nicht notwendigerweise ein Weg ist, der (zum Reicheren, Kultivierteren) emporsteigt, daß die Erfordernisse der Kunst vielmehr in Widerspruch stehen können zu den (Modernität genannten) Erfordernissen des Tages und daß das Neue (Einzigartige, Unnachahmliche, noch nie Gesagte) in einer anderen Richtung liegen kann als in der, die durch das von jedermann als Fortschritt Empfundene vorgegeben ist. Tatsächlich mußte die Zukunft, die Bach aus der Kunst seiner Zeitgenossen und Nachfolger herauslesen konnte, ihm wie ein Niedergang vorkommen. Als er sich gegen Ende seines Lebens ausschließlich auf die reine Polyphonie konzentrierte, kehrte er dem Geschmack der Zeit und den eigenen Komponisten-Söhnen den Rücken; es war eine Geste des Mißtrauens der Geschichte gegenüber, eine stillschweigende Ablehnung der Zukunft.

Bach: ein außergewöhnlicher Schnittpunkt verschiedener Tendenzen und historischer Probleme der Musik. Ungefähr hundert Jahre früher finden wir einen ähnlichen Schnittpunkt in Monteverdis Werk: seine Musik ist der Ort, an dem sich zwei gegensätzliche ästhetische Verfahren begegnen (Monteverdi nennt sie *prima* und *seconda prattica*, die eine begründet auf der kunstvollen Anwendung der Polyphonie, die andere, programmatisch expressiv, auf der Monodie), und sie weist so auf den Übergang von der ersten zur zweiten Halbzeit hin.

Ein anderer außergewöhnlicher Schnittpunkt historischer Tendenzen: Strawinskys Werk. Die tausendjährige Vergangenheit der Musik, die während des ganzen 19. Jahrhunderts allmählich aus den Nebeln des Vergessens auftauchte, erscheint auf einmal, um die Mitte unseres Jahrhunderts (zweihundert Jahre nach Bachs Tod), in ihrer ganzen Ausdehnung, wie eine lichtüberflutete Landschaft; ein einzigartiger Augenblick, in dem die ganze Geschichte der Musik absolut anwesend, zugänglich und verfügbar ist (dank historiographischer Forschungen, dank technischer Mittel, Radio und Schallplatten) und ganz offen für Fragen nach ihrem Sinn; mir scheint, dieser Moment der großen Bilanz hat in Strawinskys Musik sein Denkmal gefunden.

Das Gefühlstribunal

Die Musik sei »unfähig, was auch immer auszudrücken: ein Gefühl, eine Haltung, einen psychologischen Zustand«, sagt Strawinsky in *Chroniques de ma vie* (1935). Diese Feststellung (die gewiß übertrieben ist, denn wie wollte man leugnen, daß die Musik Gefühle hervorrufen kann?) wird einige Zeilen später präzisiert und nuanciert: die *Daseinsberechtigung* der Musik, sagt Strawinsky, beruhe nicht auf ihrer Fähigkeit, Gefühle auszudrücken. Sonderbar, welche Verärgerung diese Haltung hervorgerufen hat.

Die Auffassung, die im Gegensatz zu Strawinsky die Daseinsberechtigung der Musik im Ausdruck von Gefühlen sah, hat es vermutlich schon immer gegeben, im 18. Jahrhundert aber hat sie sich als die dominierende, allgemein akzeptierte und selbstverständliche durchgesetzt; Jean Jacques Rousseau formulierte es mit brutaler Einfachheit: wie jede Kunst imitiere die Musik die reale Welt, aber auf spezifische Weise: sie »stellt nicht unmittelbar die Dinge dar, sondern erweckt in der Seele die gleichen Regungen, die man empfindet, wenn man diese Dinge sieht«. Dies erfordert eine bestimmte Struktur des musikalischen Werks; Rousseau: »Alle Musik kann nur aus diesen drei Dingen aufgebaut sein: Melodie oder Gesang, Harmonie oder Begleitung, Bewegung oder Takt.« Ich hebe hervor: Harmonie *oder* Begleitung; das heißt, daß alles der Melodie untergeordnet ist: sie ist wesentlich, die Harmonie ist eine reine Begleitung, »die nur sehr wenig Macht hat über das menschliche Herz«.

Die Doktrin des sozialistischen Realismus, die zwei Jahrhunderte später mehr als fünfzig Jahre lang die Musik in Rußland unterdrückte, besagt nichts anderes. Man warf den sogenannten formalistischen Komponisten vor, die Melodie vernachläßigt zu haben (Chefideologe Schdanow war empört, weil eine solche Musik nach Konzertende nicht nachgepfiffen werden konnte); man ermahnt sie, »die ganze Skala der menschlichen Gefühle« auszudrücken (die moderne Musik ab Debussy wurde gegeißelt wegen ihrer Unfähigkeit, dies zu tun); in der Fähigkeit, Gefühle auszudrücken, die die Realität im Menschen wachruft, sah man (genau wie Rousseau) den »Realismus« der Musik. (Der sozialistische Realismus in der Musik: die Prinzipien der zweiten Halbzeit, in Dogmen umgewandelt, als Damm gegen die Moderne.)

Die strengste und tiefgründigste Kritik an Strawinsky ist sicher die Theodor W. Adornos in seinem berühmten Buch *Philosophie der neuen Musik* (1949). Adorno beschreibt die Situation der Musik, als handle es sich dabei um ein politisches Schlachtfeld: Schönberg, positiver Held, Vertreter des Fortschritts (wenngleich es sich gewissermaßen um einen tragischen Fortschritt handelt, eine Epoche, in der es kein Fortschreiten mehr gibt), und Strawinsky, negativer Held, Vertreter der Restauration. Strawinskys Weigerung, die Daseinsberechtigung der Musik im persönlichen Bekenntnis zu sehen, wird zu einer der Zielscheiben von Adornos Kritik; dieser »antipsychologische Furor« ist seiner Meinung nach eine Form von »Indifferenz zur Welt«; Strawinskys Bemühen, die Musik zu objektivieren, ist für ihn eine Art stillschweigende Billigung der kapitalistischen Gesellschaft, die die menschliche Subjektivität vernichte; denn es sei nichts weniger als »die Liquidation des Individuums, die Strawinskys Musik zelebriert«.

Ernest Ansermet, ein hervorragender Musiker, Dirigent und einer der ersten Interpreten von Strawinskys Werk (»einer meiner treuesten und ergebensten Freunde« schreibt Strawinsky in *Chroniques de ma vie*), ist später zu dessen erbarmungslosem Kritiker geworden; seine Einwände sind radikal, sie betreffen die »Daseinsberechtigung der Musik«. Nach Ansermet ist es »die latente Gefühlstätigkeit im Herzen des Menschen, [...] die stets die Quelle der Musik war«; im Ausdruck dieser »Gefühlstätigkeit« liegt die »ästhetische Substanz« der Musik; bei Strawinsky, der »sich weigert, seine Person in den Akt des musikalischen Ausdrucks einzubringen«, »hört die Musik auf, ästhetischer Ausdruck der menschlichen Ethik zu sein«; so sei zum Beispiel »seine *Messe* nicht der Ausdruck, sondern das *Porträt* einer Messe, das genausogut von einem nicht religiösen Musiker hätte komponiert werden können« und folglich nur eine »konfektionierte Religiosität« vermittle; indem Strawinsky so die Daseinsberechtigung der Musik zum Verschwinden bringe (indem er das Bekenntnis durch Porträts ersetze), verletze er nichts Geringeres als seine ethische Pflicht.

Weshalb diese Verbissenheit? Ist sie das Erbe des vergangenen Jahrhunderts, das Romantische in uns, das aufbegehrt gegen seine konsequenteste, vollkommenste Verneinung? Hat Strawinsky ein existentielles, in jedem von uns verborgenes Bedürfnis beleidigt? Das Bedürfnis, feuchte Augen für besser zu halten als trockene, eine Hand auf dem Herzen für besser als eine Hand in der Tasche, den Glauben für besser als den Skeptizismus, die Leidenschaft für besser als die Heiterkeit, das Bekenntnis für besser als die Erkenntnis?

Von der Kritik an der Musik geht Ansermet über zur Kritik an ihrem Urheber: wenn Strawinsky »aus seiner Musik keinen Akt des Ausdrucks seiner selbst gemacht und dies auch nicht versucht hat, so geschah dies nicht aus freien Stücken, sondern aufgrund einer gewissen Beschränktheit seiner Natur, aufgrund fehlender Autonomie seiner Gefühlstätigkeit (um nicht Armut des Herzens zu sagen, das erst aufhört, arm zu sein, wenn es etwas zu lieben hat)«.

Zum Teufel! Was wußte er, Ansermet, der treueste Freund, von Strawinskys Armut des Herzens? Was wußte er, der ergebenste Freund, von dessen Fähigkeit zu lieben? Und woher nahm er die Gewißheit, daß das Herz dem Gehirn ethisch überlegen ist? Werden Niederträchtigkeiten nicht ebensooft mit Anteilnahme des Herzens begangen wie ohne sie? Können die Fanatiker mit ihren blutbefleckten Händen sich nicht einer großen »Gefühlstätigkeit« rühmen? Wird man dieser dummen sentimentalen Inquisition, diesem Terror des Herzens eines Tages endlich ein Ende setzen?

Was ist oberflächlich und was tief?

Die Streiter des Herzens greifen Strawinsky an, oder sie versuchen, um seine Musik zu retten, sie von den »fehlerhaften« Theorien ihres Urhebers zu trennen. Dieser gute Wille, die Musik von Komponisten »retten« zu wollen, die im Verdacht stehen, nicht genügend Herz zu haben, bezieht sich sehr oft auf Komponisten der ersten Halbzeit, Bach mit eingeschlossen: »Die Epigonen des 20. Jahrhunderts, die *Angst hatten* vor der Evolution der musikalischen Sprache [gemeint ist Strawinsky mit seiner Weigerung, der dodekaphonischen Schule zu folgen, M. K.] und glaubten, *ihre Sterilität* zu retten durch das, was sie die ›Rückkehr zu Bach‹ nannten, irrten sich zutiefst bezüglich seiner Musik; sie hatten *die Unverschämtheit*, sie als eine ›objektive‹, absolute Musik zu präsentieren, die keine andere als eine rein musikalische Bedeutung hat, [...] in einer Periode eines *feigen* Purismus konnten nur mechanische Interpretationen glauben lassen, daß Bachs Instrumentalmusik nicht subjektiv und expressiv sei.« Ich habe die Ausdrücke hervorgehoben, die den leidenschaftlichen Charakter dieses Textes von Antoine Goléa aus dem Jahr 1963 bezeugen.

Zufällig gerät mir ein kleiner Kommentar eines anderen Musikwissenschaftlers in die Hände; er bezieht sich auf Rabelais' großen Zeitgenossen Clément Janequin und dessen sogenannte »beschreibende« Kompositionen, wie zum Beispiel *Le Chant des oiseaux* oder *Le Caquet des femmes*; die Absicht der »Rettung« ist die gleiche (die Schlüsselworte sind von mir hervorgehoben): »Diese Stücke bleiben indessen ziemlich *oberflächlich*. Janequin ist jedoch ein viel komplexerer Künstler, als gemeinhin angenommen wird, denn außer seinen unbestreitbaren *pittoresken Fähigkeiten* begegnet man bei ihm einer *zärtlichen Poesie, einer großen Innigkeit beim Ausdruck von Gefühlen* … Er ist ein Dichter mit Geschmack, empfänglich für die Schönheiten der Natur; er ist außerdem ein *unvergleichlicher Sänger der Frau*, für die er *Töne der Zärtlichkeit, der Bewunderung und des Respekts* findet …«

Merken wir uns den Wortschatz: die Pole von Gut und Böse werden durch das Adjektiv *oberflächlich* und das vorausgesetzte Gegenteil *tief* gebildet. Sind Janequins »beschreibende« Kompositionen aber tatsächlich oberflächlich? In diesen wenigen Kompositionen setzt Janequin nicht amusikalische Töne (Vogelgesang, Frauengeschwätz, Straßengeplapper, Jagdlärm oder Schlachtlärm) mit Hilfe musikalischer Mittel (Chorgesang) um; diese »Beschreibung« ist polyphon durchgearbeitet. Die Verbindung von »naturalistischer« Nachahmung (die Janequin wunderbare neue Klänge schenkt) und gelehrter Polyphonie, eine Verbindung also von zwei nahezu unvereinbaren Extremen, ist faszinierend: hier haben wir eine raffinierte, spielerische, fröhliche und humorvolle Kunst.

Dennoch: es sind gerade die Wörter »raffiniert«, »spielerisch«, »fröhlich« und »humorvoll«, die in der Sprache der Gefühle den Gegensatz des Tiefen bezeichnen. Doch was ist tief und was oberflächlich? Für Janequins Kritiker sind die »pittoresken Fähigkeiten«, ist die »Beschreibung« oberfläch-

lich; tief sind die »große Innigkeit beim Ausdruck von Gefüh-
len«, die »Töne der Zärtlichkeit, der Bewunderung und des
Respekts« für die Frau. Tief ist also, was die Gefühle berührt.
Man kann das Tiefe aber auch anders definieren: tief ist, was
das Wesentliche berührt. Das Problem, das Janequin in seinen
Kompositionen berührt, ist das grundlegende ontologische
Problem der Musik: das Verhältnis von Geräusch und musika-
lischem Ton.

Musik und Geräusch

Als der Mensch den musikalischen Ton schuf (indem er sang
oder ein Instrument spielte), teilte er die akustische Welt in
zwei streng getrennte Bereiche: den der künstlichen und den
der natürlichen Töne. Janequin hat in seiner Musik versucht,
sie zueinander in Beziehung zu setzen. In der Mitte des
16. Jahrhunderts nahm er auf diese Weise voraus, was im
20. Jahrhundert zum Beispiel Janáček (seine Studien über die
gesprochene Sprache), Bartók und, in äußerst systematischer
Weise, Messiaen (seine vom Vogelgesang inspirierten Kompositionen) vollenden sollten.

Janequins Kunst erinnert daran, daß es ein akustisches Universum außerhalb der menschlichen Seele gibt, das nicht nur
aus Geräuschen der Natur besteht, sondern auch aus menschlichen Stimmen, die reden, schreien, singen und dem Alltag
wie auch dem Feiertag die klangliche Gestalt verleihen. Sie
erinnert daran, daß der Komponist alle Möglichkeiten hat,
diesem »objektiven« Universum eine große musikalische
Form zu geben.

Eine von Janáčeks originellsten Kompositionen: 70 000
(1909): ein Chor für Männerstimmen erzählt vom Schicksal
der schlesischen Bergleute. Die zweite Hälfte dieses Werks
(das in keiner Anthologie moderner Musik fehlen sollte) ist
eine Explosion der Schreie der Menge, Schreie, die sich zu
einem faszinierenden Tumult vermengen: eine Komposition,

die (trotz ihrer unglaublichen dramatischen Emotionalität) in erstaunlicher Nähe steht zu jenen Madrigalen, die zu Janequins Zeiten die Schreie von Paris, die Schreie von London in Musik faßten.

Ich denke an *Les Noces* von Strawinsky (zwischen 1914 und 1923 komponiert): ein *Porträt* (dieser Begriff, den Ansermet im pejorativen Sinne gebraucht, paßt in Wahrheit sehr gut) einer Hochzeit auf dem Dorf; man hört Lieder, Geräusche, Reden, Schreie, Rufe, Monologe, Witze (einen Janáček vorwegnehmenden Stimmentumult) in einer Orchestrierung (vier Klaviere und Schlaginstrumente) von faszinierender Roheit (die Bartók vorwegnimmt).

Ich denke auch an Bartóks Klaviersuite *En plein air* (1926); der vierte Teil: die Geräusche der Natur (Stimmen, scheint mir, von Fröschen an einem Teich) inspirieren Bartók zu melodischen Motiven von seltener Fremdartigkeit; dann mischt sich ein Volkslied in diese animalischen Klänge, das, obwohl menschlichen Ursprungs, auf der gleichen Ebene liegt wie die Töne der Frösche; es ist nicht ein »Lied«, ein romantisches Lied, von dem erwartet wird, es enthülle die »Gefühlstätigkeit« der Seele des Komponisten; es ist eine von außen gekommene Melodie, ein Geräusch unter Geräuschen.

Und ich denke an das Adagio von Bartóks drittem *Konzert für Klavier und Orchester* (ein Werk aus seiner letzten, seiner traurigen amerikanischen Periode). Das hypersubjektive Thema einer unsäglichen Melancholie alterniert hier mit einem anderen, hyperobjektiven Thema (das übrigens an den vierten Teil der Suite *En plein air* erinnert): als könnte das Weinen einer Seele nur durch die Unempfindsamkeit der Natur getröstet werden.

Ich sage bewußt: »getröstet durch die Unempfindsamkeit der Natur«. Denn die Unempfindsamkeit ist tröstlich; die Welt der Unempfindsamkeit ist die Welt außerhalb des menschlichen Lebens; es ist die Ewigkeit; »es ist das mit der Sonne vermählte Meer« (Rimbaud). Ich erinnere mich an die traurigen Jahre, die ich zu Beginn der russischen Okkupation in Böhmen verbrachte. Damals habe ich mich in Varèse und Xenakis verliebt: ihre Bilder von objektiven, aber nicht existierenden Klangwelten erzählten mir von einem Sein, das von der aggressiven und lästigen menschlichen Subjektivität befreit ist; sie erzählten mir von der lieblich unmenschlichen Schönheit der Welt, bevor oder nachdem die Menschen hindurchgegangen sind.

Melodie

Ich höre einen polyphonen Gesang für zwei Stimmen der Notre-Dame-Schule aus dem 12. Jahrhundert: unten, in verlängerten Tonwerten, als *Cantus firmus*, ein alter gregorianischer Gesang (ein Gesang, der in eine vordenkliche und vermutlich nichteuropäische Vergangenheit zurückreicht); darüber entfaltet sich, in kürzeren Tonwerten, die Melodie der polyphonen Begleitung. Diese Umarmung zweier Melodien, von denen jede einer anderen (durch Jahrhunderte voneinander getrennten) Epoche angehört, hat etwas Wunderbares: als Realität und Gleichnis erleben wir hier die Geburt der europäischen Musik als Kunst: es wird eine Melodie geschaffen, um als Kontrapunkt eine andere, sehr alte Melodie fast unbekannten Ursprungs zu begleiten; sie ist also da als etwas Zweitrangiges, Untergeordnetes, sie ist da, um zu *dienen*; obwohl »zweitrangig«, konzentriert sich gerade in ihr die ganze Erfindungskraft, die ganze Arbeit des mittelalterlichen Musikers, während die begleitete Melodie so, wie sie ist, einem uralten Repertoire entnommen ist.

Diese alte polyphone Komposition entzückt mich: die Melodie ist lang, endlos und *nicht einzuprägen*; sie ist nicht Ergebnis einer *plötzlichen*, aus einem unmittelbaren Ausdruck eines Seelenzustands hervorgegangen *Eingebung*; sie hat den Charakter einer *Ausarbeitung*, einer »handwerklichen« Verzierung, einer Arbeit, die nicht ausgeführt wurde, damit der Künstler seine Seele öffne (seine »Gefühlstätigkeit« zur Schau stelle, um mit Ansermet zu sprechen), sondern, ganz demütig, um eine Liturgie zu verschönern.

Mir scheint, daß die Kunst der Melodie bis Bach den Charakter bewahrt, den die ersten polyphonen Komponisten ihr aufgeprägt haben. Ich höre das Adagio von Bachs Violinkonzert E-Dur: wie eine Art *Cantus firmus* spielt das Orchester (die Celli) ein sehr einfaches, leicht einzuprägendes Thema, das sich unzählige Male wiederholt, während die Melodie der Violine (und hier liegt die melodische Herausforderung des Komponisten) darüber schwebt, unvergleichlich viel länger, viel veränderlicher, viel reicher als der *Cantus firmus* des Orchesters (dem sie jedoch untergeordnet ist), schön, bezaubernd, aber unfaßbar, nicht einzuprägen und für uns, Kinder der zweiten Halbzeit, in erhabener Weise archaisch.

Die Situation verändert sich zu Beginn der Klassik. Die Komposition verliert ihren polyphonen Charakter; die Autonomie der verschiedenen Einzelstimmen geht im Klang der Begleitharmonien unter, und sie verschwindet zunehmend, je mehr die große Neuheit der zweiten Halbzeit, das Symphonieorchester mit seiner Klangmasse, an Bedeutung gewinnt; die Melodie, die »zweitrangig«, »untergeordnet« war, wird zum tragenden Gedanken der Komposition und beherrscht die musikalische Struktur, die sich übrigens vollkommen verändert hat.

Also verändert sich auch der Charakter der Melodie: sie ist nicht mehr diese lange, das ganze Stück durchziehende Linie; sie ist auf eine Formel von wenigen Takten reduzierbar, eine sehr expressive, konzentrierte und folglich leicht einzuprägende Formel, die imstande ist, eine unmittelbare Emotion zu erfassen oder hervorzurufen (der Musik stellt sich so, mehr als je zuvor, eine große semantische Aufgabe: sämtliche Emotionen und deren Nuancen musikalisch zu erfassen und zu »definieren«). Deshalb verwendet das Publikum die Bezeichnung »großer Melodiker« für Komponisten der zweiten Halbzeit, für Mozart, für Chopin, selten aber für Bach oder Vivaldi, und noch weniger für Josquin Desprez oder Palestrina: die

73

heute geläufige Vorstellung, was eine Melodie (eine schöne Melodie) sei, ist durch die mit der Klassik geborene Ästhetik entstanden.

Trotzdem stimmt es nicht, daß Bach weniger melodisch ist als Mozart; seine Melodie ist nur anders. Die *Kunst der Fuge*: das berühmte Thema

ist der Kern, aus dem (wie Schönberg sagte), alles erzeugt wurde; doch der melodische Schatz der *Kunst der Fuge* liegt nicht hier; er liegt in all den Melodien, die sich aus diesem Thema entwickeln und dessen Kontrapunkt bilden. Ich liebe Hermann Scherchens Orchestrierung und Interpretation sehr; zum Beispiel die *vierte einfache Fuge*; er läßt sie doppelt so langsam spielen wie üblich (Bach hat die Tempi nicht vorgeschrieben); in dieser Langsamkeit offenbart sich plötzlich die ganze ungeahnte melodische Schönheit. Diese *Remelodisierung* Bachs hat nichts mit einer *Romantisierung* zu tun (kein Rubato, keine zusätzlichen Akkorde bei Scherchen); was ich höre, ist die authentische Melodie der ersten Halbzeit, unfaßbar, nicht einzuprägen, nicht auf eine kurze Formel reduzierbar, eine Melodie (eine Verflechtung von Melodien), die mich durch ihre unaussprechliche Heiterkeit bezaubert. Unmöglich, sie ohne große Emotion zu hören. Aber es ist eine Emotion, die wesentlich verschieden ist von der bei einem Nocturne von Chopin.

Als würden sich hinter der Kunst der Melodie zwei mögliche, gegensätzliche Intentionalitäten verbergen: als wolle eine Fuge von Bach, indem sie uns eine außersubjektive Schönheit des Seins betrachten läßt, uns unsere Seelenzustände, unsere Leidenschaften und unseren Kummer, unser Ich vergessen lassen; und als lasse, im Gegensatz dazu, die romantische Melodie uns in uns selbst versinken, uns unser Ich mit einer schrecklichen Intensität fühlen und alles, was außerhalb liegt, vergessen.

Die großen Werke der Moderne als Rehabilitierung der ersten Halbzeit

Die größten Romanciers der Periode nach Proust, ich denke insbesondere an Kafka, Musil, Broch, Gombrowicz oder, aus meiner Generation, an Fuentes, waren äußerst empfänglich für die so gut wie vergessene Ästhetik des Romans vor dem 19. Jahrhundert: sie haben die essayistische Reflexion in die Kunst des Romans miteinbezogen; sie haben die Komposition freier gemacht; das Recht zur Disgression zurückerobert; dem Roman den Geist des Unernsten und des Spiels eingehaucht; auf die Dogmen des psychologischen Realismus verzichtet, indem sie Figuren schufen, die nicht (wie bei Balzac) den Anspruch erhoben, dem ›état civil‹ Konkurrenz zu machen; und vor allem: sie haben sich der Verpflichtung widersetzt, dem Leser die Illusion des Realen vorzuspiegeln: eine Verpflichtung, die die ganze zweite Halbzeit des Romans unangefochten beherrschte.

Der Sinn dieser Rehabilitierung der Prinzipien des Romans der ersten Halbzeit ist nicht eine Rückkehr zu diesem oder jenem nostalgischen Stil; auch nicht eine naive Ablehnung des Romans des 19. Jahrhunderts; der Sinn dieser Rehabilitierung ist allgemeiner: nämlich den Begriff des Romans *neu zu definieren* und zu *erweitern*; sich der *Reduktion* zu widersetzen, welche die Romanästhetik des 19. Jahrhunderts bewirkt hatte; ihm die *ganze* historische Erfahrung des Romans als Grundlage zu geben.

Ich möchte keine einfache Parallele zwischen Roman und Musik ziehen; die strukturellen Probleme dieser beiden Künste sind nicht vergleichbar; dennoch ähnelt sich die historische

Situation in beiden Fällen: wie die großen Romanciers wollten auch die großen modernen Komponisten (dies gilt für Strawinsky genauso wie für Schönberg) *alle* Jahrhunderte der Musik berücksichtigen, die Werteskala ihrer *ganzen* Geschichte neu denken, neu komponieren; dafür war es notwendig, die Musik aus den eingefahrenen Gleisen der zweiten Halbzeit zu befreien (halten wir bei dieser Gelegenheit fest: der Begriff *Neoklassizismus*, der gewöhnlich auf Strawinsky angewendet wird, ist irreführend, denn seine wichtigsten Exkurse in die Vergangenheit gehen in Epochen vor dem Klassizismus zurück); daher die Zurückhaltung der großen Modernen: gegenüber Kompositionstechniken, die mit der Sonate entstanden sind; gegenüber dem Vorrang der Melodie; gegenüber der klanglichen Demagogie der symphonischen Orchestrierung; vor allem aber: ihre Weigerung, die Daseinsberechtigung der Musik *ausschließlich* im Bekenntnis des Gefühlslebens zu sehen, eine Haltung, die im 19. Jahrhundert ebenso verbindlich geworden war wie zur gleichen Zeit für die Kunst des Romans die Verpflichtung auf die Wahrscheinlichkeit.

Wenn diese Tendenz, die Geschichte der Musik neu zu lesen und neu zu bewerten, auch allen großen Vertretern der Moderne gemeinsam ist (wenn sie auch, meiner Meinung nach, das Unterscheidungsmerkmal zwischen der großen modernen Kunst und modernistischem Komödiantentum darstellt), war es doch Strawinsky, der sie klarer als jeder andere (und in hyperbolischer Weise, würde ich sagen) zum Ausdruck gebracht hat. Übrigens konzentrieren sich die Angriffe seiner Verleumder auf diesen Aspekt: in seinem Bemühen, sich in der ganzen Geschichte der Musik zu verwurzeln, sehen sie Eklektizismus; fehlende Originalität; einen Mangel an Phantasie. Seine »unglaubliche Vielfalt stilistischer Verfahren [...] kommt einer Abwesenheit von Stil gleich«, sagt Ansermet. Und Adorno meint sarkastisch: die Musik Strawinskys inspiriere sich nur an der Musik, sie sei »Musik über Musik«.

Ungerechte Urteile: denn wenn Strawinsky sich, wie kein anderer Komponist vor oder nach ihm, über die ganze Ge-

schichte der Musik gebeugt und daraus seine Inspiration ge-
schöpft hat, so verringert das keineswegs die Originalität seiner Kunst. Und ich will damit nicht nur sagen, daß man hinter
seinem wechselnden Stil immer die gleichen persönlichen
Züge entdecken kann. Ich will sagen, daß es gerade sein Vagabundieren durch die Geschichte der Musik, also sein bewuß-
ter, beabsichtigter, gigantischer »Eklektizismus« ohnegleichen ist, der seine absolute und unvergleichliche Originalität
ausmacht.

Die dritte Zeit

Doch was bedeutet bei Strawinsky dieser Wille, die ganze Zeit
der Musik umfassen zu wollen? Welchen Sinn hat das?

Als junger Mann habe ich mit der Antwort nicht gezögert:
Strawinsky war für mich einer von denen, die die Türen öffne-
ten zu Fernen, die ich endlos wähnte. Ich glaubte, daß er für
die *moderne Kunst*, diese *endlose Reise*, alle Kräfte, alle in der
Geschichte der Musik verfügbaren Mittel hatte aktivieren und
mobilisieren wollen.

Die moderne Kunst, eine endlose Reise? Inzwischen habe
ich dieses Gefühl verloren. Die Reise war kurz. Deshalb habe
ich mir in meiner Metapher der zwei Halbzeiten, in denen die
Geschichte der Musik sich abgespielt hat, die moderne Musik
als einfaches Postludium vorgestellt, einen Epilog zur Geschichte der Musik, ein Fest am Ende des Abenteuers, eine
Himmelsglut am Ende des Tages.

Jetzt zögere ich: selbst wenn es zutrifft, daß die Zeit der mo-
dernen Musik so kurz war, selbst wenn sie nur eine oder zwei
Generationen umfaßte, wenn sie also tatsächlich nur einen
Epilog darstellte, verdient sie es nicht, dank ihrer grenzenlo-
sen Schönheit, ihres künstlerischen Gewichts, ihrer völlig
neuen Ästhetik, ihrer synthetisierenden Weisheit, als ganze
Epoche, als *dritte Zeit* betrachtet zu werden? Sollte ich meine
Metapher von der Geschichte der Musik und der Geschichte

des Romans nicht korrigieren? Sollte ich nicht sagen, sie hätten sich in drei Zeiten abgespielt?

Ja, ich werde meine Metapher korrigieren, und dies um so lieber, als ich leidenschaftlich an dieser dritten Zeit in Gestalt einer »Himmelsglut am Ende des Tages« hänge, ich hänge an dieser Zeit, deren Teil ich zu sein glaube, obwohl ich Teil von etwas bin, das es schon nicht mehr gibt.

Kommen wir aber auf meine Frage zurück: was bedeutet Strawinskys Wille, die ganze Zeit der Musik umfassen zu wollen? Welchen Sinn hat dies?

Ein Bild läßt mich nicht los: der Volksglaube meint, daß der Sterbende im Moment der Agonie sein ganzes vergangenes Leben vor Augen vorüberziehen sieht. In Strawinskys Werk hat sich die europäische Musik ihres tausendjährigen Lebens erinnert; es war ihr letzter Traum, bevor sie sich entfernte, um in einen ewigen, traumlosen Schlaf zu fallen.

Spielerische Transkription

Wir müssen zwei Dinge unterscheiden: einerseits: die allgemeine Tendenz, vergessene Prinzipien der Musik der Vergangenheit zu rehabilitieren, eine Tendenz, die das ganze Werk Strawinskys und seiner großen Zeitgenossen durchzieht; andererseits: den unmittelbaren Dialog, den Strawinsky einmal mit Tschaikowsky, ein andermal mit Pergolesi, dann mit Gesualdo usw. führt; diese »unmittelbaren Dialoge«, Transkriptionen verschiedener alter Werke, verschiedener konkreter Stile, sind Strawinskys eigene Manier, die man bei seinen Zeitgenossen in der Musik praktisch nicht findet (man findet sie bei Picasso).

Adorno interpretiert Strawinskys Transkriptionen folgendermaßen (ich hebe die Schlüsselwörter hervor): »Sie (die neoklassischen Klänge) [das heißt die dissonanten, der Harmonie fremden Noten, die Strawinsky z. B. in der *Pulcinella-Suite* verwendet, M. K.] werden zu Spuren der *Gewalt*, welche

der Komponist dem Idiom antut, und diese *Gewalt*, das Um-
springende, gleichsam *das musikalische Leben Schändende*
wird daran genossen. War ehemals die Dissonanz Ausdruck
subjektiven Leidens, so schlägt ihr Peinliches um ins Mal eines
sozialen Zwanges. Dessen Vollstrecker ist der Mode schaf-
fende Komponist. Er montiert seine musikalischen Körper
aus Emblemen der *contrainte sociale*, einer dem Subjekt aus-
wendigen, inkommensurablen, ihm bloß angetanen Notwendigkeit. Nicht wenig mochte die kollektive Wirkung jener
Stücke Strawinskys damit zu tun haben, daß sie bewußtlos,
auf ihre Weise, unter dem Vorwand des Ästhetizismus, *die
Menschen zu etwas schulten, was ihnen rasch genug planmä-
ßig und politisch widerfuhr.*«

Rekapitulieren wir: eine Dissonanz ist gerechtfertigt, wenn
sie Ausdruck »subjektiven Leidens« ist, doch bei Strawinsky
(der, wie man weiß, moralisch schuldig ist, nicht von seinen
Leiden zu sprechen) ist die gleiche Dissonanz ein Zeichen von
Gewalt; diese wird (durch einen brillanten Kurzschluß in
Adornos Denken) parallel gesetzt mit politischer Gewalt: so
sind die der Musik eines Pergolesi hinzugefügten dissonanten
Akkorde Andeutungen (also Vorbereitungen) der nachfolgenden politischen Unterdrückung (was im konkreten historischen Kontext nur heißen konnte: des Faschismus).

Ich habe meine eigene Erfahrung mit der freien Transkription eines großen Werks der Vergangenheit gemacht, als ich
Anfang der siebziger Jahre, ich lebte noch in Prag, eine Thea-
tervariation von *Jacques le Fataliste* schrieb. Da Diderot für
mich die Verkörperung des freien, rationalen, kritischen Geistes war, erlebte ich meine Verehrung für ihn als Sehnsucht
nach dem Westen (die russische Besetzung meines Landes
stellte in meinen Augen eine aufgezwungene Entwestlichung
dar). Doch die Dinge verändern ständig ihren Sinn: heute
würde ich sagen, daß Diderot für mich die erste Halbzeit der
Kunst des Romans verkörperte und mein Theaterstück die Be-
geisterung für einige den alten Romanciers vertraute und mir
zugleich teure Prinzipien zum Ausdruck brachte: 1) die eu-

phorische Freiheit der Komposition; 2) die ständige Nachbarschaft von freizügigen Geschichten und philosophischen Reflexionen; 3) den unernsten, ironischen, parodistischen, schockierenden Charakter ebendieser Reflexionen. Die Spielregel war klar: was ich schrieb, war nicht eine *Adaptation* von Diderot, sondern mein eigenes Theaterstück, meine *Variation* über Diderot, meine Hommage à Diderot: ich habe seinen Roman vollkommen umstrukturiert; selbst wenn die Liebesgeschichten von ihm übernommen sind, stammen die Reflexionen in den Dialogen eher von mir; jeder kann sofort feststellen, daß darin Sätze stehen, die unmöglich aus Diderots Feder stammen können; das 18. Jahrhundert war optimistisch, meines ist es nicht mehr, ich bin es noch viel weniger, und die Figuren von Jacques und seinem Herrn lassen sich bei mir zu finsteren Ungeheuerlichkeiten hinreißen, die in der Epoche der Aufklärung nur schwer denkbar gewesen wären.

Nach dieser kleinen persönlichen Erfahrung kann ich die Bemerkungen über Strawinskys Rohheit und Gewalt nur für dumm halten. Er hat seinen alten Meister geliebt, wie ich den meinen geliebt habe. Als er den Melodien des 18. Jahrhunderts Dissonanzen des 20. Jahrhunderts hinzufügte, stellte er sich vielleicht vor, die traurige Ruhe seines Meisters im Jenseits zu stören, ihm etwas Wichtiges über unsere Epoche anzuvertrauen, ihn zu amüsieren. Er hatte das Bedürfnis, sich an ihn zu wenden, mit ihm zu sprechen. Die *spielerische Transkription* eines alten Werks war für ihn eine Möglichkeit, eine Verbindung zwischen den Jahrhunderten herzustellen.

Die spielerische Transkription bei Kafka

Ein merkwürdiger Roman, Kafkas *Amerika*: warum eigentlich hat dieser junge Prosaautor von neunundzwanzig Jahren seinen ersten Roman auf einem Kontinent angesiedelt, den er nie betreten hat? Diese Entscheidung verrät eine klare Absicht: keinen Realismus zu schaffen; besser noch: keinen

Ernst zu schaffen. Kafka bemühte sich nicht einmal, seine mangelnden Kenntnisse durch Studien wettzumachen; er schuf sich sein Bild von Amerika nach zweitklassigen Lektüren, nach abgedroschenen Nachbildungen, und tatsächlich besteht das Amerikabild in seinem Roman (bewußt) aus Klischees; was die Figuren und die Handlung angeht, ist (wie Kafka in seinem Tagebuch gesteht) Dickens die wichtigste Inspirationsquelle, insbesondere sein *David Copperfield* (Kafka charakterisiert das erste Kapitel aus *Amerika* als »glatte Dikkens-Nachahmung«): er übernimmt konkrete Motive (und zählt sie auf: die »Koffergeschichte, der Beglückende und Bezaubernde, die niedrigen Arbeiten, die Geliebte auf dem Landgut, die schmutzigen Häuser u. a.«), er läßt sich von den Figuren inspirieren (Karl ist eine liebevolle Parodie auf David Copperfield) und vor allem von der Atmosphäre, in der alle Dickens-Romane schwelgen: dem Sentimentalismus, der naiven Unterscheidung zwischen den Guten und den Bösen. Wenn Adorno von Strawinskys Musik als von »Musik über Musik« spricht, so ist Kafkas *Amerika* »Literatur über Literatur«, und der Roman ist in dieser Art sogar ein klassisches, wenn nicht bahnbrechendes Werk.

Die erste Seite des Romans: im Hafen von New York ist Karl dabei, das Schiff zu verlassen, als ihm einfällt, daß er seinen Regenschirm in der Kabine vergessen hat. Um ihn zu holen, vertraut er seinen Koffer (einen schweren Koffer, in dem er all seine Habe hat) mit einer kaum glaublichen Leichtgläubigkeit einem flüchtigen Bekannten an: selbstverständlich wird er so den Koffer und den Regenschirm verlieren. Von den ersten Zeilen an läßt der Geist spielerischer Parodie eine imaginäre Welt erstehen, in der nichts ganz wahrscheinlich und alles ein wenig komisch ist.

Kafkas Schloß, das auf keiner Landkarte der Welt eingezeichnet ist, ist auch nicht irrealer als dieses nach dem Klischeebild der neuen Zivilisation des Gigantismus und der Maschine entworfene Amerika. Im Haus seines Onkels, des Senators, entdeckt Karl einen Schreibtisch, der eine außerordentlich komplizierte Maschinerie darstellt, mit Hunderten von Schubladen, die den Befehlen von Hunderten von Knöpfen gehorchen, ein praktischer und zugleich völlig unnötiger Gegenstand, ein Wunder der Technik und ein Nonsens. Ich habe in diesem Roman zehn solcher amüsanter und unwahrscheinlicher Wundermechanismen gezählt, vom Schreibtisch des Onkels, dem labyrinthischen Landhaus, dem Hotel Occidental (monströs komplexe Architektur, teuflisch bürokratische Organisation) bis zum Theater von Oklahoma, ebenfalls eine ungreifbare, unermeßliche Administration. Auf dem Weg über das parodistische Spiel (das Spiel mit Klischees) geht Kafka erstmals sein größtes Thema an, das Thema der labyrinthartigen sozialen Organisation, in der der Mensch sich verliert und untergeht. (Genetisch betrachtet, liegt im komischen Mechanismus dieses Schreibtischs der Ursprung der schreckeinflößenden Administration des Schlosses.) Dieses so ernste Thema konnte Kafka nicht in einem realistischen, auf einer Gesellschaftsstudie à la Zola begründeten Roman erfassen, sondern gerade auf diesem scheinbar frivolen Weg der »Literatur über Literatur«, der seiner Phantasie die nötige Freiheit schenkte (die Freiheit der Übertreibung, der Monstrositäten, der Unwahrscheinlichkeiten, die Freiheit der spielerischen Erfindungen).

Herzlosigkeit hinter der von Gefühl überströmenden Manier

In *Amerika* finden sich viele unerklärlich übertriebene sentimentale Gesten. Das Ende des ersten Kapitels: Karl ist bereit, mit seinem Onkel wegzugehen, der Heizer bleibt in der Kabine des Kapitäns zurück. In diesem Moment (ich hebe die Schlüsselworte hervor) geschieht folgendes: »Und er ging langsam in solchen Gedanken zum Heizer, zog dessen rechte Hand aus dem Gürtel und *hielt sie spielend in der seinen.* [...] Und Karl *zog seine Finger hin und her zwischen den Fingern des Heizers*, der mit glänzenden Augen ringsumher schaute, *als widerfahre ihm eine Wonne, die ihm aber niemand ver- übeln möge.*

›Du mußt dich aber zur Wehr setzen, ja und nein sagen, sonst haben doch die Leute keine Ahnung von der Wahrheit. Du mußt mir versprechen, daß du mir folgen wirst, denn ich selbst, das fürchte ich mit vielem Grund, werde dir gar nicht mehr helfen können.‹ Und nun *weinte Karl, während er die Hand des Heizers küßte*, und nahm die rissige, fast leblose Hand und *drückte sie an seine Wangen, wie einen Schatz*, auf den man verzichten muß. – Da war aber auch schon der Onkel Senator an seiner Seite und zog ihn, wenn auch nur mit dem leichtesten Zwange, fort.«

Ein anderes Beispiel: Am Ende des Abends in Pollunders Landhaus erklärt Karl ausführlich, weshalb er zu seinem On- kel zurückkehren wolle. »Während dieser langen Rede Karls hatte Herr Pollunder aufmerksam zugehört, öfters, besonders wenn der Onkel erwähnt wurde, *Karl, wenn auch unmerk- lich, an sich gedrückt* [...]«

Die sentimentalen Gesten der Personen sind nicht nur über- trieben, sie sind deplaziert. Karl kennt den Heizer seit einer knappen Stunde und hat keinen Grund, ihm derart leiden- schaftlich verbunden zu sein. Und wenn man zum Schluß glaubt, der junge Mann sei naiverweise vom Versprechen einer Männerfreundschaft gerührt, staunt man um so mehr, daß er sich einen Augenblick später so leicht und ohne jeden Wider- stand von seinem neuen Freund fortführen läßt.

Während der Szene am Abend weiß Pollunder sehr wohl, daß der Onkel Karl bereits aus dem Haus gejagt hat; deshalb drückt er ihn liebevoll an sich. Doch als Karl dabei ist, in Pol- lunders Gegenwart den Brief des Onkels zu lesen und sein be- trübliches Schicksal zu erfahren, zeigt dieser ihm weder Zu- neigung, noch bietet er ihm Hilfe an.

In Kafkas *Amerika* befindet man sich in einem Universum von deplazierten, schlecht plazierten, übertriebenen und un- verständlichen oder, im Gegenteil, seltsamerweise fehlenden

Gefühlen. In seinem Tagebuch charakterisiert Kafka Dickens' Romane mit den Worten: »Herzlosigkeit hinter der von Gefühl überströmenden Manier«. Dies ist in der Tat der Sinn dieses Theaters von demonstrativ gezeigten und unmittelbar darauf vergessenen Gefühlen, das dieser Roman Kafkas darstellt. Diese (implizite, parodistische, komische, niemals aggressive) *Kritik der Sentimentalität* zielt nicht nur auf Dickens, sondern die Romantik allgemein, sie zielt auf deren Erben, Zeitgenossen Kafkas, insbesondere die Expressionisten, ihren Kult der Hysterie und des Wahnsinns; sie zielt vor allem auf die ganze Heilige Kirche des Herzens; und sie rückt, einmal mehr, die beiden scheinbar so unterschiedlichen Künstler Kafka und Strawinsky in große Nähe zueinander.

Ein kleiner Junge in Ekstase

Natürlich kann man nicht sagen, die Musik (alle Musik) sei unfähig, Gefühle auszudrücken; die Musik der Romantik ist auf authentische und legitime Weise expressiv; doch selbst von dieser Musik kann man sagen: ihr *Wert* hat nichts damit zu tun, welche Intensität der Gefühle sie wachruft. Denn die Musik hat die Fähigkeit, ohne jegliche musikalische *Kunst* intensive Gefühle zu wecken. Ich erinnere mich an meine Kindheit: ich saß am Klavier und gab mich leidenschaftlichen Improvisationen hin, für die mir ein Akkord in c-Moll und die Subdominante f-Moll genügten, die ich fortissimo und ohne Ende spielte. Die zwei Akkorde und das primitive, ständig wiederholte melodische Motiv verschafften mir eine intensive Emotion, die kein Chopin, kein Beethoven je in mir hervorgerufen hat. (Einmal kam mein Vater, er war Musiker, ganz wütend in mein Zimmer gelaufen – weder vorher noch nachher habe ich ihn je wütend gesehen – , hob mich vom Stuhl und trug mich ins Eßzimmer, wo er mich mit unverhohlenem Abscheu unter den Tisch setzte.) Was ich damals während meiner Improvisationen erlebte, war eine *Ekstase*. Was ist die Ekstase? Der Junge, der die Tasten schlägt, spürt einen Gefühlsaufschwung (Kummer, Fröhlichkeit), und die Emotion steigert sich zu einer solchen Intensität, daß sie unerträglich wird: der Junge flüchtet sich in einen Zustand der Blindheit und Taubheit, in dem alles vergessen ist, in dem man sich selbst vergißt. In der Ekstase erreicht die Emotion ihren Höhepunkt und damit gleichzeitig ihre Verneinung (ihr Vergessen).

Ekstase bedeutet »außer sich sein«, wie die Etymologie des griechischen Wortes erklärt: aus seiner Position (*stasis*) treten. »Außer sich« zu sein bedeutet nicht, daß man sich außerhalb des gegenwärtigen Moments befindet wie ein Träumer, der in die Vergangenheit oder die Zukunft entschwebt. Ganz im Gegenteil: die Ekstase ist die absolute Identifikation mit dem gegenwärtigen Moment, das totale Vergessen von Vergangenheit und Zukunft. Wenn man die Zukunft wie auch die Vergangenheit auslöscht, hängt die gegenwärtige Sekunde im leeren Raum, außerhalb des Lebens und seiner Chronologie, außerhalb der Zeit und unabhängig von ihr (deshalb kann man sie mit der Ewigkeit vergleichen, die ebenfalls eine Negation der Zeit ist).

Das akustische Bild der Emotion kann man in der romantischen Melodie eines »Lieds« sehen: seine Dauer scheint die Emotion halten, entwickeln, auskosten zu wollen. Die Ekstase hingegen kann sich nicht in einer Melodie widerspiegeln, denn das von der Ekstase strangulierte Gedächtnis ist nicht in der Lage, die Noten einer noch so kurzen melodischen Phrase zu behalten; das akustische Bild der Ekstase ist der Schrei (oder: ein sehr kurzes melodisches Motiv, das den Schrei nachahmt).

Das klassische Beispiel der Ekstase ist der Moment des Orgasmus. Versetzen wir uns in die Zeit zurück, in der die Frauen die Wohltat der Pille noch nicht kannten. Es kam oft vor, daß ein Liebhaber im Augenblick der Lust vergaß, rechtzeitig aus dem Körper seiner Geliebten zu gleiten und sie so zur Mutter machte, selbst wenn er Augenblicke zuvor die feste Absicht gehabt hatte, äußerst vorsichtig zu sein. Der Moment der Ekstase hatte ihn seinen Entschluß (seine unmittelbare Vergangenheit) wie auch seine Interessen (seine Zukunft) vergessen lassen.

Auf der Waagschale wog der Moment der Ekstase also mehr als das unerwünschte Kind; und da das unerwünschte Kind durch seine unerwünschte Anwesenheit vermutlich das ganze Leben des Liebhabers ausfüllen wird, kann man sagen, daß ein Moment der Ekstase schwerer wog als ein ganzes Leben. Das Leben des Liebhabers befand sich gegenüber dem Moment der Ekstase ungefähr in demselben Zustand der Unterlegenheit wie die Endlichkeit gegenüber der Unendlichkeit. Der Mensch wünscht sich die Ewigkeit, kann aber nur deren Ersatz bekommen: den Moment der Ekstase.

Ich erinnere mich an einen Tag in meiner Jugend: ich fuhr mit einem Freund in seinem Wagen; vor uns überquerten Menschen die Straße. Ich erkannte jemanden, den ich nicht mochte, und zeigte ihn meinem Freund: »Überfahr ihn!« Das war natürlich nur ein Scherz, mein Freund befand sich aber in einem Zustand außerordentlicher Euphorie und gab Gas. Der Mann erschrak, stolperte, fiel hin. Im letzten Moment brachte mein Freund den Wagen zum Stehen. Der Mann blieb unverletzt, trotzdem versammelten sich die Leute um uns und wollten uns (verständlicherweise) lynchen. Mein Freund hatte jedoch nicht das Herz eines Mörders. Meine Worte hatten ihn in eine kurze Ekstase versetzt (übrigens eine der seltsamsten Ekstasen: die Ekstase eines Scherzes).

Man ist es gewohnt, den Begriff der Ekstase in Verbindung mit den großen mystischen Momenten zu sehen. Aber es gibt auch die alltägliche, banale, vulgäre Ekstase: die Ekstase des Zorns, die Ekstase der Geschwindigkeit am Steuer, die Ekstase der Betäubung durch Lärm, die Ekstase in den Fußballstadien. Leben bedeutet die schwere, kontinuierliche Anstrengung, sich selbst nicht aus den Augen zu verlieren, um stets fest in sich selbst, in der *stasis*, anwesend zu sein. Man braucht nur einen kurzen Augenblick aus sich herauszutreten, schon berührt man den Bereich des Todes.

Glück und Ekstase

Ich frage mich, ob Adorno beim Anhören von Strawinskys Musik je das leiseste Vergnügen empfunden hat. Vergnügen? Seiner Meinung nach kennt Strawinskys Musik nur ein einziges: »die perverse Freude an der Versagung«; denn sie tut nichts anderes, als sich allem zu »versagen«: der Expressivität; der orchestralen Klangfülle; der Technik der Entwicklung; indem sie einen »bösen Blick« auf die alten Formen wirft, entstellt sie diese; »grinsend« ist sie unfähig zu erfinden, sie »ironisiert« nur, »karikiert«, »parodiert«; sie ist lediglich die »Negation«, nicht nur der Musik des 19. Jahrhunderts, sondern der Musik an sich (»Strawinskys Musik ist eine, die sich die Musik entzieht, ...«, sagt Adorno).

Merkwürdig, merkwürdig. Und das Glück, das diese Musik ausstrahlt?

Ich erinnere mich an eine Picasso-Ausstellung in Prag, Mitte der sechziger Jahre. Ein Bild ist mir im Gedächtnis geblieben. Eine Frau und ein Mann essen eine Wassermelone; die Frau sitzt, der Mann liegt auf dem Boden und streckt, in einer Geste unaussprechlicher Freude, die Beine zum Himmel. Und das alles ist gemalt mit einer köstlichen Sorglosigkeit, weshalb ich glaube, daß der Maler, als er dieses Bild malte, wohl die gleiche Freude empfunden hat wie der Mann mit den emporgestreckten Beinen.

Das Glück des Malers, der einen Mann mit emporgestreckten Beinen malt, ist ein doppeltes Glück; das Glück, ein Glück (mit einem Lächeln) zu betrachten. Mich interessiert dieses Lächeln. Der Maler erblickt im Glück des Mannes mit den zum Himmel gestreckten Beinen für einen Augenblick ein wunderbares Stückchen Komik, und er freut sich darüber. Sein Lächeln weckt in ihm eine Phantasie, die fröhlich und unverantwortlich ist, so unverantwortlich wie die Geste des Mannes, der seine Beine zum Himmel streckt. Das Glück, von dem ich spreche, steht also im Zeichen des Humors; das unterscheidet es vom Glück anderer Epochen der Kunstge-

schichte, zum Beispiel vom romantischen Glück des Wagner-
schen Tristan oder von Philemon und Baucis' idyllischem
Glück. (Ist Adornos fehlender Sinn für Humor daran schuld,
daß er für Strawinsky so unempfänglich war?)

Beethoven schrieb die »Ode an die Freude«, doch diese
Beethovensche Freude ist eine Zeremonie, die respektvolle
Distanz erfordert. Die Menuette und Scherzi der klassischen
Symphonien sind, wenn man so will, eine Aufforderung zum
Tanz, doch das Glück, von dem ich spreche und an dem mir
liegt, will nicht in der kollektiven Geste des Tanzes zum Ausdruck kommen. Deshalb macht mich keine Polka glücklich,
außer Strawinskys *Zirkuspolka*, die nicht komponiert wurde,
um getanzt, sondern um gehört zu werden, mit zum Himmel
gestreckten Beinen.

Es gibt in der modernen Kunst Werke, die ein unnachahmliches Glück des Seins entdeckt haben, das Glück, das sich in
der euphorischen Verantwortungslosigkeit der Phantasie äußert, in dem Vergnügen zu erfinden, zu überraschen, ja sogar
durch eine Erfindung zu schockieren. Man könnte eine ganze
Liste von Kunstwerken erstellen, die von diesem Glück
durchtränkt sind: neben Strawinsky (*Petruschka, Les Noces,
Renard,* das *Capriccio* genannte zweite Klavierkonzert, das
Violinkonzert, etc., etc.) das Gesamtwerk Mirós; die Bilder
von Klee; von Dufy; von Dubuffet; bestimmte Prosawerke
Apollinaires; der alte Janáček (*Kinderreime, Suite für Bläsersextett*, die Oper *Das schlaue Füchslein*); Milhauds Kompositionen; und die von Poulenc: seine Opera buffa *Les Mamelles
de Tirésias* nach Apollinaire, die er in den letzten Tagen des
Krieges schrieb, wurde von jenen verdammt, die es skandalös
fanden, die Befreiung mit einem Scherz zu feiern; in der Tat
war die Epoche des Glücks (dieses seltenen, von Humor er-
leuchteten Glücks) zu Ende; nach dem Zweiten Weltkrieg verstanden es nur die sehr alten Meister Matisse und Picasso, dieses Glück wider den Zeitgeist in ihrem Werk zu bewahren.

Bei dieser Aufzählung großer Werke des Glücks darf die
Jazzmusik nicht vergessen werden. Das ganze Repertoire des

Jazz besteht aus Variationen einer relativ begrenzten Anzahl von Melodien. So wird in der ganzen Jazzmusik ein Lächeln sichtbar, das sich zwischen die ursprüngliche Melodie und ihre Bearbeitung eingeschlichen hat. Ebenso wie Strawinsky liebten die großen Meister des Jazz die Kunst der *spielerischen Transkription*, und sie komponierten nicht nur ihre eigenen Versionen von alten Songs der Schwarzen, sondern auch von Bach, Mozart, Chopin; Ellington schuf Transkriptionen von Tschaikowsky und Grieg, und für seine *Uwis suite* komponierte er eine Variante einer Dorfpolka, die in ihrem Geist an *Petruschka* erinnert. Das Lächeln ist nicht nur unsichtbar gegenwärtig in dem Abstand, der Ellington von seinem »Porträt« Griegs trennt, es ist deutlich sichtbar auf den Gesichtern der Musiker des alten Dixieland: im Moment des Solos (das immer teilweise improvisiert ist, also immer Überraschungen bringt), tritt der Musiker etwas nach vorn, um den Platz dann einem anderen Musiker zu überlassen und sich selbst dem Vergnügen des Zuhörens (dem Vergnügen weiterer Überraschungen) hinzugeben.

Bei Jazzkonzerten wird applaudiert. Applaudieren heißt: ich habe dir aufmerksam zugehört und drücke dir jetzt meine Wertschätzung aus. Bei der Rockmusik verändert sich die Situation. Ein wichtiger Umstand: bei Rockkonzerten applaudiert man nicht in diesem Sinn. Es wäre fast ein Sakrileg zu applaudieren und so die kritische Distanz zwischen dem Spielenden und dem Zuhörenden sichtbar zu machen; man ist hier nicht anwesend, um zu beurteilen und gutzuheißen, sondern um sich der Musik hinzugeben, mit den Musikern zu schreien, mit ihnen zu verschmelzen; hier sucht man die Identifikation, nicht das Vergnügen, das Verströmen und nicht das Glück. Hier gerät man in Ekstase: der Rhythmus wird sehr stark und regelmäßig geschlagen, die melodischen Motive sind kurz und werden ununterbrochen wiederholt, es gibt keine dynamischen Kontraste, alles ist fortissimo, der Gesang bevorzugt schrillste Register und gleicht dem Schrei. Hier befindet man sich nicht mehr in kleinen Tanzbars, wo die Musik

die Paare in ihrer Intimität umschließt; hier ist man in großen
Sälen, in Stadien zusammengepfercht, und wenn man in
einem Lokal tanzt, gibt es keine Paare: jeder bewegt sich allein
und zusammen mit allen. Die Musik verwandelt die Individuen in einen einzigen kollektiven Körper: hier von Individualismus und Hedonismus zu sprechen, ist eine der Selbst-
mystifikationen unserer Zeit, die (wie übrigens alle Epochen)
sich anders sehen will, als sie ist.

Die skandalöse Schönheit des Bösen

Was mich bei Adorno irritiert, ist die Kurzschluß-Methode,
mit der er, furchtbar geschickt, die Kunstwerke bestimmten
politischen (soziologischen) Ursachen, Folgen oder Bedeutungen zuordnet; seine äußerst differenzierten Betrachtungen
(Adornos Musikkenntnisse sind bewundernswert) führen so
zu extrem armseligen Schlußfolgerungen; da die politischen
Tendenzen einer Epoche immer auf zwei gegensätzliche Tendenzen reduzierbar sind, gelangt man letztlich fatalerweise
stets dazu, ein Kunstwerk auf seiten des Fortschritts oder der
Reaktion einzuordnen; und da die Reaktion das Böse ist, kann
die Inquisition den Prozeß eröffnen.

Le Sacre du Printemps: ein Ballett, das mit der Opferung
eines jungen Mädchens endet; es muß sterben, damit der
Frühling aufersteht. Adorno: Strawinsky steht auf seiten der
Barbarei; »Subjektivität nimmt bei Strawinsky den Charakter
des Opfers an, aber – und darin mokiert er sich über die Tradition humanistischer Kunst – Musik identifiziert sich nicht mit
diesem, sondern mit der vernichtenden Instanz«; (ich frage
mich: weshalb das Verb »identifizieren«? woher weiß Adorno,
ob Strawinsky sich »identifiziert«? weshalb sagt er nicht »malen«, »ein Porträt entwerfen«, »gestalten«, »darstellen«? Antwort: weil einzig die *Identifikation* mit dem Bösen schuldig
ist und einen Prozeß rechtfertigen kann).

Tief und heftig verabscheue ich seit jeher alle, die in einem

Kunstwerk eine (politische, philosophische, religiöse) *Haltung* finden wollen, statt danach zu fragen, ob das Werk eine *Absicht zu erkennen*, zu verstehen, einen bestimmten Aspekt der Realität zu erfassen, enthält. Vor Strawinsky hat die Musik es nie verstanden, barbarischen Riten eine große Form zu verleihen. Man konnte sie sich nicht in musikalischer Form vorstellen. Was bedeutet: man konnte sich die *Schönheit* der Barbarei nicht vorstellen. Ohne ihre Schönheit bliebe diese Barbarei unverständlich. (Ich betone: um ein bestimmtes Phänomen gründlich zu kennen, muß man seine, reale oder potentielle, Schönheit erkennen.) Zu behaupten, ein blutiger Ritus sei schön, ist skandalös, unerträglich, inakzeptabel. Wenn man diesen Skandal jedoch nicht versteht, diesem Skandal nicht auf den Grund geht, wird man vom Menschen nicht viel verstehen. Strawinsky gibt dem barbarischen Ritus eine starke, überzeugende musikalische Form, aber eine, die nicht lügt: hören wir uns die letzte Sequenz des *Sacre* an, den Opfertanz: das Gräßliche ist nicht weggezaubert. Es ist da. Nur um gezeigt zu werden? Nicht um angeprangert zu werden? Wenn es angeprangert, das heißt seiner Schönheit beraubt und in seiner Häßlichkeit gezeigt würde, wäre dies ein Betrug, eine Vereinfachung, eine Art »Propaganda«. Eben *weil* sie schön ist, ist die Ermordung des jungen Mädchens so schrecklich.

Ebenso wie Strawinsky ein Porträt der Messe, ein Porträt des Jahrmarkts (*Petruschka*) entworfen hat, hat er hier ein Porträt der barbarischen Ekstase geschaffen. Dies ist um so interessanter, als er sich immer und ausdrücklich einen Anhänger des apollinischen und Gegner des dionysischen Prinzips nannte: *Le Sacre du Printemps* (insbesondere die rituellen Tänze) sind das apollinische Porträt der dionysischen Ekstase: in diesem Porträt werden die ekstatischen Elemente (das aggressive Schlagen des Rhythmus, die wenigen, extrem kurzen und unzählige Male wiederholten melodischen Motive, die nie weiter entwickelt werden und Schreien gleichen) in große raffinierte Kunst verwandelt (zum Beispiel wird der Rhythmus, trotz seiner Aggressivität, im raschen Wechsel verschiedener Taktarten derart komplex, daß er eine künstliche, irreale, vollkommen stilisierte Zeit schafft); dennoch verherrlicht die apollinische Schönheit dieses Porträts das Gräßliche nicht; sie läßt uns sehen, daß es auf dem Grund der Ekstase nur die Härte des Rhythmus, die strengen Schläge der Schlaginstrumente, extreme Gefühllosigkeit und den Tod gibt.

Die Arithmetik der Emigration

Das Leben eines Emigranten ist eine arithmetische Frage: Josef Konrad Korzeniowski (berühmt unter dem Namen Joseph Conrad) hat siebzehn Jahre in Polen gelebt (respektive in Rußland bei seiner verbannten Familie), den Rest seines Lebens, fünfzig Jahre, in England (oder auf englischen Schiffen). Auf diese Weise konnte er sich das Englische als seine Schriftstellersprache aneignen, ebenso die englische Thematik. Einzig seine antirussische Allergie (ach, armer Gide, der unfähig war, Conrads rätselhafte Aversion gegenüber Dostojewski zu verstehen!) bewahrt eine Spur seines Polentums.

Bohuslav Martinů hat in Böhmen gelebt, bis er zweiunddreißig war, dann, während sechsunddreißig Jahren, in Frankreich, in der Schweiz, in Amerika und abermals in der Schweiz. Sein ganzes Werk spiegelt die Sehnsucht nach der alten Heimat wider, und er hat sich stets als tschechischen Komponisten bezeichnet. Dennoch hat er nach dem Krieg alle Einladungen aus seinem Land abgelehnt, und auf seinen ausdrücklichen Wunsch hin ist er in der Schweiz beigesetzt worden. Die Agenten seines Vaterlandes haben seinen Letzten Willen mit Füßen getreten und es 1979 geschafft, zwanzig Jahre nach seinem Tod, Martinůs sterbliche Überreste zu kidnappen und feierlich in der Erde seines Geburtslandes zu begraben.

Gombrowicz hat fünfunddreißig Jahre in Polen gelebt, dreiundzwanzig in Argentinien, sechs in Frankreich. Trotzdem konnte er seine Bücher nur auf polnisch schreiben, und die Figuren seiner Romane sind Polen. 1964, er hält sich gerade in Berlin auf, wird er nach Polen eingeladen. Er zögert und lehnt schließlich ab. Sein Leichnam wurde im südfranzösischen Vence begraben.

Vladimir Nabokov hat zwanzig Jahre in Rußland gelebt, einundzwanzig in Europa (in England, Deutschland und Frankreich), zwanzig in Amerika, sechzehn in der Schweiz. Er wählte das Englische als seine Schriftstellersprache, etwas weniger allerdings die amerikanische Thematik; in seinen Romanen gibt es viele russische Figuren. Er hat sich aber, eindeutig und nachdrücklich, immer als amerikanischen Bürger und Schriftsteller bezeichnet. Sein Leichnam ruht in Montreux in der Schweiz.

Kazimierz Brandys hat fünfundsechzig Jahre in Polen gelebt und sich nach Jaruzelskis Putsch 1981 in Paris niedergelassen. Er schreibt nur polnisch, über polnische Themen, und dennoch kehrt er nicht nach Polen zurück, obwohl es nach 1989 keine politischen Gründe mehr gibt, im Ausland zu bleiben (was mir das Vergnügen verschafft, ihn von Zeit zu Zeit zu sehen).

Dieser flüchtige Blick offenbart zunächst einmal das künstlerische Problem eines Emigranten: quantitativ gleiche Lebensabschnitte haben nicht das gleiche Gewicht, je nachdem, ob sie der Jugend oder dem Erwachsenenalter angehören. Wenn auch das Erwachsenenalter reicher und wichtiger für das Leben wie für die schöpferische Tätigkeit ist, so bilden sich doch das Unterbewußtsein, das Gedächtnis, die Sprache, der ganze Grundstock künstlerischen Schaffens sehr früh heraus; für einen Arzt stellt dies kein Problem dar, aber für einen Romancier, für einen Komponisten kann es eine Art Bruch bedeuten, den Ort zu verlassen, an den seine Phantasie, seine Obsessionen, also seine Grundthemen, gekoppelt sind. Er muß all seine Kräfte, seine ganze künstlerische List mobilisieren, um die Nachteile dieser Situation in Trümpfe zu verwandeln.

Auch vom rein persönlichen Standpunkt aus ist die Emigration schwierig: man denkt stets an den Schmerz des Heimwehs; schlimmer aber ist der Schmerz jenes geistigen Zustands, den das deutsche Wort *Entfremdung* so gut umschreibt: der Prozeß, in dem das, was uns nahestand, fremd wird. In bezug auf das Emigrationsland erlebt man keine Entfremdung: hier verläuft der Prozeß umgekehrt: was fremd war, wird allmählich vertraut und teuer. Die Fremdheit in ihrer schockierenden, verblüffenden Form offenbart sich uns nicht an einer unbekannten Frau, die wir zu verführen versuchen, sondern an einer Frau, die uns früher einmal gehört hat. Einzig die Rückkehr ins Geburtsland nach langer Abwesenheit kann das substantiell Fremde der Welt und der Existenz enthüllen.

Oft denke ich an Gombrowicz in Berlin. An seine Weigerung, Polen wiederzusehen. Mißtrauen gegen das kommunistische Regime, das damals noch an der Macht war? Ich glaube nicht: der polnische Kommunismus war schon im Verfall begriffen, die Menschen im Kulturbetrieb gehörten fast alle der Opposition an, und sie hätten Gombrowicz' Besuch zu einem Triumph gemacht. Die wahren Gründe der Weigerung konnten nur existentieller Natur sein. Und sie waren nicht mitteilbar. Nicht mitteilbar, weil allzu intim. Nicht mitteilbar auch, weil für andere allzu verletzend. Es gibt Dinge, die man nur verschweigen kann.

Strawinskys Zuhause

Strawinskys Leben ist in drei Teile von fast gleicher Länge unterteilt: Rußland: siebenundzwanzig Jahre; Frankreich und französische Schweiz: neunundzwanzig Jahre; Amerika: zweiunddreißig Jahre.

Der Abschied von Rußland hat verschiedene Stadien durchlaufen: Strawinsky ist (ab 1910) in Frankreich zunächst wie auf einer langen Studienreise. Diese Jahre sind übrigens die russischsten in seinem Schaffen: *Petruschka, Swesdoliki* (nach einem Gedicht des russischen Dichters Balmont), *Le Sacre du Printemps, Pribaoutki* (Scherzlieder), der Beginn der Arbeit an *Les Noces.* Dann bricht der Krieg aus, die Kontakte zu Rußland werden schwierig; trotzdem blieb er noch immer ein russischer Komponist, mit *Renard* und *Die Geschichte vom Soldaten,* inspiriert von der Volkslyrik seiner Heimat; erst nach der Revolution begreift er, daß sein Geburtsland für ihn wahrscheinlich für immer verloren ist: die wahre Emigration beginnt.

Emigration: Zwangsaufenthalt im Ausland für jemanden, der sein Geburtsland als einzige Heimat betrachtet. Doch dann dauert die Emigration länger, und es entsteht eine neue Treue, die Treue zum Adoptionsland; und es kommt zum Moment des Bruchs. Schritt für Schritt verzichtet Strawinsky auf die russische Thematik. Er komponiert 1922 noch *Mavra* (Opera buffa nach Puschkin), später, 1928, *Le Baiser de la Fée* in Erinnerung an Tschaikowsky, danach kommt er, abgesehen von einigen marginalen Ausnahmen, nicht mehr darauf zurück. Als er 1971 stirbt, weist seine Frau Vera, dem Letzten Willen ihres Mannes gehorchend, den Vorschlag der sowjetischen Regierung zurück, ihren Mann in Rußland zu begraben, und läßt ihn auf den Friedhof von Venedig überführen.

Zweifellos trug auch Strawinsky, wie alle anderen, die Wunde seiner Emigration in sich; zweifellos wäre seine künstlerische Entwicklung anders verlaufen, hätte er dort bleiben können, wo er geboren war. Tatsächlich beginnt seine Reise durch die Geschichte der Musik mehr oder weniger in dem Moment, als sein Geburtsland für ihn nicht mehr existiert; nachdem er begriffen hat, daß kein anderes Land es ersetzen kann, findet er seine einzige Heimat in der Musik; das ist keine hübsche poetische Redewendung von mir, ich meine es äußerst konkret: seine einzige Heimat, sein einziges Zuhause war die Musik, die Musik aller Komponisten, die Geschichte der Musik; hier beschloß er sich niederzulassen, Wurzeln zu schlagen, zu wohnen; hier fand er schließlich seine einzigen Landsleute, die einzigen ihm nahestehenden Menschen, die einzigen Nachbarn, von Perotinus bis Webern; mit ihnen führte er ein langes Gespräch, das erst mit seinem Tod endete.

Er tat alles, um sich darin zu Hause zu fühlen: in allen Zimmern dieses Hauses blieb er stehen, er berührte alle Ecken, liebkoste alle Möbel; von der alten Volksmusik ging er zu Pergolesi, der ihm die *Pulcinella* (1919) brachte, dann zu den anderen Meistern des Barock, ohne die sein *Apollon Musagète* (1928) undenkbar wäre, zu Tschaikowsky, dessen Melodien er in *Le Baiser de la Fée* (1928) transkribierte, zu Bach, der Pate stand für das erste *Klavierkonzert* (1924) sowie für das *Violinkonzert* (1931), und dessen *Choral-Variationen über »Vom Himmel hoch«* er (1956) neu schrieb; er kam zum Jazz, dem er in *Ragtime für 11 Instrumente* (1918), in *Piano Rag Music* (1919) und im *Präludium für Jazz Ensemble* (1937) die Ehre erwies, zu Perotinus und anderen alten Polyphonisten, die seine *Psalmensymphonie* (1930) und vor allem seine wunderbare *Messe* (1948) inspirierten, zu Monteverdi, den er 1957 studierte, zu Gesualdo, dessen Madrigale er 1959 transkribierte, zu Hugo Wolf, von dem er zwei Lieder arrangierte (1968), und zur Dodekaphonie, der gegenüber er anfänglich zurückhaltend war, die er aber schließlich, nach Schönbergs Tod (1951), auch als ein Zimmer seines Zuhause betrachtete.

Strawinskys Verächter, die Anhänger einer als Ausdruck von Gefühlen konzipierten Musik, die sich über die unerträgliche Zurückhaltung seiner »Gefühlstätigkeit« empörten und ihm »Armut des Herzens« vorwarfen, hatten selbst nicht genügend Herz zu begreifen, welche Gefühlswunde hinter seinem Vagabundieren durch die Geschichte der Musik lag.

Doch dies ist keine Überraschung: niemand ist gefühlloser als sentimentale Menschen. Sie erinnern sich: »Herzlosigkeit hinter der von Gefühl überströmenden Manier.«

VIERTER TEIL

Ein Satz

In »Der kastrierende Schatten des heiligen Garta« habe ich einen Satz Kafkas zitiert, einen jener Sätze, in denen mir die ganze Originalität der Poesie seiner Romane konzentriert zu sein scheint: den Satz aus dem dritten Kapitel von *Das Schloß*, wo Kafka den Koitus zwischen K. und Frieda beschreibt. Um die spezifische Schönheit von Kafkas Kunst genau zu zeigen, habe ich es vorgezogen, mit dem Original zu arbeiten und eine möglichst treue Stegreifübersetzung angefertigt, anstatt die existierenden französischen Übersetzungen zu benutzen. Die Unterschiede zwischen dem einen Satz Kafkas und seinen Wiedergaben in den Übersetzungen haben mich zu den folgenden Betrachtungen geführt:

Die Übersetzungen

Lassen wir die Übersetzungen Revue passieren. Die erste stammt von Vialatte aus dem Jahr 1938:

»Des heures passèrent là, des heures d'haleines mêlées, de battements de cœur communs, des heures durant lesquelles K. ne cessa d'éprouver l'impression qu'il se perdait, qu'il s'était enfoncé si loin que nul être avant lui n'avait fait plus de chemin; à l'étranger, dans un pays où l'air même n'avait plus rien des éléments de l'air natal, où l'on devait étouffer d'exil et où l'on ne pouvait plus rien faire, au milieu d'insanes séductions, que continuer à marcher, que continuer à se perdre.«

Man wußte, daß Vialatte sich Kafka gegenüber ein bißchen zu viele Freiheiten herausgenommen hatte; deshalb wollte der

Verlag Gallimard für die Ausgabe von Kafkas Romanen in der Pléiade dessen Übersetzungen revidieren lassen. Doch Vialattes Erben legten sich quer; so gelangte man zu einer noch nie dagewesenen Lösung: Kafkas Romane sind in der fehlerhaften Version von Vialatte abgedruckt, während der Herausgeber Claude David am Ende des Buches seine eigenen Korrekturen in Form von unglaublich vielen Anmerkungen veröffentlicht. Dadurch ist der Leser gezwungen, ständig im Buch hin und her zu blättern, um in seinem Kopf eine »gute« Übersetzung herzustellen. Die Kombination von Vialattes Übersetzung mit den Korrekturen am Ende des Buches bildet im Grunde genommen eine zweite französische Übersetzung, die ich mir der Einfachheit halber erlaube, nur mit Davids Namen zu bezeichnen:

»Des heures passèrent là, des heures d'haleines mêlées, de battements de cœur confondus, des heures durant lesquelles K. ne cessa d'éprouver l'impression qu'il s'égarait, qu'il s'enfonçait plus loin qu'aucun être avant lui; il était dans un pays étranger, où l'air même n'avait plus rien de commun avec l'air du pays natal; l'étrangeté de ce pays faisait suffoquer et pourtant, parmi de folles séductions, on ne pouvait que marcher toujours plus loin, s'égarer toujours plus avant.«

Bernard Lortholary hat das große Verdienst, daß er, mit den vorliegenden Übersetzungen total unzufrieden, Kafkas Romane neu übersetzt hat. Seine Übersetzung von *Das Schloß* stammt aus dem Jahr 1984:

»Là passèrent des heures, des heures de respirations melées, de cœurs battant ensemble, des heures durant lesquelles K. avait le sentiment constant de s'égarer, ou bien de s'être avancé plus loin que jamais aucun homme dans des contrées étrangères, où l'air lui-même n'avait pas un seul élément qu'on retrouvât dans l'air du pays natal, où l'on ne pouvait qu'étouffer à force d'étrangeté, sans pouvoir pourtant faire autre chose, au milieu de ces séductions insensées, que de continuer et de s'égarer davantage.«

Hier nun der Satz im Original:

»Dort vergingen Stunden, Stunden gemeinsamen Atems, gemeinsamen Herzschlags, Stunden, in denen K. immerfort das Gefühl hatte, er verirre sich oder er sei so weit in der Fremde, wie vor ihm noch kein Mensch, einer Fremde, in der selbst die Luft keinen Bestandteil der Heimatluft habe, in der man vor Fremdheit ersticken müsse und in deren unsinnigen Verlockungen man doch nichts tun könne als weiter gehen, weiter sich verirren.«

Metapher

Der ganze Satz ist nichts anderes als eine lange Metapher. Nichts verlangt von einem Übersetzer mehr Genauigkeit als die Übersetzung einer Metapher. Dort trifft man das Herzstück der poetischen Originalität eines Autors. Das erste Wort, bei dem Vialatte einen Fehler macht, ist »s'enfoncer« (eindringen): »il s'était enfoncé si loin« (er war so weit eingedrungen). Bei Kafka dringt K. nicht ein, er »ist«. Das Wort »eindringen« entstellt die Metapher: es bindet sie allzu eng an die reale Handlung (beim Liebesakt dringt man ein) und beraubt sie so ihres *Abstraktionsgrades* (der *existentielle* Charakter von Kafkas Metapher erhebt keinen Anspruch auf eine materielle, visuelle Evokation der Bewegung des Liebesaktes). David, der Vialatte korrigiert, behält das Verb bei: »eindringen«. Und sogar Lortholary (der treueste der drei) meidet das Wort »sein« und ersetzt es durch »s'avancer vers« (vorrükken).

Bei Kafka befindet K. sich während dem Liebesakt »in der Fremde«; Kafka wiederholt das Wort zweimal, beim dritten Mal gebraucht er die Ableitung »Fremdheit«: in der Luft der Fremde erstickt man an Fremdheit. Alle Übersetzer geraten durch diese dreifache Wiederholung in Verlegenheit: deshalb benutzt Vialatte nur einmal den Ausdruck »à l'étranger« (in der Fremde), und statt »étrangeté« (Fremdheit) wählt er einen anderen Ausdruck: »où l'on devait étouffer d'exil« (wo man am Exil ersticken mußte). Bei Kafka jedoch ist nirgends vom Exil die Rede. Exil und Fremdheit sind verschiedene Begriffe. Während K. Frieda liebt, ist er nicht von irgendeinem Zuhause *vertrieben*, er ist nicht *verbannt* (ist also nicht zu beklagen); er ist dort, wo er aus freiem Willen ist, er ist dort, weil er es *wagt*, dort zu sein. Das Wort »Exil« verleiht der Metapher eine Aura des Märtyrerhaften, des Leidens, es macht sie sentimental, melodramatisch.

Vialatte und David ersetzen das Wort »gehen« (aller) durch das Wort »schreiten, marschieren« (marcher). Wenn aus »gehen« »marschieren« wird, verstärkt man die Expressivität des Vergleichs, und die Metapher wird ein wenig grotesk (der im Liebesakt Begriffene wird zum Marschierenden). Diese groteske Seite ist nicht prinzipiell schlecht (ich persönlich liebe groteske Metaphern sehr und sehe mich oft genötigt, sie gegen meine Übersetzer zu verteidigen), doch zweifellos war es nicht das Groteske, was Kafka hier wollte.

Das Wort »Fremde« ist das einzige, das sich nicht wörtlich übersetzen läßt. Im Deutschen bedeutet »Fremde« nämlich nicht nur »ein fremdes Land«, sondern auch, allgemeiner und abstrakter: alles, »was fremd ist«, »eine fremde Realität, eine fremde Welt«. Übersetzt man »in der Fremde« mit »à l'étranger«, ist dies im Französischen, als stände bei Kafka das Wort »Ausland«. Die Versuchung, das Wort »Fremde« um einer größeren semantischen Genauigkeit willen durch eine Periphrase mit zwei französischen Wörtern zu übersetzen, erscheint mir deshalb verständlich; aber in allen konkreten Lösungen (Vialatte: »à l'étranger, dans un *pays* où« (in der Fremde, in einem *Land*, wo); David: »dans un *pays* étranger« (in einem fremden *Land*); Lortholary: »dans des *contrées* étrangères« (in fremden *Gegenden*) verliert die Metapher einmal mehr den Abstraktionsgrad, den sie bei Kafka hat, und ihre »touristische« Seite wird noch mehr hervorgehoben, statt unterdrückt.

Die Metapher als phänomenologische Definition

Man muß die Vorstellung korrigieren, Kafka habe Metaphern nicht geliebt; er liebte *einen gewissen Typ* von Metaphern nicht, ist jedoch einer der großen Schöpfer jener Metapher, die ich als *existentielle* oder *phänomenologische* bezeichne. Wenn Verlaine sagt: »Die Hoffnung leuchtet wie ein Strohhalm im Stall«, so ist dies eine wunderbare *lyrische* Phantasie. In Kafkas Prosa freilich ist sie undenkbar. Denn etwas, was Kafka mit Sicherheit nicht liebte, war die Lyrisierung der Romanprosa.

Kafkas metaphorische Phantasie war nicht weniger reich als die von Verlaine oder Rilke, aber sie war nicht lyrisch, das heißt: sie entsprang nur dem Willen zu entziffern, zu verstehen, den Sinn der Handlung der Personen zu erfassen, den Sinn der Situationen, in denen sie sich befinden.

Denken wir an eine andere Liebesszene, die zwischen Mutter Hentjen und Esch in Brochs *Die Schlafwandler*: »Nun hat sich ihr Mund an seinen suchenden gepreßt wie die Schnauze eines Tieres an eine Glasscheibe, und Esch war voll Wut, daß sie ihre Seele, damit er ihrer nicht habhaft werde, hinter den zusammengebissenen Zähnen gefangen hielt.«

Die Wörter »Schnauze eines Tieres« und »Glasscheibe« dienen nicht dazu, durch einen Vergleich ein visuelles Bild der Szene heraufzubeschwören, sondern Eschs *existentielle Situation* zu erfassen, der, sogar noch in der Liebesumarmung, auf unerklärliche Weise (wie durch eine Glasscheibe) von seiner Geliebten getrennt bleibt, unfähig, ihrer (hinter den zusammengebissenen Zähnen gefangenen) Seele habhaft zu werden. Eine schwer oder nur durch eine Metapher erfaßbare Situation.

Am Anfang des vierten Kapitels von *Das Schloß* kommt es zum zweiten Liebesakt zwischen K. und Frieda; auch er wird in einem einzigen Satz (einer zum Satz erweiterten Metapher) geschildert: »Sie suchte etwas, und er suchte etwas, wütend, Grimassen schneidend, sich mit dem Kopf einbohrend in der

Brust des anderen, suchten sie, und ihre Umarmungen und ihre sich aufwerfenden Körper machten sie nicht vergessen, sondern erinnerten sie an die Pflicht, zu suchen, wie Hunde verzweifelt im Boden scharren, so scharrten sie an ihren Körpern, und hilflos, enttäuscht, um noch letztes Glück zu holen, fuhren manchmal ihre Zungen breit über des anderen Gesicht.«

So wie in der Metapher des ersten Liebesakts »Fremde« und »Fremdheit« die Schlüsselwörter waren, sind es hier »suchen« und »scharren«. Diese Wörter stehen nicht für ein visuelles Bild des Geschehens, sondern für eine unnennbare existentielle Situation. Wenn David übersetzt: »comme des chiens enfoncent désespérément *leurs griffes* dans le sol, ils *enfonçaient leurs ongles dans leurs corps*« (wie Hunde verzweifelt *ihre Krallen* in den Boden bohrten, *bohrten sie einander ihre Fingernägel in den Körper*), ist er nicht nur untreu gegenüber dem Original (Kafka spricht weder von *Krallen* noch von *bohrenden Fingernägeln*), er versetzt die Metapher auch vom existentiellen Bereich in den Bereich der visuellen Beschreibung; die Übersetzung gehört also einer anderen Ästhetik an als das Original Kafkas.

(Diese ästhetische Verschiebung wird im letzten Teil des Satzes noch offensichtlicher: Kafka sagt: »fuhren manchmal ihre Zungen breit über des anderen Gesicht«; diese präzise und neutrale Feststellung verwandelt sich bei David in folgende expressionistische Metapher: »ils se *fouaillaient* le visage à *coups* de langue« (*peitschten* sie einander das Gesicht mit *Zungenschlägen*.)

Bemerkung über die systematische Synonymisierung

Das Bedürfnis, anstelle des offensichtlicheren, einfacheren, neutraleren Wortes ein anderes zu verwenden (sein – eindringen; gehen – marschieren; fahren über – peitschen), könnte man *Synonymisierungsreflex* nennen – ein Reflex fast aller Übersetzer. Über einen großen Vorrat an Synonymen zu verfügen, ist Teil der Virtuosität des »schönen Stils«; kommt im gleichen Textabschnitt zweimal das Wort »Traurigkeit« vor, wird der Übersetzer, dem die (als Beeinträchtigung der obligatorischen stilistischen Eleganz empfundene) Wiederholung ein Dorn im Auge ist, versucht sein, es das zweite Mal mit »Melancholie« zu übersetzen. Doch mehr noch: dieses Bedürfnis zu synonymisieren ist so tief in die Seele des Übersetzers eingebrannt, daß er *sofort* ein Synonym wählen wird: er wird mit »Melancholie« übersetzen, wenn im Originaltext »Traurigkeit« steht, und er wird »Traurigkeit« schreiben, wo »Melancholie« steht.

Geben wir ohne Ironie zu: die Situation des Übersetzers ist äußerst heikel: er muß einem Autor treu sein und gleichzeitig er selbst bleiben; wie soll er das zustande bringen? Er will (bewußt oder unbewußt) seine eigene Kreativität in den Text einfließen lassen; gleichsam um sich Mut zu machen, entscheidet er sich für ein Wort, das den Autor scheinbar nicht verrät und trotzdem eigene Initiative bezeugt. Ich stelle das wieder einmal bei der Revision eines kurzen Textes von mir fest: ich schreibe »Autor«, der Übersetzer übersetzt »Schriftsteller«; ich schreibe »Schriftsteller«, er übersetzt »Romancier«; ich schreibe »Romancier«, er übersetzt »Autor«; wenn ich »Vers« schreibe, übersetzt er »Gedicht«; wenn ich »Gedicht« sage, übersetzt er »Poem«. Kafka sagt »gehen«, die Übersetzer sagen »marschieren«. Kafka sagt »kein Bestandteil«, die Übersetzer »nichts von den Bestandteilen« (rien des éléments), »nichts gemeinsam« (rien de commun), »kein einziger Bestandteil« (pas un seul élément). Kafka sagt »das Gefühl haben, sich zu verirren«, zwei Übersetzer sagen »den Eindruck verspüren ...« (éprouver l'impression), während der dritte (Lortholary) wörtlich übersetzt (zu Recht) und derart den Beweis liefert, daß es keineswegs notwendig ist, »Gefühl« durch »Eindruck« zu ersetzen. Diese synonymisierende Praxis scheint harmlos, ihr systematischer Charakter stumpft die

Gedanken des Originals jedoch unweigerlich ab. Und überhaupt, warum zum Teufel? Warum soll man nicht »gehen« sagen, wenn der Autor »gehen« schreibt? O ihr Herren Übersetzer, sodonymisiert uns nicht!

Reichtum des Wortschatzes

Sehen wir uns die Verben des Satzes an. Kafka hat sich für sehr einfache, elementare Verben entschieden: vergehen, gehen (2mal), haben (2mal), sich verirren (2mal), sein, tun, ersticken, müssen, können.

Die Übersetzer haben die Tendenz, den Wortschatz zu bereichern: »ne pas cesser d'éprouver« (nicht aufhören zu empfinden), statt »haben«; »s'enfoncer« (eindringen), »s'avancer« (vordringen), »faire du chemin« (ein Stück Weges gehen), statt »sein«; »marcher« (marschieren), statt »gehen«; »retrouver« (wiederfinden), statt »haben«.

(Heben wir hervor, welche Angst die Übersetzer der ganzen Welt vor den Wörter »sein« und »haben« empfinden! Sie werden alles Erdenkliche tun, um sie durch ein Wort zu ersetzen, das sie für weniger banal halten.)

Diese Tendenz ist von einem psychologischen Standpunkt aus verständlich: wonach wird der Übersetzer beurteilt? Nach der Treue gegenüber dem Stil des Autors? Das ist genau das, was die Leser seines Landes nicht beurteilen können. Dafür wird der Reichtum des Wortschatzes vom Publikum automatisch als Wert wahrgenommen, als Leistung, als Beweis für die Meisterschaft und Kompetenz des Übersetzers.

Ein reicher Wortschatz an sich stellt jedoch noch keinen Wert dar. Die Spannweite des Wortschatzes ist von der ästhetischen Intention abhängig, durch die das Werk organisiert wird. Der Wortschatz von Carlos Fuentes ist schwindelerregend reich. Hemingways Wortschatz hingegen äußerst begrenzt. Die Schönheit von Fuentes' Prosa liegt im

Reichtum, jene Hemingways in der Begrenzung des Wortschatzes.

Kafkas Wortschatz ist ebenfalls relativ sparsam. Diese Sparsamkeit hat man oft als Askese Kafkas erklärt. Als seine antiästhetische Attitude. Seine Gleichgültigkeit in bezug auf Schönheit. Oder als den Tribut, den er dem Prager Deutsch zollte, das, dem volksnahen Milieu entrissen, langsam austrocknete. Niemand wollte zugeben, daß diese Kargheit des Wortschatzes Kafkas *ästhetische Intention* verrät, daß sie eines der Merkmale der *Schönheit* seiner Prosa ist.

Allgemeine Bemerkung über das Problem der Autorität

Die oberste Autorität für einen Übersetzer sollte der *persönliche Stil* des Autors sein. Doch die meisten Übersetzer gehorchen einer anderen Autorität: der des *allgemein anerkannten Stils* des »schönen Französisch« (des schönen Deutsch, des schönen Englisch), das heißt des Französischen (Deutschen, Englischen), wie man es auf dem Gymnasium lernt. Der Übersetzer betrachtet sich als Botschafter dieser Autorität beim fremdsprachigen Autor. Hier liegt der Irrtum: jeder Autor von einem gewissen Wert *überschreitet* den »schönen Stil«, und in dieser Überschreitung liegt die Originalität (und, davon ausgehend, die Daseinsberechtigung) seiner Kunst. Die erste Anstrengung des Übersetzers sollte darin bestehen, diese Überschreitung zu verstehen. Das ist nicht schwierig, wenn sie offensichtlich ist, wie zum Beispiel bei Rabelais, Joyce, Céline. Es gibt jedoch Autoren, deren Überschreitung des »schönen Stils« behutsam ist, kaum sichtbar, versteckt, diskret; in diesem Fall ist es nicht einfach, sie zu erfassen. Doch gerade deshalb ist es um so wichtiger.

Wiederholung

Stunden dreimal – Wiederholung in allen Übersetzungen beibehalten;

gemeinsamen zweimal – Wiederholung in allen Übersetzungen eliminiert;

sich verirren zweimal – Wiederholung in allen Übersetzungen beibehalten;

die Fremde zweimal, dann einmal *die Fremdheit* – bei Vialatte: »étranger« nur einmal, »étrangeté« ersetzt durch »exil«; bei David und bei Lortholary: einmal »étranger« (Adjektiv), einmal »étrangeté«;

die Luft zweimal – Wiederholung in allen Übersetzungen beibehalten;

haben zweimal – die Wiederholung existiert in keiner Übersetzung;

weiter zweimal – diese Wiederholung ist bei Vialatte durch die Wiederholung des Wortes »continuer« (fortfahren) ersetzt; bei David durch die (schwache) Wiederholung des Wortes »toujours« (immer); bei Lortholary ist die Wiederholung verschwunden;

gehen, vergehen – diese (übrigens schwer beizubehaltende) Wiederholung ist bei allen Übersetzern verschwunden.

Allgemein läßt sich feststellen, daß die Übersetzer (den Gymnasiallehrern gehorchend) die Tendenz haben, Wiederholungen einzuschränken.

Semantischer Sinn einer Wiederholung

Zweimal *die Fremde*, einmal *die Fremdheit*: durch diese Wiederholung führt der Autor ein Wort in seinen Text ein, das den Charakter eines Schlüsselbegriffs, eines Konzepts hat. Wenn der Autor, ausgehend von diesem Wort, eine lange Reflexion entwickelt, ist die Wiederholung desselben Worts von einem semantischen und logischen Standpunkt aus notwendig. Stel-

len wir uns vor, daß der Übersetzer Heideggers, um Wiederholungen zu vermeiden, für »das Sein« einmal »l'être« (das
Sein), dann »l'existence« (die Existenz), dann »la vie« (das Leben), weiter »la vie humaine« (das menschliche Leben) und
schließlich »l'être-là« (das Dasein) schreibt. Da man nie weiß,
ob Heidegger von einer einzigen, verschieden benannten Sache oder von verschiedenen Sachen spricht, erhält man statt
eines äußerst logischen Textes einen Begriffswirrwarr. Die
Prosa des Romans (ich spreche natürlich von Romanen, die
diese Bezeichnung verdienen) erfordert die gleiche Strenge
(vor allem in meditativen oder metaphorischen Passagen).

Noch eine Bemerkung über die Notwendigkeit, Wiederholungen beizubehalten

Etwas weiter unten auf derselben Seite von *Das Schloß*:
»... mit tiefer, befehlend-gleichgültiger Stimme nach Frieda
gerufen wurde. ›Frieda‹, sagte K. in Friedas Ohr und gab so
den Ruf weiter.«
Die Übersetzer wollen die dreimalige Wiederholung des
Namens Frieda vermeiden:
Vialatte: »›Frieda!‹ dit-il à l'oreille *de la bonne*, transmet-
tant ainsi ...« (»sagte er ins Ohr *des Dienstmädchens*«).
Und David: »›Frieda‹ dit K. à l'oreille *de sa compagne*, en lui
transmettant ...« (»sagte K. ins Ohr *seiner Gefährtin*«).
Wie falsch klingen diese den Namen Frieda ersetzenden
Wörter! Man beachte, daß K. im ganzen Text von *Das Schloß*
immer nur K. ist. Im Dialog können die andern ihn »den
Landvermesser« und vielleicht noch anders nennen, doch
Kafka selbst, der Erzähler, bezeichnet K. nie mit Worten wie:
der Fremde, der Ankömmling, der junge Mann oder was weiß
ich. K. ist nichts weiter als K. Und nicht nur er, alle Personen
haben bei Kafka nur einen einzigen Namen, eine einzige Bezeichnung.

Frieda ist also Frieda; nicht Liebhaberin, nicht Geliebte, nicht Gefährtin, nicht Dienstmädchen, nicht Serviererin, nicht Hure, nicht junge Frau, nicht junges Mädchen, nicht Freundin. Frieda.

Melodische Bedeutung einer Wiederholung

Es gibt Momente, da Kafkas Prosa abhebt und Gesang wird. Dies gilt auch für die beiden Sätze, auf die ich hingewiesen habe. (Merken wir an, daß diese Sätze von außerordentlicher Schönheit Beschreibungen des Liebesaktes sind; über die Bedeutung der Erotik für Kafka sagt dies hundertmal mehr aus als alle biographischen Nachforschungen. Aber gehen wir darüber hinweg.) Kafkas Prosa hebt ab, getragen auf zwei Flügeln: der Intensität der metaphorischen Phantasie und der berührenden Melodie.

Die melodische Schönheit ist hier an die Wiederholung der Wörter gebunden; der Satz beginnt mit: »Dort vergingen *Stunden, Stunden gemeinsamen* Atmens, *gemeinsamen* Herzschlags, *Stunden* ...« Auf neun Wörter fünf Wiederholungen. In der Mitte des Satzes: die Wiederholung des Wortes *Fremde*, und das Wort *Fremdheit*. Und am Ende des Satzes noch eine Wiederholung: »... *weiter* gehen, *weiter* sich verirren.« Diese mehrfachen Wiederholungen verlangsamen das Tempo und verleihen dem Satz einen nostalgischen Rhythmus.

Im anderen Satz, K.s zweitem Liebesakt, findet sich das gleiche Prinzip der Wiederholung: das Verb »suchen« wird viermal wiederholt, das Wort »etwas« zweimal, das Wort »Körper« zweimal, das Verb »scharren« zweimal; und vergessen wir die Konjunktion »und« nicht, die entgegen allen Regeln syntaktischer Eleganz viermal wiederholt wird.

Der Satz beginnt: »Sie suchte etwas und er suchte etwas ...« Vialatte sagt etwas völlig anderes: »Elle cherchait et cherchait encore quelque chose ...« (Sie suchte und suchte noch etwas.)

David korrigiert ihn: »Elle cherchait quelque chose et lui aussi, de son côté.« (Sie suchte etwas, und er seinerseits auch.) Sonderbar: man sagt lieber »et lui aussi, de son côté«, als die schöne und einfache Wiederholung Kafkas wiederzugeben: »Elle cherchait quelque chose et il cherchait quelque chose ...«

Die Kunst der Wiederholung

Es gibt eine Kunst der Wiederholung. Selbstverständlich gibt es schlechte, ungeschickte Wiederholungen (wenn man bei der Beschreibung eines Essens in zwei Sätzen dreimal die Wörter »Stuhl« oder »Gabel« etc. liest). Die Regel: wenn ein Wort wiederholt wird, geschieht dies, weil dieses Wort wichtig ist, weil man, innerhalb eines Absatzes, einer Seite, dessen Klang wie auch dessen Bedeutung hervorheben will.

Digression: ein Beispiel für die Schönheit der Wiederholung

Die sehr kurze (eineinhalb Seiten lange) Erzählung von Hemingway *Eine Leserin schreibt* ist in drei Teile unterteilt: 1) ein kurzer Absatz, der eine Frau schildert, die einen Brief schreibt, »ohne irgend etwas auszustreichen oder umschreiben zu müssen«; 2) der Brief selbst, in dem die Frau von der Geschlechtskrankheit ihres Mannes spricht; 3) der nachfolgende innere Monolog, den ich zitiere:
»Vielleicht kann er mir sagen, was richtig ist, sagte sie zu sich. Vielleicht kann er es mir sagen. Auf dem Bild in der Zeitung sieht er aus, als ob er es wüßte. Er sieht richtig patent aus. Jeden Tag sagt er jemandem, was er tun soll. Er müßte es wissen. Ich möchte das tun, was richtig ist. Es ist aber so eine lange Zeit. Es ist eine lange Zeit. Es ist eine lange Zeit gewesen. Mein Gott, was war das für eine lange Zeit. Er müßte

III

dorthin, wo sie ihn hinschickten; ich weiß, aber ich weiß nicht, warum er sich das holen mußte. Ach, ich wünschte, lieber Gott, daß er es sich nicht geholt hätte. Es ist mir gleich, was er gemacht hat, um es sich zu holen. Aber ich wünschte, lieber Gott, daß er es sich nie geholt hätte. Es scheint, als ob er es sich nicht unbedingt hätte holen müssen. Ich weiß nicht, was ich tun soll – lieber Gott, ich wünschte, er hätte keinerlei Krankheit. Ich weiß nicht, warum er sich eine Krankheit holen mußte.«

Die bezaubernde Melodie dieser Passage beruht ausschließlich auf Wiederholungen. Diese sind kein Kunstgriff (wie ein Reim in der Lyrik), sie haben ihren Ursprung vielmehr in der gesprochenen Alltagssprache, in der unbearbeiteten Sprache.

Und ich füge hinzu: diese kleine Erzählung scheint mir in der Geschichte der Prosa ein ganz einzigartiger Fall zu sein, wo die musikalische Intention wesentlich ist: ohne diese Melodie verlöre der Text seine ganze Daseinsberechtigung.

Der Atem

Nach seinen eigenen Worten hat Kafka die lange Erzählung *Das Urteil* in einer einzigen Nacht geschrieben, ohne Unterbrechung, das heißt ungewöhnlich schnell, indem er sich von einer gleichsam unkontrollierten Phantasie leiten ließ. Die Geschwindigkeit, die später für die Surrealisten zur programmatischen Methode wurde (die »écriture automatique«) und es ermöglichte, das Unbewußte der vernunftmäßigen Kontrolle zu entziehen und die Phantasie explodieren zu lassen, spielte bei Kafka annähernd die gleiche Rolle.

Von dieser »methodischen Geschwindigkeit« geweckt, läuft Kafkas Phantasie dahin wie ein Fluß, ein Traumfluß, der erst am Ende eines Kapitels zur Ruhe kommt. Dieser lange Atem der Phantasie spiegelt sich im Charakter der Syntax wider: in Kafkas Romanen gibt es praktisch keine Doppelpunkte (abgesehen von den routinemäßigen, die direkte Rede einleitenden) und nur eine außerordentlich bescheidene Anzahl von Strichpunkten. Konsultiert man das Manuskript (in der Kritischen Ausgabe, Fischer 1982), stellt man fest, daß sogar die vom Standpunkt der syntaktischen Regeln aus notwendigen Kommas oft fehlen. Der Text ist in sehr wenige Absätze gegliedert. Diese *Tendenz, die Gliederung abzuschwächen* – wenige Absätze, wenige wichtige Pausen (beim Durchlesen des Manuskripts hat Kafka sogar oft Punkte in Kommas verwandelt), wenige Zeichen, die den logischen Aufbau des Textes hervorheben (Doppelpunkte, Strichpunkte) –, gehört wesentlich zu Kafkas Stil; sie ist gleichzeitig eine stete Verletzung des »schönen Stils« im Deutschen (wie auch des »schönen Stils« aller Sprachen, in die Kafka übersetzt ist).

Kafka hat von *Das Schloß* keine definitive Druckfassung erstellt, und man könnte zu Recht annehmen, daß er noch diese oder jene Korrektur angebracht hätte, auch in der Interpunktion. Ich bin folglich nicht übermäßig schockiert (natürlich auch nicht entzückt), daß Max Brod als erster Herausgeber Kafkas, um den Text lesbarer zu machen, *von Zeit zu Zeit* einen Absatz gemacht oder einen Strichpunkt eingefügt hat. Tatsächlich bleibt der *generelle Charakter* von Kafkas Syntax selbst in dieser Edition Brods noch klar erkennbar, und der Roman bewahrt seinen großen Atem.

Kommen wir auf unseren Satz im dritten Kapitel zurück: er ist relativ lang, mit Kommas, aber ohne Strichpunkte (im Manuskript und allen deutschen Ausgaben). Was mich an Vialattes Version dieses Satzes am meisten stört, ist deshalb der hinzugefügte Strichpunkt. Er steht für das Ende eines logischen Segments, eine Zäsur, die einen auffordert, die Stimme zu senken, eine kurze Pause zu machen. Diese Zäsur erstickt (auch wenn sie vom Standpunkt der syntaktischen Regeln aus korrekt ist) Kafkas Atem. David seinerseits unterteilt den Satz in drei Teile, mit *zwei* Strichpunkten. Diese beiden Strichpunkte sind um so deplazierter, als Kafka im ganzen dritten Kapitel (wenn man auf das Manuskript zurückgeht) nur einen einzigen Strichpunkt verwendet hat. In Max Brods Ausgabe sind es dreizehn. Vialatte kommt auf einunddreißig. Lortholary auf achtundzwanzig, plus drei Doppelpunkte.

Das typographische Bild

Den langen und berauschenden Flug von Kafkas Prosa kann man im typographischen Bild des Textes *sehen*, das, oft seitenlang, nur ein einziger »endloser« Absatz ist, der sogar lange Dialogpassagen mit einschließt. In Kafkas Manuskript ist das dritte Kapitel in nur zwei lange Absätze unterteilt. In Brods Ausgabe sind es fünf. In Vialattes Übersetzung neunzig. In der Lortholarys fünfundneunzig. In Frankreich hat man Kafkas Romanen eine Gliederung aufgezwungen, die nicht die ihre ist: viel zahlreichere und folglich viel kürzere Absätze, die einen logischeren, rationaleren Aufbau vortäuschen, den Text dramatisieren, alle Gesprächsteile in den Dialogen klar voneinander abtrennen.

Keine Übersetzung in andere Sprachen hat meines Wissens die Gliederung von Kafkas Originaltexten verändert. Weshalb haben die französischen Übersetzer (alle, einstimmig) dies getan? Sie müssen dafür einen Grund gehabt haben, gewiß. Die Ausgabe von Kafkas Romanen in der Pléiade umfaßt mehr als fünfhundert Seiten Anmerkungen. Dennoch finde ich keine einzige, die diesen Grund nennen würde.

Und abschließend eine Bemerkung über kleine und große Schrifttypen

Kafka hat darauf bestand, daß seine Bücher in sehr großen Typen gedruckt wurden. Man erwähnt das heute mit der lächelnden Nachsicht, die Launen großer Menschen hervorrufen. Doch es gibt hier nichts, das ein Lächeln verdient; Kafkas

Wunsch war gerechtfertigt, logisch, ernst, mit seiner Ästhetik verbunden oder genauer, mit seiner Art, die Prosa zu gliedern.

Ein Autor, der seinen Text in zahlreiche kurze Abschnitte unterteilt, wird nicht so sehr auf großen Typen beharren: einen stark gegliederten Text kann man relativ leicht lesen.

Im Gegensatz dazu ist ein Text, der in einem endlosen Absatz dahinfließt, nicht sehr gut lesbar. Das Auge findet keine Stellen, wo es innehalten, sich ausruhen kann, man verliert leicht die Zeilen. Damit ein solcher Text mit Genuß gelesen werden kann (das heißt, ohne daß die Augen ermüden), verlangt er nach relativ großen Typen, die die Lektüre angenehm machen und es erlauben, jeden beliebigen Augenblick innezuhalten, um die Schönheit der Sätze zu genießen.

Ich schaue mir die deutsche Taschenbuchausgabe von *Das Schloß* an: neununddreißig kläglich zusammengepreßte Zeilen auf einer kleinen Seite in einem »endlosen Absatz«: das ist unlesbar; oder aber lesbar nur als *Information*; oder als *Dokument*; in keinem Fall als ein für die ästhetische Rezeption bestimmter Text. Im Anhang, auf ungefähr vierzig Seiten: alle Passagen, die Kafka aus seinem Manuskript gestrichen hatte. Man schert sich nicht um Kafkas Wunsch, seinen Text (aus ästhetisch völlig berechtigten Gründen) in großen Typen gedruckt zu sehen; aber man fischt alle Sätze wieder hervor, die er (aus ästhetisch völlig berechtigten Gründen) beschlossen hatte zu vernichten.

In dieser den ästhetischen Willen des Autors mißachtenden Gleichgültigkeit spiegelt sich die ganze Traurigkeit des postumen Schicksals von Kafkas Werk wider.

FÜNFTER TEIL

Auf der Suche nach der verlorenen Gegenwart

Mitten in Spanien, irgendwo zwischen Barcelona und Madrid, sitzen zwei Personen in der Bar eines kleinen Bahnhofs: ein Amerikaner und ein Mädchen. Wir wissen nichts von ihnen, außer daß sie auf den Zug nach Madrid warten, wo das Mädchen sich einer Operation unterziehen wird, höchstwahrscheinlich (das Wort wird nie ausgesprochen) einer Abtreibung. Wir wissen nicht, wer sie sind, wie alt sie sind, ob sie sich lieben oder nicht, wir wissen nicht, welches die Gründe sind, die sie zu ihrer Entscheidung gebracht haben. Obwohl ihr Gespräch mit außerordentlicher Genauigkeit wiedergegeben ist, läßt es uns weder etwas von ihren Motivationen noch von ihrer Vergangenheit verstehen.

Das Mädchen ist angespannt, und der Mann versucht, sie zu beruhigen: »Es ist wirklich eine furchtbar einfache Operation, Jig«, sagt der Mann. »Es ist eigentlich gar keine Operation!« Und dann: »Ich komme mit und bleibe die ganze Zeit über bei dir.« Und dann: »Nachher wird's uns wieder gutgehen. Genauso wie früher.«

Als er auch nur die geringste Verärgerung des Mädchens spürt, sagt er: »Nun, wenn du nicht willst, brauchst du doch nicht. Ich will nicht, daß du es dir machen läßt, wenn du's nicht willst.« Und am Schluß nochmals: »Du mußt dir darüber klar sein, daß ich nicht will, daß du es tust, wenn du es nicht willst. Ich bin ganz damit einverstanden, den Dingen ruhig ihren Lauf zu lassen, wenn dir etwas daran liegt.«

Hinter den Einwänden des Mädchens erahnt man moralische Bedenken. Während sie die Landschaft betrachtet, sagt sie: »Und all das könnte uns gehören. Und wir könnten alles haben, und mit jedem Tag machen wir es immer unmöglicher [...]«

Der Mann will sie besänftigen: »Wir können alles haben [...]«

»Nein, nicht mehr. Und wenn's einem erst mal fortgenommen worden ist, bekommt man's nicht wieder.«

Und als der Mann abermals versichert, daß die Operation ohne Gefahr sei, sagt sie: »Würdest du mir jetzt einen Gefallen tun?«

»Ich würde alles für dich tun!«

»Würdest du bitte, bitte, bitte, bitte, bitte, bitte, bitte, still sein?«

Und der Mann: »Aber ich will doch nicht, daß du's tust. Mir ist es wirklich ganz egal.«

»Ich schreie gleich«, sagt das Mädchen.

In diesem Augenblick erreicht die Spannung ihren Höhepunkt. Der Mann steht auf, um das Gepäck auf die andere Seite des Bahnhofs zu tragen, und als er zurückkommt, fragt er: »Fühlst du dich besser?«

»Ich fühl mich glänzend«, sagt sie. »Mir fehlt gar nichts. Ich fühl mich glänzend.« Und dies sind die letzten Worte von Hemingways berühmter Erzählung *Hügel wie weiße Elefanten*.

2

Das Sonderbare an dieser fünfseitigen Erzählung liegt darin, daß man sich, ausgehend von diesem Dialog, unzählige Geschichten vorstellen kann: der Mann ist verheiratet und zwingt seine Geliebte abzutreiben, um seine Frau zu schonen; er ist ledig und wünscht die Abtreibung, weil er Angst hat, sich das Leben zu erschweren; es ist jedoch auch möglich, daß er uneigennützig handelt und die Schwierigkeiten voraussieht, die ein Kind für das Mädchen bedeuten könnten; vielleicht, man kann sich alles mögliche vorstellen, ist er schwer krank und fürchtet, das Mädchen allein mit dem Kind zu hinterlassen; man kann sich sogar vorstellen, daß das Kind von einem Mann ist, den das Mädchen um des Amerikaners willen verlassen hat, der ihr seinerseits zur Abtreibung rät, dabei aber bereit ist, im Falle einer Weigerung die Vaterrolle zu übernehmen. Und das Mädchen? Sie kann in die Abtreibung eingewilligt haben, um ihrem Liebhaber zu gehorchen; vielleicht hat sie die Initiative aber auch selbst ergriffen und verliert immer mehr den Mut, je näher der Termin rückt, sie fühlt sich schuldig und äußert noch einen letzten, verbalen Widerstand, der eher für ihr eigenes Gewissen als für den Partner bestimmt ist. In der Tat ließen sich unendlich viele Lösungsmöglichkeiten erfinden, die sich hinter dem Dialog verstecken können.

Was den Charakter der Personen angeht, ist die Wahl nicht weniger schwierig: der Mann kann einfühlsam, liebend, zärtlich sein; er kann egoistisch, listig, scheinheilig sein. Das Mädchen kann hypersensibel, feinfühlig und zutiefst moralisch sein; sie kann aber auch launisch und affektiert sein und gern hysterische Szenen machen.

Die wahren Beweggründe des Verhaltens der beiden bleiben um so verborgener, als der Dialog keine Angaben liefert, wie die Aussagen vorgebracht werden: schnell, langsam, ironisch, zärtlich, boshaft, gelangweilt? Der Mann sagt: »Du weißt, daß ich dich liebhabe.« Die junge Frau antwortet: »Ich weiß.« Aber was bedeutet dieses »ich weiß«? Ist sie sich der Liebe des Mannes wirklich sicher? Oder meint sie es ironisch? Und was bedeutet diese Ironie? Daß die junge Frau nicht an die Liebe des Mannes glaubt? Oder daß die Liebe dieses Mannes für sie keine Bedeutung mehr hat?

Abgesehen vom Dialog, enthält die Erzählung nur die notwendigsten Beschreibungen; sie sind nicht weniger sachlich als Szenenanweisungen für ein Theaterstück. Ein einziges Motiv entzieht sich dieser Regel äußerster Sparsamkeit: das Motiv der weißen Hügel, die sich am Horizont hinziehen; es kehrt mehrere Mal wieder, begleitet von einer Metapher, der einzigen der Erzählung. Hemingway liebte Metaphern nicht. So gehört diese denn auch nicht dem Erzähler, sondern der jungen Frau; sie sagt sich, als sie die Hügel betrachtet: »Sie sehen wie weiße Elefanten aus.«

Der Mann trinkt sein Bier und antwortet: »Ich hab noch nie einen gesehen.«

»Nein, natürlich nicht.«

»Wäre doch möglich gewesen«, sagt der Mann. »Daß du ›nein natürlich nicht‹ sagst, beweist gar nichts.«

In diesen Sätzen offenbaren sich die Charaktere in ihrer Unterschiedlichkeit, ja Gegensätzlichkeit: der Mann äußert einen Vorbehalt hinsichtlich der poetischen Erfindung der jungen Frau (»ich hab noch nie einen gesehen«), sie antwortet schlagfertig, indem sie ihm vorzuwerfen scheint, er habe keinen Sinn für Poesie (»nein, natürlich nicht«), und der Mann (als kenne er den Vorwurf bereits und sei dagegen allergisch) verteidigt sich (»wäre doch möglich gewesen«).

Später, als der Mann dem Mädchen seine Liebe versichert, sagt sie: »Ich weiß. Aber wenn ich's tue [das heißt: wenn ich abtreibe, M. K.], dann wird es wieder hübsch sein, wenn ich sage, daß die Dinge wie weiße Elefanten aussehen, und du wirst es wieder mögen, ja?«

»Aber gewiß, natürlich; ich mag es doch jetzt auch; ich kann nur einfach an nichts denken.«

Kann also wenigstens diese ungleiche Haltung gegenüber einer Metapher die Charaktere der beiden unterscheidbar machen? Die junge Frau subtil und poetisch, der Mann prosaisch?

Warum nicht, man kann sich vorstellen, daß die junge Frau poetischer ist als der Mann. Ebensogut kann man in ihrer metaphorischen Erfindung jedoch etwas Manieriertes, Geziertes, Gekünsteltes sehen: da sie als originell und phantasievoll bewundert werden will, stellt sie kleine poetische Gesten zur Schau. Wäre dies der Fall, müßte man das Ethische und Pathetische ihrer Worte über die Welt, die ihnen nach der Abtreibung nicht mehr gehören wird, eher ihrer Vorliebe für lyrische Selbstdarstellung zuschreiben als der authentischen Verzweiflung einer Frau, die auf ihre Mutterschaft verzichtet.

Nein, nichts von dem, was sich hinter diesem einfachen, banalen Dialog versteckt, ist klar. Jeder Mann könnte die gleichen Sätze aussprechen wie der Amerikaner, jede Frau die gleichen Sätze wie dieses Mädchen. Ein Mann mag eine Frau lieben oder nicht, er mag lügen oder ehrlich sein, er würde das gleiche sagen. Als warte dieser Dialog seit der Erschaffung der Welt darauf, von unzähligen Paaren ausgesprochen zu werden, ungeachtet ihrer individuellen Psychologie.

Es ist unmöglich, diese Personen von einem moralischen Standpunkt aus zu beurteilen, da sie nichts mehr zu entscheiden haben; in dem Augenblick, da sie auf dem Bahnhof warten, ist alles bereits endgültig beschlossen; sie haben einander vorher schon tausendmal alles erklärt; ihre Argumente schon tausendmal durchdiskutiert; im gegenwärtigen Moment scheint ihr alter Streit (ihre alte Diskussion, ihr altes Drama) nur noch schwach durch das Gespräch hindurch, in dem es um nichts mehr geht und Worte nur noch Worte sind.

3

Auch wenn die Erzählung äußerst *abstrakt* ist, weil sie eine fast archetypische Situation beschreibt, ist sie zugleich äußerst *konkret*, indem sie versucht, die visuelle und akustische Oberfläche einer Situation, insbesondere des Dialogs, zu erfassen.

Versuchen Sie, einen Dialog aus Ihrem Leben zu rekonstruieren, den Dialog eines Streits oder einen Liebesdialog. Die teuersten, wichtigsten Situationen sind für immer verloren. Was bleibt, ist ihr abstrakter Sinn (ich habe diesen Standpunkt vertreten, er einen anderen, ich bin aggressiv gewesen, er defensiv), möglicherweise ein oder zwei Details, aber das konkret Akustisch-Visuelle der Situation in ihrem ganzen Ablauf ist verlorengegangen.

Und nicht nur, daß es verlorengegangen ist, man wundert sich nicht einmal über diesen Verlust. Man hat sich mit dem

Verlust der konkreten Gegenwart abgefunden. Man verwandelt den gegenwärtigen Moment unmittelbar in seine Abstraktion. Es genügt, eine wenige Stunden zuvor erlebte Episode zu erzählen: der Dialog reduziert sich auf eine kurze Zusammenfassung, die Szenerie auf einige allgemeine Angaben. Dies gilt sogar für die stärksten Erinnerungen, die sich dem Geist gleichsam traumatisch einprägen: man ist von ihrer Kraft so sehr geblendet, daß einem gar nicht klar wird, wie schematisch und armselig ihr Inhalt ist.

Wenn man eine Realität untersucht und diskutiert, analysiert man sie so, wie sie in unserem Geist, unserem Gedächtnis erscheint. Man kennt die Realität nur in der Vergangenheit. Man kennt sie nicht so, wie sie im gegenwärtigen Moment ist, in dem Moment, da sie sich abspielt, da sie *ist*. Der gegenwärtige Moment gleicht seiner Erinnerung freilich nicht. Die Erinnerung ist nicht die Negation des Vergessens. Die Erinnerung ist eine Form des Vergessens.

Wir können beharrlich Tagebuch führen und alle Vorkommnisse aufschreiben. Wenn wir eines Tages unsere Aufzeichnungen wieder lesen, werden wir begreifen, daß sie nicht in der Lage sind, ein einziges konkretes Bild heraufzubeschwören. Und schlimmer noch: daß die Phantasie unfähig ist, unserem Gedächtnis zu Hilfe zu kommen und das Vergessene zu rekonstruieren. Denn die Gegenwart, die konkrete Gegenwart, ist für uns als zu untersuchendes Phänomen, als *Struktur*, ein unbekannter Planet; wir sind unfähig, sie im Gedächtnis festzuhalten oder durch die Phantasie zu rekonstruieren. Man stirbt, ohne zu wissen, was man erlebt hat.

4

Mir scheint, der Roman kennt erst seit einem bestimmten Zeitpunkt seiner Entwicklung das Bedürfnis, dem Verlust der entfliehenden Realität der Gegenwart entgegenzuarbeiten. Boccaccios Novelle etwa ist ein Beispiel dafür, in welche Abstraktion die Vergangenheit sich verwandelt, sobald sie erzählt wird: es handelt sich um eine Form der Erzählung, die uns ohne jede konkrete Szene, fast ohne Dialoge, in einer Art Zusammenfassung das Wesentliche eines Ereignisses, die kausale Logik einer Geschichte mitteilt. Die Romanciers nach Boccaccio waren hervorragende Erzähler, doch das Konkrete der Gegenwart zu erfassen, war weder ihr Problem noch ihr Ehrgeiz. Sie erzählten eine Geschichte, ohne sie sich unbedingt in konkreten Szenen vorzustellen.

Zu Beginn des 19. Jahrhunderts wird die Szene zum *grundlegenden* Element der Romankomposition (der Ort, an dem sich die Virtuosität des Romanciers zeigt). Bei Scott, bei Balzac, bei Dostojewski ist der Roman aufgebaut als Folge minutiös beschriebener Szenen mit ihrem Dekor, ihrem Dialog, ihrer Handlung; und alles, was nicht mit dieser Szenenfolge in Zusammenhang steht, alles, was nicht Szene ist, wird als zweitrangig, ja sogar überflüssig betrachtet und empfunden. Der Roman gleicht einem sehr reichen Drehbuch.

Sobald die Szene zum grundlegenden Element des Romans wird, erhebt sich potentiell die Frage nach der Realität, wie diese sich im gegenwärtigen Moment darstellt. Ich sage »potentiell«, denn bei Balzac oder Dostojewski ist es eher eine Leidenschaft fürs Dramatische als eine Leidenschaft fürs Konkrete, eher das Theater als die Realität, das die Kunst der Szene inspiriert. In der Tat äußert sich die damals entstandene neue Romanästhetik (die Ästhetik der zweiten Zeit der Geschichte des Romans) im *theatralischen* Charakter der Komposition: das heißt in einer Komposition, die konzentriert ist a) auf eine einzige Intrige (im Gegensatz zur Komposition in der Art des Schelmenromans, die eine Abfolge verschiedener Intrigen darstellt); b) auf dieselben Figuren (wenn die Figuren den Roman mitten im Geschehen verlassen, was für Cervantes normal war, wird dies als Fehler empfunden); c) auf einen begrenzten Zeitraum (selbst wenn zwischen Anfang und Ende des Romans viel Zeit vergeht, spielt sich die Handlung nur an einigen ausgewählten Tagen ab; so erstrecken sich *Die Dämo-*

nen zum Beispiel über mehrere Monate, die ganze äußerst komplexe Handlung ist jedoch auf zwei, dann auf drei, nochmals auf zwei und schließlich auf fünf Tage verteilt).

In dieser Romankomposition à la Balzac oder Dostojewski müssen die ganze Komplexität der Intrige, der ganze Reichtum der Gedanken (die großen Ideendialoge bei Dostojewski), die ganze Psychologie der Figuren ausschließlich in den Szenen klar zum Ausdruck kommen: deshalb wird eine Szene wie im Theater auf künstliche Weise komprimiert, dicht (mehrfache Begegnungen in einer einzigen Szene) und mit unwahrscheinlicher logischer Strenge entwickelt (um den Konflikt von Interessen und Leidenschaften klar hervortreten zu lassen); um alles auszudrücken, was wesentlich ist (wesentlich für das Verständnis der Handlung und ihres Sinns), muß sie auf alles »Unwesentliche« verzichten, das heißt auf alles, was banal, gewöhnlich, alltäglich, was Zufall oder reine Atmosphäre ist.

Bei Flaubert (»unser verehrtester Meister«, sagt Hemingway über ihn in einem Brief an Faulkner) verläßt der Roman den Bereich des Theatralischen. In Flauberts Romanen begegnen die Personen einander in einer alltäglichen Umgebung, die (durch ihre Gleichgültigkeit, ihre Indiskretion, aber auch ihre Atmosphäre und ihren Zauber, die eine Situation schön und unvergeßlich machen) immer wieder in ihre private Geschichte eingreift. Emma trifft sich mit Léon in der Kirche, doch ein Kirchendiener gesellt sich zu ihnen und unterbricht ihr Tête-à-tête durch sein langes, sinnloses Gerede. In seinem Vorwort zu *Madame Bovary* ironisiert Montherland diese geradezu methodische Art und Weise, ein antithetisches Motiv in eine Szene einzubringen, doch ist die Ironie fehl am Platz; es handelt sich nämlich nicht um einen *künstlichen Manierismus*, sondern sozusagen um eine *ontologische Entdeckung*: die Entdeckung der Struktur des gegenwärtigen Moments; die Entdeckung der fortwährenden Koexistenz des Banalen und des Dramatischen, auf der unser aller Leben beruht.

Das Konkrete der Gegenwart zu erfassen ist eine der steten

Tendenzen, die seit Flaubert die Entwicklung des Romans charakterisieren: ihren Höhepunkt, ihr wahres Denkmal wird diese Tendenz im *Ulysses* finden; auf rund neunhundert Seiten beschreibt James Joyce achtzehn Stunden eines Lebens; Bloom bleibt mit M'Coy auf der Straße stehen: in einer einzigen Sekunde, zwischen zwei aufeinanderfolgenden Repliken, geschehen unzählige Dinge: Blooms innerer Monolog; seine Gesten (mit der Hand in der Tasche berührt er den Umschlag eines Liebesbriefs); alles, was er sieht (eine Dame steigt in eine Kutsche und läßt ihre Beine sehen); alles, was er hört; alles, was er fühlt. Eine einzige Sekunde der Gegenwart wird bei Joyce zu einer kleinen Unendlichkeit.

5

In der epischen und der dramatischen Kunst äußert sich die Leidenschaft für das Konkrete unterschiedlich stark; ihr ungleiches Verhältnis zur Prosa legt davon Zeugnis ab. Im 16. und 17. Jahrhundert verzichtet die epische Kunst auf Verse und wird so zu einer neuen Kunst: dem Roman. Die dramatische Literatur geht später und sehr viel langsamer vom Vers zur Prosa über. Die Oper noch später, an der Wende vom 19. zum 20. Jahrhundert, mit Charpentier (*Louise*, 1900), mit Debussy *(Pelléas et Mélisande*, 1902, einem Stück, daß allerdings auf eine sehr stark stilisierte lyrische Prosa komponiert wurde), und mit Janáček (*Jenufa*, komponiert zwischen 1896 und 1902). Letzterer hat meiner Meinung nach die bedeutendste Opernästhetik in der Epoche der modernen Kunst geschaffen. Ich sage »meiner Meinung nach«, weil ich aus meiner persönlichen Leidenschaft für Janáček keinen Hehl machen will. Trotzdem glaube ich nicht, daß ich mich täusche, denn seine Leistung war enorm: er entdeckte für die Oper eine neue Welt, die Welt der Prosa. Ich will nicht behaupten, daß er der einzige war (Berg mit *Wozzeck*, 1925, der Janáček übrigens leidenschaftlich verteidigt hat, und sogar Poulenc mit *La Voix humaine*, 1959, stehen ihm nahe), er hat sein Ziel jedoch besonders konsequent verfolgt, dreißig Jahre lang, indem er fünf wichtige Werke von bleibendem Wert schuf: *Jenufa, Katja Kabanová*, 1921; *Das schlaue Füchslein*, 1924; *Die Sache Makropulos*, 1926; *Aus einem Totenhaus*, 1928.

Ich sagte, er habe die *Welt* der Prosa entdeckt, denn die Prosa ist nicht nur eine vom Vers verschiedene Form der Rede, sondern ein Aspekt der Realität, ihr alltäglicher, konkreter, momentaner Aspekt, der im Gegensatz zum Mythos steht. Hier rühren wir an die tiefste Überzeugung jedes Romanciers: nichts ist verborgener als die Prosa des Lebens; jeder Mensch versucht immerfort, sein Leben in einen Mythos zu verwandeln, er versucht sozusagen, es in Verse zu übertragen, mit Versen (schlechten Versen) zu verschleiern. Wenn der Roman eine Kunst und nicht nur eine »literarische Gattung« ist, so deshalb, weil die Entdeckung der Prosa seine *ontologische Aufgabe* ist, die keine andere Kunst außer ihm gänzlich erfüllen kann.

Auf dem Weg des Romans hin zum Geheimnis der Prosa, zur Schönheit der Prosa (denn der Roman entdeckt, da er Kunst ist, die Prosa als Schönheit), hat Flaubert einen riesigen Schritt gemacht. In der Geschichte der Oper hat Janáček ein halbes Jahrhundert später Flauberts Revolution vollzogen. Aber während diese Revolution uns im Roman ganz natürlich vorkommt (als sei die Szene zwischen Emma und Rodolphe vor dem Hintergrund der Landwirtschaftsausstellung in den Genen des Romans als praktisch unausweichliche Möglichkeit angelegt gewesen), ist sie in der Oper viel schockierender, kühner, unerwarteter: sie widerspricht dem Prinzip des Irrealen und der extremen Stilisierung, das untrennbar mit dem Wesen der Oper verbunden schien.

In dem Maße, wie die großen Modernen sich auf dem Gebiet der Oper versuchten, schlugen sie meist den Weg einer noch radikaleren Stilisierung ein als ihre Vorgänger im 19. Jahrhundert: Honegger wendet sich Legendenstoffen und biblischen Sujets zu, denen er eine zwischen Oper und Oratorium schwankende Form verleiht; Bartóks einzige Oper hat eine symbolistische Fabel zum Gegenstand; Schönberg hat zwei Opern komponiert: die eine ist eine Allegorie, die andere setzt eine extreme, an Wahnsinn grenzende Situation in Szene. Alle Opern von Strawinsky basieren auf Texten in Versform und sind hochgradig stilisiert. Folglich hat sich Janáček nicht nur gegen die Tradition der Oper, sondern auch gegen die in der modernen Oper vorherrschende Orientierung gewandt.

6

Eine berühmte Zeichnung: ein kleiner, schnauzbärtiger Mann mit dichtem weißem Haar spaziert mit einem aufgeschlagenen Heft in der Hand herum und notiert die Äußerungen, die er auf der Straße hört, in Notenschrift. Das war seine Leidenschaft: die lebendige Sprache in Noten zu fassen; er hinterließ an die hundert solcher »Intonationen der gesprochenen Sprache«. Diese sonderbare Tätigkeit stufte ihn in den Augen seiner Zeitgenossen bestenfalls unter die Käuze und schlimmstenfalls unter die Naiven ein, die nicht verstanden, daß die Musik eine schöpferische Leistung und nicht eine naturalistische Nachahmung des Lebens ist.

Die Frage lautet jedoch nicht: soll man das Leben nachahmen oder nicht? Die Frage lautet: soll ein Musiker die Existenz der Klangwelt außerhalb der Musik anerkennen und sie studieren? Die Untersuchungen zur gesprochenen Sprache können zwei grundlegende Aspekte von Janáčeks Musik erhellen:

1) *seine melodische Originalität*: zum Ende der Romantik hin scheint das melodische Reservoir der europäischen Musik erschöpft (in der Tat ist die Anzahl der Permutationen von sieben oder zwölf Noten arithmetisch begrenzt); die genaue Kenntnis der Intonationen, die nicht aus der Musik, sondern aus der objektiven Welt der Sprache stammen, verschafft Janáček den Zugang zu einer anderen Inspiration, einer anderen

Quelle der melodischen Phantasie; seine Melodien (vielleicht ist er der letzte große Melodiker in der Geschichte der Musik) haben folglich einen sehr spezifischen Charakter und sind sofort zu erkennen:

a) im Gegensatz zu Strawinskys Maxime (»seien Sie sparsam mit Ihren Intervallen, behandeln Sie sie wie Dollars«) enthalten sie zahlreiche ungewöhnlich große Intervalle, die bis dahin in einer »schönen« Melodie undenkbar waren;

b) sie sind sehr kurz, dicht und mit den herkömmlichen Techniken fast unmöglich zu entwickeln, auszudehnen, zu erarbeiten; diese Techniken würden sie sofort falsch, künstlich, »verlogen« erscheinen lassen, anders gesagt: sie werden auf ihre eigene Weise entwickelt: entweder wiederholt (hartnäckig wiederholt) oder in der Art von gesprochener Rede behandelt: zum Beispiel zunehmend *intensiviert* (nach dem Vorbild von jemandem, der insistiert, flehentlich bittet), etc;

2) *seine psychologische Orientierung*: was Janáček bei seinen Untersuchungen zur gesprochenen Sprache in erster Linie interessierte, war nicht der spezifische Rhythmus der (tschechischen) Sprache, ihre Prosodie (in Janáčeks Opern finden sich keine Rezitative), sondern der Einfluß, den die momentane psychische Verfassung des Sprechenden auf die gesprochene Intonation hat; er versuchte, die *Semantik der Melodien* zu verstehen (auf diese Weise erscheint er als Antipode von Strawinsky, der der Musik keine Ausdrucksfähigkeit einräumte; für Janáček hat nur die Note, die Ausdruck ist, die Emotion ist, ein Recht zu existieren); indem Janáček das Verhältnis zwischen Intonation und Emotion erforschte, erlangte er als Komponist eine einzigartige psychologische Hellsichtigkeit; sein wahrhaft *psychologischer Furor* (denken wir daran, daß Adorno bei Strawinsky von »antipsychologischem Furor« spricht) hat sein ganzes Werk geprägt; deswegen hat er sich speziell der Oper zugewandt, denn dort konnte sich die Fähigkeit, »Emotionen musikalisch zu definieren«, besser als anderswo verwirklichen und bewähren.

Was ist ein Gespräch in der Wirklichkeit, in der konkreten Gegenwart? Wir wissen es nicht. Wir wissen nur, daß die Gespräche auf der Bühne, im Roman und sogar im Rundfunk nicht realen Gesprächen gleichen. Das war mit Sicherheit eine von Hemingways künstlerischen Obsessionen: die Struktur eines realen Gesprächs zu erfassen. Versuchen wir, diese Struktur zu definieren, indem wir sie mit der des Theaterdialogs vergleichen:

a) *auf dem Theater*: die dramatische Geschichte wird im und durch den Dialog realisiert; dieser ist also voll und ganz auf die Handlung konzentriert, auf ihren Sinn, ihren Inhalt; *in der Realität*: der Dialog ist umgeben vom Alltäglichen, das ihn unterbricht, verzögert, seine Entwicklung beeinflußt, ihn ablenkt, unsystematisch und unlogisch macht;

b) *auf dem Theater*: der Dialog soll dem Zuschauer die verständlichste, klarste Vorstellung vom dramatischen Konflikt und den Personen vermitteln; *in der Realität*: die Personen, die sich unterhalten, kennen einander, und sie kennen den Gesprächsgegenstand; also ist ihr Dialog für einen Dritten nie ganz verständlich; er bleibt rätselhaft, wie eine dünne Schicht des Gesagten über der unendlichen Menge des Ungesagten;

c) *auf dem Theater*: die begrenzte Spielzeit bedingt eine äußerst sparsame Verwendung der Wörter im Dialog; *in der Realität*: die Personen kommen auf ein bereits besprochenes Thema zurück, sie wiederholen sich, korrigieren, was gerade gesagt wurde, etc; diese Wiederholungen und Ungeschicklichkeiten verraten etwas über die fixen Ideen der Personen und verleihen dem Gespräch eine spezifische Melodie.

Hemingway hat es nicht nur verstanden, die Struktur des realen Dialogs zu erfassen, sondern, davon ausgehend, auch noch eine *Form* zu schaffen, eine einfache, transparente, reine und schöne Form, wie sie in *Hügel wie weiße Elefanten* erscheint: das Gespräch zwischen dem Amerikaner und dem Mädchen beginnt *piano*, mit belanglosen Bemerkungen; die

Wiederholungen derselben Wörter, derselben Wendungen durchziehen die ganze Erzählung und verleihen ihr eine melodische Einheit (diese Melodisierung eines Dialogs ist bei Hemingway so augenfällig, so faszinierend); das Dazwischentreten der Wirtin, die Getränke bringt, bremst die Spannung, die dennoch fortwährend steigt, ihren Höhepunkt gegen Ende erreicht (»bitte, bitte, bitte«), und dann, mit den letzten Worten, in einem *pianissimo* ausklingt.

8

»Es war am 15. Februar 1922 gegen Abend. In der Sechs-Uhr-Dämmerung, beim Bahnhof. Auf dem erhöhten Gehsteig zitterte die Größere, mit gesunden rosigen Wangen und in einen roten Wintermantel gekleidet.

Überstürzt begann sie zu reden:

Ihre Begleiterin, mit blassen Wangen und in einem dunklen ärmlichen Rock, unterbrach den letzten Ton durch das düstere, traurige Echo ihrer Seele:

Und sie rührte sich nicht, halb Revolte, halb Erwartung.«

So beginnt einer jener Texte, die Janáček, mit seiner musikalischen Notation, regelmäßig in einer tschechischen Zeitung veröffentlichte.

Stellen wir uns vor, der Satz »Wir werden hier stehn, und ich weiß, er kommt nicht« sei eine wörtliche Rede in einer Erzählung, die ein Schauspieler einem Publikum vorliest. Vermutlich würden wir aus seiner Intonation eine gewisse Falschheit heraushören. Er spräche den Satz so aus, wie man ihn sich in der Erinnerung vorstellen kann; oder ganz einfach so, daß er seine Zuhörer rührt. Wie aber spricht man diesen Satz in einer realen Situation aus? Welches ist die *melodische Wahrheit* dieses Satzes? Welches ist die melodische Wahrheit eines verlorenen Augenblicks?

Die Suche nach der verlorenen Gegenwart; die Suche nach der melodischen Wahrheit eines Augenblicks; der Wunsch, dieser entfliehenden Wahrheit habhaft zu werden und sie festzuhalten; der Wunsch, das Geheimnis der unmittelbaren Realität zu ergründen, die ständig aus unserem Leben entschwindet und es so zur unbekanntesten Sache der Welt macht. Hier liegt meiner Meinung nach der ontologische Sinn der Untersuchungen zur gesprochenen Sprache und möglicherweise der ontologische Sinn von Janáčeks gesamter Musik.

Jenufa, zweiter Akt: nach Tagen des Kindbettfiebers steht Jenufa wieder auf und erfährt, daß ihr Neugeborenes tot ist. Ihre Reaktion ist überraschend: »So ist es gestorben, ist schon ein Englein im Himmel.« Und sie singt diese Sätze ruhig, sonderbar erstaunt, wie gelähmt, ohne Schreie, ohne Gesten. Die melodische Linie steigt mehrmals an, um sofort wieder abzufallen, als sei auch sie von einer Lähmung erfaßt; sie ist schön, sie ist ergreifend, ohne dabei aufzuhören, *präzise* zu sein.

Vítezslav Novák, der einflußreichste Komponist jener Zeit, spöttelte über diese Szene: »Es ist, als beklage Jenufa den Tod ihres Papageis.« In diesem einfältigen Sarkasmus ist alles enthalten. Natürlich stellt man sich eine Frau, die vom Tod ihres

Kindes erfährt, nicht so vor! Aber ein Ereignis, wie man es sich vorstellt, hat nicht viel gemein mit dem gleichen Ereignis, wie es *ist*, wenn es eintrifft.

Janáček komponierte seine ersten Opern nach sogenannten realistischen Theaterstücken; in seiner Zeit war das bereits ein Verstoß gegen die Konventionen; aber da ihn nach dem Konkreten verlangte, kam ihm selbst die Form des Prosastücks schon bald künstlich vor: also verfaßte er die Libretti seiner beiden kühnsten Opern selbst, das eine, für *Das schlaue Füchslein*, nach einem Feuilleton in einer Tageszeitung, das andere nach Dostojewski; nicht nach einem Roman (es gibt keine größeren Fallen des Unnatürlichen und Theatralischen als Dostojewskis Romane!), sondern nach einer »Reportage« über ein sibirisches Straflager: *Aus einem Totenhaus.*

Wie Flaubert war Janáček von der Koexistenz verschiedener emotionaler Inhalte in einer einzigen Szene fasziniert (er teilte Flauberts Vorliebe für »antithetische Motive«); so unterstreicht das Orchester bei ihm nicht den emotionalen Inhalt des Gesangs, es widerspricht ihm vielmehr sehr oft. Eine Szene in *Das schlaue Füchslein* hat mich immer besonders berührt: In der Gastwirtschaft im Wald plaudern der Förster, der Schulmeister und die Frau des Wirts: sie erinnern sich an nicht anwesende Freunde, den Wirt, der sich an diesem Tag in der Stadt aufhält, den Pfarrer, der weggezogen ist, eine Frau, in die der Schulmeister verliebt war und die an diesem Tag heiratet. Das Gespräch ist völlig banal (noch nie vor Janáček konnte man auf einer Opernbühne eine derart undramatische und banale Situation sehen), der Orchesterpart ist jedoch von einer kaum erträglichen Wehmut, wodurch die Szene zu einer der schönsten Elegien wird, die je über die Vergänglichkeit der Zeit geschrieben worden sind.

Vierzehn Jahre lang hatte der Direktor der Prager Oper, ein gewisser Kovařovic, Dirigent und ein nicht einmal mittelmäßiger Komponist, *Jenufa* abgelehnt. Als er endlich nachgab (1916, er selbst dirigiert die Prager Uraufführung), hörte er deswegen nicht auf, Janáček Dilettantismus zu unterstellen, er brachte an der Partitur zahlreiche Veränderungen an, korrigierte die Orchestrierung und nahm sogar zahlreiche Streichungen vor.

Sollte Janáček sich dagegen nicht aufgelehnt haben? Aber gewiß, gewiß, doch hängt bekanntlich alles vom Kräfteverhältnis ab. Und er war der Schwache. Er war zweiundsechzig Jahre alt und praktisch unbekannt. Hätte er zu stark aufbegehrt, hätte er weitere zehn Jahre auf die Uraufführung seiner Oper warten können. Übrigens waren selbst seine Anhänger, durch den unerwarteten Erfolg ihres Meisters euphorisch gestimmt, alle einhellig der Meinung: Kovařovic hat eine phantastische Arbeit geleistet! Zum Beispiel die letzte Szene!

Die letzte Szene: Nachdem Jenufas uneheliches Kind ertrunken aufgefunden worden ist, nachdem die Stiefmutter ihr Verbrechen gestanden hat und von der Polizei abgeführt worden ist, bleiben Jenufa und Laca allein. Laca, der Mann, dem Jenufa einen anderen vorgezogen hat und der sie immer noch liebt, beschließt, bei ihr zu bleiben. Dieses Paar hat nichts als Elend, Schande, Verbannung zu erwarten. Eine unnachahmliche Atmosphäre: resigniert, traurig und trotzdem von grenzenlosem Mitgefühl getragen. Harfe und Streicher, der sanfte Klang des Orchesters; das große Drama geht zu Ende, klingt unerwartet in einem ruhigen Gesang aus, rührend und intim.

Darf man eine Oper so beenden? Kovařovic hat dieses Ende in eine wahre Apotheose der Liebe verwandelt. Wer würde es wagen, etwas gegen eine Apotheose zu haben? Übrigens gibt es nichts Einfacheres als eine Apotheose: man fügt Blasinstrumente hinzu, die die Melodie in kontrapunktischer Imitation unterstreichen. Ein wirkungsvolles, tausendmal bewährtes Verfahren. Kovařovic verstand sein Handwerk.

Von seinen tschechischen Landsleuten übergangen und gedemütigt, fand Janáček bei Max Brod entschlossene und treue Unterstützung. Doch als Brod die Partitur von *Das schlaue Füchslein* studiert, ist er unzufrieden mit dem Schluß. Die letzten Worte der Oper: ein Scherz, den ein kleiner Frosch stotternd dem Förster erzählt: »Wa wa was Sie zu sehen gla gla glauben, das bi bi bin nicht ich, das i i ist mein Großpapa.« »Mit dem Frosch zu schließen, ist unmöglich«, protestiert Brod in einem Brief und schlägt als letzten Satz der Oper eine feierliche Verkündigung vor, die der Förster singen sollte: über die Erneuerung der Natur, die ewige Kraft der Jugend. Noch eine Apotheose.

Doch diesmal gehorcht Janáček nicht. Da er außerhalb seines Landes Anerkennung genießt, ist er nicht mehr schwach. Vor der Uraufführung von *Aus einem Totenhaus* ist er es wieder, denn er ist tot. Der Schluß der Oper ist meisterhaft: der Held wird aus dem Lager entlassen. »Freiheit! Freiheit!« schreien die Sträflinge. Dann brüllt die Wache: »Marsch!«, und das sind die letzten Worte der Oper, die mit dem brutalen Rhythmus der Zwangsarbeit endet, der durch den synkopisch eingesetzten Klang der Ketten noch unterstrichen wird. Die Uraufführung, die postum stattfand, wurde von einem Schüler Janáčeks dirigiert (demselben, der auch das nicht ganz vollendete Manuskript der Partitur zum Druck vorbereitete). Er pfuschte ein wenig an den letzten Seiten herum: so fand der Ruf: »Freiheit! Freiheit!« sich am Schluß wieder, ergänzt durch eine lange, hinzugefügte Coda, eine fröhliche Coda, eine (noch eine) Apotheose. Dies ist keine Hinzufügung, die die Absicht des Autors in redundanter Weise fortsetzt; es ist die Negation dieser Absicht; die abschließende Lüge, in der die Wahrheit der Oper aufgehoben wird.

Ich schlage die von Jeffrey Meyers, Literaturprofessor an einer amerikanischen Universität, 1985 geschriebene Hemingway-Biographie auf, und ich lese die Passage über *Hügel wie weiße Elefanten*. Das erste, was ich erfahre: die Erzählung »schildert vielleicht Hemingways Reaktion auf Hadleys [Hemingways erste Ehefrau, M. K.] zweite Schwangerschaft«. Es folgt der Kommentar, zu dem ich, in Klammern, meine eigenen Bemerkungen anfüge:

»Der Vergleich der Hügel mit weißen Elefanten, irrealen Tieren, die unnötige Elemente darstellen wie ein unerwünschtes Baby, ist entscheidend für den Sinn der Geschichte (*der ein bißchen weit hergeholte Vergleich der Elefanten mit unerwünschten Babys stammt nicht von Hemingway, sondern vom Professor; er soll die sentimentale Interpretation der Erzählung vorbereiten*). Er wird zum Gesprächsthema und zeigt den Gegensatz zwischen der phantasievollen, von der Landschaft gerührten Frau und dem Mann mit dem spießigen Geist, der sich weigert, ihren Standpunkt zu übernehmen. [...] Das Thema der Erzählung entwickelt sich aus einer Reihe von Polaritäten: das Natürliche gegen das Künstliche, das Instinktive gegen das Rationale, das Reflexive gegen das Geschwätzige, das Lebendige gegen das Krankhafte (*die Absicht des Professors wird klar: aus der Frau den positiven, aus dem Mann den negativen Pol der Moral zu machen*). Der egozentrische Mann (*nichts erlaubt uns, den Mann als egozentrisch zu bezeichnen*), völlig unempfänglich für die Gefühle der Frau (*nichts erlaubt uns, dies zu behaupten*), bemüht sich, sie zur Abtreibung zu überreden, damit sie wieder genauso sein können wie zuvor. [...] Die Frau, für die die Abtreibung etwas total Widernatürliches ist, hat große Angst, das Kind zu töten (*sie kann das Kind nicht töten, da es noch gar nicht geboren ist*) und Schmerzen zu erleiden. Alles, was der Mann sagt, ist falsch (*nein: alles, was der Mann sagt, sind banale Trostworte, das einzig Mögliche in solch einer Situation*); alles, was die

Frau sagt, ist ironisch (*es gibt viele andere Möglichkeiten, die Aussagen des Mädchens zu erklären*). Er zwingt sie, in diese Operation einzuwilligen («*Ich will nicht, daß du es dir machen läßt, wenn du's nicht willst*», sagt er zweimal, *und nichts beweist, daß er nicht aufrichtig ist*), um seine Liebe zurückzuerobern (*nichts beweist, daß sie die Liebe dieses Mannes je besessen oder aber verloren hat*), doch allein schon die Tatsache, daß er so etwas von ihr verlangen kann, bedeutet, daß sie ihn nie mehr wird lieben können (*nichts erlaubt uns zu sagen, was sich nach der Bahnhofszene abspielen wird*). Sie akzeptiert diese Form der Selbstzerstörung (*die Zerstörung des Foetus und die Zerstörung der Frau ist nicht das gleiche*), nachdem sie, wie der von Dostejewski beschriebene Mensch im Kellerloch oder Kafkas Josef K., einen Grad der Verdoppelung ihrer Persönlichkeit erreicht hat, der nur noch die Haltung des Mannes widerspiegelt: «Dann werde ich's machen. Es geht ja nicht um mich.» (*Die Haltung eines anderen widerzuspiegeln bedeutet nicht eine Verdoppelung, sonst wären alle Kinder, die ihren Eltern gehorchen, verdoppelt und Josef K. ähnlich.*) Dann entfernt sie sich von ihm [...] und findet Trost in der Natur; in den Getreidefeldern, den Bäumen, dem Fluß und den fernen Hügeln. Ihre friedvolle Betrachtung (*wir erfahren nichts über die Gefühle, die der Anblick der Natur im Inneren des Mädchens wachruft; auf keinen Fall aber sind sie friedvoll in Anbetracht ihrer bitteren Worte unmittelbar danach*), als sie den Blick hilfesuchend den Hügeln zuwendet, erinnert an den Psalm 121 (*je sparsamer der Stil Hemingways, desto geschraubter der Stil seines Kommentators*). Diese Gemütsverfassung wird jedoch vom Mann zerstört, der darauf beharrt, das Gespräch fortzusetzen (*lesen wir die Erzählung aufmerksam: es ist nicht der Amerikaner, es ist das Mädchen, das, nachdem sie sich kurz entfernt hat, als erste zu reden anfängt und das Gespräch fortsetzt; der Mann sucht nicht ein Gespräch, er will das Mädchen nur beruhigen*), und sie an den Rand einer Nervenkrise bringt. Also richtet sie einen frenetischen Appell an ihn: ›Würdest du mir jetzt einen Gefallen

tun? [...] Würdest du bitte, bitte [...] still sein,‹ was an König
Lears ›Niemals, niemals, niemals, niemals‹ erinnert (*die Er-*
wähnung von Shakespeare ist ebenso unsinnig wie es die Er-
wähnung von Dostejewski und Kafka war).«

Fassen wir die Zusammenfassung zusammen:

1) In der Interpretation des amerikanischen Professors wird
die Erzählung zu einer Morallektion: die Personen werden
aufgrund ihrer Einstellung zur Abtreibung, die a priori als das
Böse gilt, beurteilt: so stellt die Frau (»phantasievoll«, »von
der Landschaft gerührt«) das Natürliche, Lebendige, Instinktive, Reflexive dar; der Mann (»egozentrisch«, »spießig«) das
Künstliche, Rationale, Geschwätzige, Krankhafte (halten wir
beiläufig fest, daß im Diskurs der Moderne über die Moral das
Rationale das Böse und das Instinktive das Gute verkörpert);

2) die Annäherung an die Biographie des Autors (und das
perfide Ersetzen von *girl* durch *woman*) gibt zu verstehen,
daß Hemingway selbst der negative und unmoralische Held
ist, der mit Hilfe der Erzählung eine Art Geständnis ablegt; in
diesem Fall verliert der Dialog seinen rätselhaften Charakter,
die Personen haben kein Geheimnis und sind für jemanden,
der Hemingways Biographie gelesen hat, vollkommen festgelegt und klar bestimmt;

3) der originelle ästhetische Charakter der Erzählung (ihr
Antipsychologismus, die bewußte Verschleierung der Vergangenheit der Personen, der undramatische Charakter etc.) wird
nicht berücksichtigt; schlimmer noch, dieser ästhetische Charakter wird *aufgehoben*;

4) ausgehend von den Grundelementen der Erzählung (ein
Mann und ein Mädchen verreisen zu einer Abtreibung), erfindet der Professor seine eigene Erzählung: ein *egozentrischer*
Mann ist dabei, *seine Ehefrau* zu einer Abtreibung zu zwin-
gen; die Frau *verachtet* ihren Mann, *den sie nie mehr wird lie-*
ben können;

5) diese zweite Erzählung ist absolut flach und besteht nur
aus Klischees; trotzdem behält sie dadurch, daß sie nacheinander mit Dostojewski, Kafka, der Bibel und Shakespeare ver-

glichen wird (dem Professor ist es gelungen, die größten Autoritäten aller Zeiten in einem einzigen Absatz zu versammeln), ihren Status eines bedeutenden Werks und rechtfertigt derart das Interesse, das der Professor ihr trotz der moralischen Armseligkeit ihres Autors bekundet.

11

Auf diese Art und Weise bringt eine verkitschende Interpretation den Kunstwerken den Tod. Ungefähr vierzig Jahre bevor der amerikanische Professor der Erzählung diese moralische Bedeutung aufpfropfte, wurde *Hügel wie weiße Elefanten* in Frankreich unter dem Titel *Paradis perdu* übersetzt, ein Titel, der nicht von Hemingway stammt (in keiner anderen Sprache der Welt trägt die Erzählung diesen Titel) und die gleiche Bedeutung suggeriert (verlorenes Paradies: Unschuld vor der Abtreibung, Glück der verheißenen Mutterschaft etc. etc.).

Tatsächlich ist die verkitschende Interpretation nicht der persönliche Fehler eines amerikanischen Professors oder eines Prager Dirigenten vom Beginn des Jahrhunderts (nach ihm haben viele andere Dirigenten dessen Korrekturen an *Jenufa* gebilligt); es ist eine aus dem kollektiven Unbewußten hervorgegangene Verführung; eine Einflüsterung des metaphysischen Souffleurs; eine permanente gesellschaftliche Forderung; eine Macht. Diese Macht hat nicht nur die Kunst im Visier, sondern die Realität an sich. Sie tut das Gegenteil von dem, was Flaubert, Janáček, Joyce, Hemingway taten. Sie wirft den Schleier der Gemeinplätze über den gegenwärtigen Augenblick, um das Gesicht des Realen verschwinden zu lassen.

Damit du niemals erfährst, was du erlebt hast.

Sechster Teil

Werke und Spinnen

I

»Ich denke.« Nietzsche bezweifelt diese durch eine grammati-
kalische Konvention diktierte Behauptung, die verlangt, daß
jedes Verb ein Subjekt habe. In der Tat ist er der Ansicht, daß
»ein Gedanke kommt, wenn ›er‹ will, und nicht wenn ›ich‹
will; so daß es eine F ä l s c h u n g des Thatbestandes ist, zu sagen: das Subjekt ›ich‹ ist die Bedingung des Prädikats
›denke‹«. Der Philosoph ist jemand, »der von seinen eignen
Gedanken wie von Außen her, wie von Oben und Unten her,
als von s e i n e r Art Ereignissen und Blitzschlägen getroffen
wird«. Der Gedanke kommt raschen Schritts. Denn Nietzsche liebt »eine kühne ausgelassene Geistigkeit, welche presto
läuft« und macht sich über die Gelehrten lustig, die den Gedanken als etwas anderes ansehen, »als etwas Langsames, Zö-
gerndes, beinahe als eine Mühsal und oft genug als ›des
S c h w e i ß e s der Edlen werth‹ – aber ganz und gar nicht als
etwas Leichtes, Göttliches und dem Tanze, dem Übermuthe,
Nächst-Verwandtes«.

An anderer Stelle schreibt Nietzsche, der Philosoph dürfe
»Dinge und Gedanken, auf die er anders gekommen ist, nicht
mit einem falschen Arrangement von Deduktion und Dialek-
tik ›fälschen‹. [...] Man soll die T h a t s a c h e , wie uns unsere
Gedanken gekommen sind, nicht verhehlen und verderben.
Die tiefsten und unerschöpftesten Bücher werden wohl immer etwas von dem aphoristischen und plötzlichen Charakter
von Pascals *Pensées* haben.«

»Die Tatsache, wie uns unsere Gedanken gekommen sind,
nicht verderben«: ich finde diesen Imperativ großartig; und
mir fällt auf, daß seit *Morgenröthe* die Kapitel in allen seinen

Büchern *in einem einzigen Absatz* geschrieben sind: damit der Gedanke in einem Atemzug ausgesprochen wird; damit er so festgehalten wird, wie er sich in dem Moment darstellte, als er, rasch und tänzelnd, auf den Philosophen zukam.

2

Nietzsches Forderung, »die Tatsache, wie uns unsere Gedanken gekommen sind«, zu bewahren, ist nicht zu trennen von seinem anderen Imperativ, der es mir ebenso angetan hat wie der erste: der Versuchung zu widerstehen, seine Ideen in ein System zu transformieren. Jedes philosophische System »steht heute mit betrübter und muthloser Haltung da. We n n es überhaupt noch steht.« Der Angriff zielt auf den unausweichlichen Dogmatismus eines systematisierenden Denkens nicht weniger als auf dessen Form: »Es giebt eine Schauspielerei der Systematiker: indem sie *ein System ausfüllen wollen* und den Horizont darum rund machen, müssen sie versuchen, *ihre schwächeren Eigenschaften im Stile ihrer stärkeren auftreten zu lassen* […]« Ich habe die letzten Worte hervorgehoben: in einer philosophischen Abhandlung, die ein System enthält, muß es notwendigerweise auch schwache Stellen geben; nicht weil es dem Philosophen an Talent mangelte, sondern weil die Form der Abhandlung es verlangt; denn bevor der Philosoph zu seinen innovativen Schlußfolgerungen gelangt, ist er verpflichtet zu erklären, was andere von dem Problem halten, sie zu widerlegen, andere Lösungen vorzuschlagen, die beste auszuwählen, Argumente für sie anzuführen, solche, die überraschen, neben solchen, die sich von selber verstehen, etc., weshalb der Leser nicht übel Lust hat, Seiten zu überspringen, um endlich zum Kern der Sache, zum originellen Gedanken des Philosophen, zu gelangen.

In seinen *Vorlesungen über die Ästhetik* schenkt Hegel uns von der Kunst ein wunderbar synthetisches Bild; man ist fasziniert von diesem Adlerblick; doch der Text an sich ist weit davon entfernt, faszinierend zu sein, er läßt uns den Gedanken nicht sehen, wie er sich, verführerisch, dem Philosophen zeigte, als er auf ihn zukam. »Indem er sein System ausfüllen wollte«, beschreibt Hegel jedes Detail, Stück für Stück, Zentimeter um Zentimeter, so daß seine *Ästhetik* den Eindruck eines Werks hinterläßt, an dem ein Adler und Hunderte heldenhafter Spinnen mitgearbeitet haben, die ihre Netze webten, um sämtliche Ecken und Winkel auszufüllen.

3

Für André Breton (*Die Manifeste des Surrealismus*) ist der Roman eine »niedere Gattung«; sein Stil ist der »bloßer Information«; der Charakter der gegebenen Informationen ist »unnötig detailliert« (»kein Zögern des Helden wird mir erspart: wird er blond sein, wie wird er heißen ...?«); und die Beschreibungen: »Nichts läßt sich mit deren Nichtigkeit vergleichen; es handelt sich nur um übereinandergeschichtete Katalogbilder«; als Beispiel folgt das Zitat eines Absatzes aus *Verbrechen und Strafe*, eine Beschreibung von Raskolnikows Zimmer, mit folgendem Kommentar: »Man wird behaupten, diese Schülerzeichnung sei hier angebracht und der Autor habe an dieser Stelle des Buches seine Gründe, mich mit Details zu überschütten.« Doch Breton hält diese Gründe für irrelevant, denn: »ich mache kein Aufhebens von den nichtigen Augenblicken meines Lebens.« Dann die Psychologie: lange Exposés, die bewirken, daß alles schon im voraus bekannt ist: »dieser Held, dessen Handlungen und Reaktionen so fabelhaft geplant sind, ist verpflichtet, die Berechnungen, deren Gegenstand er ist, nicht zu vereiteln, wobei er sich allerdings so verhält, als täte er genau das.«
Trotz des voreingenommenen Charakters dieser Kritik darf man sie nicht unbeachtet lassen; sie bringt die Vorbehalte der modernen Kunst gegenüber dem Roman getreulich zum Ausdruck. Ich rekapituliere: Informationen; Beschreibungen;

unnötige Aufmerksamkeit für die nichtigen Momente der Existenz; die Psychologie, die alle Reaktionen der Personen im voraus bekannt macht; kurz, um alle diese Vorwürfe in einem einzigen zusammenzufassen: es ist der fatale Mangel an Poesie, der den Roman in Bretons Augen zu einer niederen Gattung macht. Ich spreche von der Poesie, wie die Surrealisten und die ganze moderne Kunst sie gepriesen haben, die Poesie nicht als literarische Gattung, als Versdichtung, sondern als ein bestimmter Begriff der Schönheit, als Explosion des Wunderbaren, als erhabener Moment des Lebens, konzentrierte Emotion, Originalität des Blicks, faszinierende Überraschung. In Bretons Augen ist der Roman *Un-Poesie* par excellence.

4

Die Fuge: ein einziges Thema löst eine kontrapunktische Verknüpfung von Melodien aus, einen Strom, der während seines ganzen langen Laufs den gleichen Charakter, den gleichen Rhythmus, seine Einheit bewahren wird. Nach Bach, mit der Klassik, ändert sich alles: das melodische Thema wird geschlossen und kurz; durch seine Kürze wird die Monothematik praktisch unmöglich; um eine *große Komposition* (im Sinne der architektonischen Organisation eines großen Klangvolumens) zu schaffen, ist der Komponist gezwungen, ein Thema auf das andere folgen zu lassen; auf diese Weise entsteht eine neue Kunst der Komposition, die sich auf exemplarische Weise in der Sonate verwirklicht, der Hauptform der klassischen und romantischen Epoche.

Um ein Thema auf ein anderes folgen zu lassen, benötigte man Übergänge oder, wie César Franck sagte, *Brücken*. Das Wort »Brücke« macht klar, daß es in einer Komposition Passagen gibt, die einen Sinn in sich selbst haben (die Themen) und andere, die im Dienste dieser ersten stehen, ohne deren Intensität oder Bedeutung. Wenn man Beethoven hört, so hat man den Eindruck, daß sich der Grad der Intensität ständig verändert: Zeitweise bereitet sich etwas vor, dann ist es da, dann nicht mehr, und man wartet auf etwas anderes.

Der Grundwiderspruch der Musik der zweiten Zeit (Klassik und Romantik): sie sieht ihre Daseinsberechtigung in der Fähigkeit, Gefühle auszudrücken, gleichzeitig jedoch vervollkommnet sie ihre Brücken, Codas, Durchführungen, die allein von der Form verlangt werden und aus einer Kunstfertigkeit hervorgehen, die nichts Persönliches hat, erlernbar ist und nur schwer auf Routine und allgemein bekannte musikalische Floskeln verzichten kann (die sich manchmal sogar bei den größten, Mozart und Beethoven, finden, bei unbedeutenderen Zeitgenossen aber im Überfluß vorhanden sind). So besteht ständig die Gefahr, daß Inspiration und Technik auseinanderklaffen; es entsteht eine *Dichotomie* zwischen Spontanem und Handwerklichem; zwischen dem, was eine Emotion unmittelbar ausdrücken will, und dem, was eine technische Durchführung dieser gleichen, in Musik gefaßten Emotion ist; zwischen den Themen und der *Füllung* (ein abwertender, obwohl durchaus objektiver Begriff: horizontal muß die Zeit zwischen den Themen und vertikal der Orchesterklang tatsächlich »ausgefüllt« werden).

Man erzählt sich, daß Mussorgski, als er auf dem Klavier eine Schumann-Symphonie spielte, vor der Durchführung innehielt und ausrief: »Hier beginnt die musikalische Mathematik!« Dieser berechnende, pedantische, gelehrte, schulmeisterliche, nichtinspirierte Aspekt veranlaßte Debussy zu der Bemerkung, daß die Symphonien nach Beethoven zu »steifen Fleißübungen« geworden seien und die Musik von Brahms mit der von Tschaikowsky »um das Monopol der Langeweile« wetteifere.

5

Diese der klassischen und romantischen Musik inhärente Dichotomie bedeutet nicht, daß diese Musik weniger wert wäre
als die anderer Epochen; die Kunst einer jeden Epoche weist
strukturelle Schwierigkeiten auf; sie sind es, die den Komponisten herausfordern, nach neuen Lösungen zu suchen, und
damit die Entwicklung der Form vorantreiben. Die Musik der
zweiten Zeit war sich dieser Schwierigkeit übrigens bewußt.
Beethoven: er verlieh der Musik eine vor ihm nie gekannte expressive Intensität und perfektioniert zugleich wie kein zweiter die Kompositionstechnik der Sonate: diese Dichotomie
machte ihm also ganz besonders zu schaffen; um sie zu überwinden (man kann nicht behaupten, es sei ihm immer geglückt), erfand er verschiedene Strategien:

zum Beispiel, indem er dem musikalischen Material außerhalb der Themen, einer Tonleiter, einem Arpeggio, einer
Überleitung, einer Coda unerwartete Expressivität verlieh;

oder (zum Beispiel), indem er der Kompositionsform der
Variationen einen neuen Sinn gab, die vor ihm zumeist nur
technische Virtuosität, zudem eher frivole Virtuosität war: als
ließe man ein einziges Mannequin in verschiedenen Kleidern
über den Laufsteg gehen; Beethoven kehrte den Sinn dieser
Form um und fragte: welches sind die in einem Thema verborgenen melodischen, rhythmischen, harmonischen Möglichkeiten? wie weit kann man in der klanglichen Verwandlung
eines Themas gehen, ohne dessen Wesen zu verraten? und davon ausgehend, was ist dieses Wesen? Daß Beethoven sich
diese musikalischen Fragen stellte, ersparte ihm die Konsequenzen der Sonatenform, er brauchte weder Brücken noch
Durchführungen oder eine Füllung; keinen Augenblick befindet er sich außerhalb dessen, was für ihn wesentlich ist, außerhalb des Geheimnisses des Themas.

Es wäre interessant, die ganze Musik des 19. Jahrhunderts
daraufhin zu untersuchen, inwieweit sie ein Versuch ist, ihre
strukturelle Dichotomie zu überwinden. Dabei denke ich an

das, was ich *Chopins Strategie* nennen würde. Ebenso wie Tschechow keinen einzigen Roman geschrieben hat, verschmäht Chopin die *große Komposition* und komponiert fast ausschließlich Stücke, die in Einzelbänden versammelt sind (Mazurkas, Polonarsen, Nocturnes etc.) (Einige Ausnahmen bestätigen die Regel: seine Klavierkonzerte sind schwach.) Er verhielt sich gegen den Geist seiner Zeit, der es als obligatorisches Kriterium für die Bedeutung eines Komponisten ansah, daß er eine Symphonie, ein Konzert, ein Quartett geschrieben hatte. Doch gerade dadurch, daß Chopin sich diesem Kriterium entzog, schuf er ein Werk, vielleicht das einzige seiner Epoche, das in keiner Hinsicht veraltet ist und *als ganzes*, praktisch ohne Ausnahme, lebendig bleiben wird. *Chopins Strategie* macht mir deutlich, weshalb mir bei Schumann, Schubert, Dvořák, Brahms die weniger umfangreichen Stücke von geringerem Klangvolumen, verglichen mit den Symphonien und Konzerten, lebendiger, schöner vorgekommen sind (oft sehr schön). Denn (eine wichtige Feststellung) die Grunddichotomie der Musik der zweiten Zeit ist ausschließlich das Problem der *großen Komposition*.

6

Greift Breton, wenn er die Kunst des Romans kritisiert, dessen Schwächen oder dessen Wesen an? Sagen wir, er greift vor allem die Anfang des 19. Jahrhunderts mit Balzac entstandene Romanästhetik an. Damals erlebt der Roman seine große Zeit, in der er sich erstmals als gewaltige soziale Kraft behauptet; ausgestattet mit einer fast hypnotischen Verführungskraft, nimmt er die Kinokunst vorweg: auf der Leinwand seiner Vorstellungskraft sieht der Leser die Szenen des Romans so real, daß er sie beinahe mit denen seines eigenen Lebens verwechselt; um seinen Leser zu fesseln, verfügt der Romancier über einen ganzen *Apparat zur Vortäuschung der Realität*; dieser Apparat jedoch erzeugt für die Kunst des Romans eine Dichotomie, die mit der in der klassischen und romantischen Musik vergleichbar ist:

da die minutiöse kausale Logik den Ereignissen den Anschein der Wahrscheinlichkeit gibt, darf kein Glied dieser Kette (wie uninteressant an sich es auch sein mag) ausgelassen werden;

da die Personen »lebendig« erscheinen sollen, müssen so viele Informationen wie möglich über sie zusammengetragen werden (selbst wenn sie alles andere als überraschend sind);

und hinzu kommt die Geschichte: früher war sie aufgrund ihrer langsamen Gangart praktisch unsichtbar, dann beschleunigte sie ihren Schritt, und plötzlich (das war Balzacs grundlegende Erfahrung) ist zu Lebzeiten der Menschen *alles* im Begriff, sich zu verändern, die Straßen, durch die sie spazieren, die Möbel in ihren Häusern, die Institutionen, von denen sie abhängen; der *Hintergrund* des menschlichen Lebens ist nicht mehr ein von vornherein bekanntes, starres Dekor, es wird veränderlich, sein heutiger Anblick ist dazu verdammt, morgen vergessen zu sein, man muß es also festhalten, malen (wie langweilig diese Bilder der vergehenden Zeit auch sein mögen).

Der Hintergrund: die Malerei hat ihn in der Renaissance entdeckt, mit der Perspektive, die das Bild aufteilt in das, was vorn ist, und das, was hinten ist. Daraus resultierte das besondere Problem der Form: zum Beispiel das Porträt: auf das Gesicht konzentriert sich mehr Aufmerksamkeit und Interesse als auf den Körper und noch mehr als auf die Draperien des Hintergrunds. Das ist ganz normal, so sehen wir die Welt um uns herum, doch was im Leben normal ist, entspricht nicht in gleichem Maße den formalen Ansprüchen in der Kunst: das Ungleichgewicht zwischen bevorzugten und a priori weniger wichtigen Stellen in einem Bild mußte behoben, wieder ausgeglichen werden. Oder durch eine neue, diese Dichotomie aufhebende Ästhetik radikal beseitigt.

Nach 1948, während der Jahre der kommunistischen Revolution in meinem Geburtsland, habe ich begriffen, welch außerordentliche Rolle die lyrische Verblendung zur Zeit des Terrors spielt; für mich war das die Epoche, als »der Dichter mit dem Henker regierte« (*Das Leben ist anderswo*). Damals dachte ich an Majakowski; für die russische Revolution war sein Genie ebenso unentbehrlich wie Dserschinskis Polizei. Lyrismus, lyrische Verbrämung, lyrische Rede, lyrischer Enthusiasmus sind integrale Bestandteile dessen, was man die totalitäre Welt nennt; diese Welt ist nicht der Gulag, es ist der Gulag, dessen Außenwände mit Versen verkleidet sind und vor denen man tanzt.

Mehr als der Terror war die lyrische Verbrämung des Terrors für mich ein Trauma. Seither bin ich für immer gegen alle lyrischen Versuchungen gefeit. Das einzige, was ich mir damals zutiefst und sehnlichst wünschte, war ein klarer und unverdorbener Blick. Schließlich habe ich ihn in der Kunst des Romans gefunden. Romancier zu sein bedeutete für mich deshalb mehr, als einer »literarischen Gattung« unter anderen zu huldigen; es war eine Haltung, eine Weisheit, eine Position; eine Position, die jegliche Identifikation mit einer Politik, einer Religion, einer Ideologie, einer Moral, einem Kollektiv ausschloß; eine bewußte, eigensinnige, wütende *Nicht-Identifikation*, verstanden nicht als Flucht oder Passivität, sondern als Widerstand, Herausforderung, Revolte. Das führte schließlich zu merkwürdigen Dialogen wie dem folgenden: »Sind Sie Kommunist, Herr Kundera?« – »Nein, ich bin Romancier.« »Sind Sie Dissident?« – »Nein, ich bin Romancier«. »Sind Sie rechts oder links?« – »Weder noch. Ich bin Romancier.«

Seit meiner frühen Jugend bin ich in die moderne Kunst verliebt, in ihre Malerei, ihre Musik, ihre Poesie. Die moderne Kunst aber war gekennzeichnet durch ihren »lyrischen Geist«, ihre Fortschrittsillusionen, ihre Ideologie der doppelten, ästhetischen und politischen Revolution, und allmählich konnte ich all das nicht mehr ertragen. Meine Skepsis gegenüber dem *Geist* der Avantgarde änderte freilich nichts an meiner Liebe zu den *Werken* der modernen Kunst. Ich liebte sie, und ich liebte sie um so mehr, als sie die ersten Opfer der stalinistischen Verfolgung wurden; Marek, in *Der Scherz*, wurde in ein Strafbataillon gesteckt, weil er die kubistische Malerei liebte; damals war das so: die Revolution hatte beschlossen, daß die moderne Kunst ihr ideologischer Feind Nummer eins sei, selbst wenn die armen Modernen sich nichts anderes wünschten, als die Revolution zu besingen und zu preisen; niemals werde ich Konstantin Biebl vergessen: ein hervorragender Dichter (wie viele seiner Verse habe ich auswendig gekonnt!), der als enthusiastischer Kommunist nach 1948 anfing, Propagandalyrik von ebenso konsternierender wie herzzerreißender Mittelmäßigkeit zu schreiben; etwas später brachte er sich um, er sprang aus dem Fenster auf das Pflaster von Prag; in seiner zarten Person sah ich, was mit der modernen Kunst geschah: verraten, gehörnt, gefoltert, durch Selbstmord gestorben.

Meine Treue der modernen Kunst gegenüber war also ebenso leidenschaftlich wie meine Zuneigung zum Antilyrismus des Romans. Die poetischen Werte, die Breton, die der ganzen modernen Kunst teuer waren (Intensität, Dichte, zügellose Phantasie, Verachtung für die »nichtigen Augenblicke des Lebens«), habe ich ausschließlich auf dem nüchternen Gebiet des Romans gesucht. Aber sie waren mir darum um so wichtiger. Was vielleicht erklärt, weshalb ich besonders allergisch war gegen die Art von Langeweile, die Debussy irritierte, wenn er Symphonien von Brahms oder Tschaikowsky hörte; allergisch gegen das Geräusch der arbeitsamen Spinnen. Was vielleicht erklärt, weshalb ich lange taub war für Balzacs Kunst und warum Rabelais der Romancier war, den ich ganz besonders verehrte.

8

Für Rabelais ist die Dichotomie von Themen und Brücken, von Vordergrund und Hintergrund etwas Unbekanntes. Flugs geht er von einem ernsten Sujet über zur Aufzählung der Methoden, die der kleine Gargantua erfand, um sich den Hintern abzuwischen, und dennoch haben alle Passagen, ob ernsthaft oder nichtig, bei ihm ästhetisch den gleichen Stellenwert, und sie bereiten mir das gleiche Vergnügen. Das ist es, was mich an ihm und anderen alten Romanciers bezaubert hat: sie sprechen von dem, was sie fasziniert, und halten inne, wenn die Faszination abklingt. Ihre Freiheit der Komposition hat mich in Träumereien versetzt: schreiben, ohne Spannung zu erzeugen, ohne eine Geschichte zu konstruieren und deren Wahrscheinlichkeit vorzutäuschen, schreiben, ohne eine Epoche, ein Milieu, eine Stadt zu beschreiben; all das aufgeben und nur mit dem Wesentlichen in Kontakt sein; was bedeutet: eine Komposition zu schaffen, in der Brücken und Füllungen keine Daseinsberechtigung haben und bei welcher der Romancier, um der Form und ihren Erfordernissen gerecht zu werden, nicht verpflichtet ist, sich auch nur einen Zoll breit von dem zu entfernen, was ihm am Herzen liegt, was ihn fasziniert.

9

Die moderne Kunst: eine Revolte gegen die Nachahmung der Realität, im Namen der autonomen Gesetze der Kunst. Eine der ersten praktischen Forderungen dieser Autonomie: daß alle Momente, alle Parzellen eines Werks die gleiche ästhetische Gewichtung haben.

Der Impressionismus: die als einfaches optisches Phänomen verstandene Landschaft, in welcher der darin befindliche Mensch nicht mehr Wert hat als ein Strauch. Die kubistischen und abstrakten Maler gingen noch weiter, indem sie die dritte

Dimension, die das Bild unweigerlich in verschiedene Ebenen von unterschiedlicher Gewichtung unterteilt, ausschalteten.

In der Musik gibt es die gleiche Tendenz hin zu einer ästhetischen Gleichwertigkeit aller Momente einer Komposition: Satie, dessen Schlichtheit nur eine provokative Ablehnung der übernommenen musikalischen Rhetorik ist. Debussy, der Zauberer, der Verfolger der gelehrten Spinnen. Janáček, der jede Note, die nicht unentbehrlich ist, unterdrückt. Strawinsky, der sich vom Erbe der Romantik und der Klassik abwendet und seine Vorgänger unter den Meistern der ersten Zeit der Musikgeschichte sucht. Webern, der zu einer spezifischen (das heißt dodekaphonischen) Monothematik zurückkehrt und eine Strenge erreicht, die sich vor ihm niemand vorstellen konnte.

Und der Roman: die Infragestellung von Balzacs berühmter Devise »der Roman muß dem ›état civil‹ (der Gesamtheit der amtlichen Eintragungen über einen Bürger) Konkurrenz machen«; diese Infragestellung hat nichts mit der Provokation von Avantgardisten zu tun, die sich darin gefallen, ihre Modernität zur Schau zu stellen, damit auch der Dümmste sie erkennt; sie unternimmt nichts anderes, als den Apparat zur Vortäuschung der Realität (auf diskrete Weise) unnötig (oder fast unnötig, fakultativ, unwichtig) zu machen. Dazu eine kleine Beobachtung:

Wenn eine Figur dem ›état civil‹ Konkurrenz machen soll, muß sie zunächst einmal einen richtigen Namen haben. Von Balzac bis Proust sind namenlose Figuren undenkbar. Aber Diderots Jacques le Fataliste hat keinen Familiennamen, und sein Herr weder Vor- noch Familiennamen. Panurge, ist das ein Vorname oder ein Familienname? Vornamen ohne Familiennamen, Familiennamen ohne Vornamen sind keine Namen mehr, sondern *Zeichen*. Der Protagonist von Kafkas *Prozeß* heißt nicht Josef Kaufmann oder Krammer oder Kohl, sondern Josef K. Die Hauptfigur von Kafkas *Schloß* wird sogar ihren Vornamen verlieren, um sich mit einem einzigen Buchstaben zu begnügen. Brochs *Die Schuldlosen*: einer der Protagonisten wird mit dem Buchstaben A. gekennzeichnet. In *Die Schlafwandler* haben Esch und Huguenau keine Vornamen. Der Protagonist von Musils *Mann ohne Eigenschaften*, Ulrich, hat keinen Familiennamen. Von meinen ersten Erzählungen an habe ich es instinktiv vermieden, meinen Figuren Namen zu geben. In *Das Leben ist anderswo* hat der Held nur einen Vornamen, seine Mutter wird mit dem Wort »Mutter« bezeichnet, seine Freundin als »die Rothaarige« und deren Geliebter als »der Vierzigjährige«. War das Manierismus? Ich handelte damals ganz spontan und begriff den Sinn erst später: ich gehorchte der Ästhetik der dritten Zeit: ich wollte den Leser nicht glauben machen, daß meine Figuren real wären und ein Familienstammbuch besäßen.

10

Thomas Mann: *Der Zauberberg*. Die sehr langen informativen Passagen über die Figuren, ihre Vergangenheit, ihre Art, sich zu kleiden, ihre Art zu reden (mit allen Sprachticks), etc.; eine sehr detaillierte Beschreibung des Lebens im Sanatorium; eine Beschreibung des historischen Zeitpunkts (der Jahre vor dem Ersten Weltkrieg): zum Beispiel die gesellschaftlichen Gebräuche von damals: die Leidenschaft für die eben erst entdeckte Fotografie, die Schwärmerei für Schokolade, mit geschlossenen Augen angefertigte Zeichnungen, Esperanto, Patiencen, den Phonographen, Spiritismussitzungen (als echter Romancier charakterisiert Thomas Mann eine Epoche durch Gebräuche, die zum Vergessen verurteilt sind und sich der banalen Historiographie entziehen). Der weitschweifige Dialog offenbart seine informative Funktion, sobald er sich von den wenigen Hauptthemen entfernt, und selbst die Träume sind bei Thomas Mann Beschreibungen: nach seinem ersten Tag im Sanatorium schläft Hans Castorp, der junge Held, ein; nichts ist banaler als sein Traum, in dem alle Ereignisse des vergangenen Tages in zaghafter Deformation wiederkehren. Wir sind weit entfernt von Breton, für den der Traum die Quelle einer ungezügelten Einbildungskraft ist. Hier hat der Traum nur eine einzige Funktion: den Leser mit dem Milieu vertraut zu machen, die Illusion der Realität zu verstärken.

So wird peinlich genau ein breiter *Hintergrund* ausgemalt, vor dem Hans Castorps Schicksal und das ideologische Duell der beiden Lungenkranken sich abspielen: Settembrini und Naphta; der eine Freimaurer und Demokrat, der andere Jesuit und Autokrat, beide unheilbar krank. Thomas Manns leise Ironie relativiert die Wahrheiten dieser beiden Gelehrten; ihr Streitgespräch bleibt ohne Sieger. Die Ironie des Romans geht jedoch noch weiter und erreicht ihren Höhepunkt in der Szene, wo der eine wie der andere, umringt von ihrer kleinen Zuhörerschaft und trunken von der eigenen unbestechlichen Logik, ihre Argumente ins Extrem treiben, bis niemand mehr weiß, wer den Fortschritt und wer die Tradition vertritt, wer die Vernunft und wer das Irrationale, wer den Geist und wer den Körper. Über Seiten hinweg verfolgt man eine herrliche Verwirrung, in der die Wörter ihren Sinn verlieren, und die Debatte wird um so hitziger, je weniger die Haltungen sich ändern. Ungefähr zweihundert Seiten später, am Ende des Romans (bald wird der Krieg ausbrechen), verfallen alle Bewohner des Sanatoriums in eine Psychose irrationaler Gereiztheit; in diesem Moment beleidigt Settembrini Naphta, und die beiden Kranken schlagen sich in einem Duell, das mit dem Selbstmord des einen endet; und man begreift auf Anhieb, daß es nicht der unvereinbare ideologische Antagonismus ist, sondern eine außerrationale Aggressivität, eine dunkle, unerklärliche Macht, die die Menschen aufeinanderprallen läßt und für welche die Gedanken nur ein Schutzschirm, eine Maske, ein Vorwand sind. So ist dieser wunderbare »Ideenroman« zugleich (vor allem für den Leser am Ende dieses Jahrhunderts) eine schreckliche Infragestellung der Ideen als solcher, ein großer Abschied von einer Epoche, die an Ideen und deren Fähigkeit, die Welt zu lenken, geglaubt hatte.

Thomas Mann und Robert Musil. Trotz der dicht beieinander liegenden Geburtsdaten gehören ihre ästhetischen Auffassungen zwei verschiedenen Zeiten der Geschichte des Romans an. Beide sind Romanciers von ausgeprägter Intellektualität. In Thomas Manns Roman äußert sich diese Intellektualität vor allem in den vor dem Dekor eines *auf der Beschreibung basierenden Romans* stattfindenden Ideendialogen. Im *Mann ohne Eigenschaften* zeigt sie sich in jedem Augenblick, in umfassender Weise; im Gegensatz zu Thomas Manns beschreibendem Roman haben wir Musils *auf dem Gedanken basierenden Roman*. Auch hier spielen die Ereignisse in einem konkreten Milieu (in Wien) und zu einem konkreten Zeitpunkt (demselben wie im *Zauberberg*: unmittelbar vor dem Ersten Weltkrieg), während jedoch bei Thomas Mann Davos detailliert beschrieben ist, wird Wien bei Musil kaum erwähnt, ja der Autor hält es nicht einmal für nötig, Straßen, Plätze und Gärten visuell heraufzubeschwören (der Apparat zur Vortäuschung von Realität ist diskret entfernt worden). Das Ganze spielt unter der österreichisch-ungarischen Monarchie, diese wird jedoch systematisch mit einem Spitznamen bezeichnet, der sie lächerlich macht; Kakanien. Kakanien: das entkonkretisierte, verallgemeinerte, auf einige grundlegende Situationen reduzierte Kaiserreich. Das in ein ironisches Modell des Kaiserreichs verwandelte Kaiserreich. Dieses Kakanien ist nicht, wie Davos bei Thomas Mann, ein *Hintergrund* des Romans, es ist eines der *Themen* des Romans; es wird nicht beschrieben, es wird analysiert und gedacht.

Thomas Mann erklärt, die Komposition des *Zauberbergs* sei musikalisch, gegründet auf einige Themen, die wie in einer Symphonie entwickelt werden, die wiederkehren, sich überschneiden und den Roman während seines ganzen Verlaufs begleiten. Das stimmt, man muß aber präzisieren, daß das Thema bei Mann und bei Musil nicht genau das gleiche bedeutet. Zunächst einmal werden die Themen (Zeit, Körper, Krankheit, Tod etc.) bei Mann vor einem breiten *a-thematischen Hintergrund* (Beschreibungen des Orts, der Zeit, der

Gebräuche, der Figuren) entwickelt, ähnlich wie die Themen einer Sonate in einer Musik außerhalb des Themas, in Brücken und Überleitungen, eingebettet sind. Weiter haben die Themen bei ihm einen stark *polyhistorischen* Charakter, was bedeutet: Thomas Mann bedient sich all dessen, wodurch die Wissenschaften – Soziologie, Medizin, Botanik, Physik, Chemie – ein bestimmtes Thema erhellen können; als wolle er durch diese allgemeinverständliche Darstellung des Wissens eine solide didaktische Ausgangsbasis für die Analyse der Themen schaffen; in meinen Augen entfernt sich Thomas Manns Roman dadurch allzuoft und während allzu langer Passagen vom Wesentlichen, denn, erinnern wir uns, das Wesentliche für einen Roman ist das, was nur der Roman sagen kann.

Bei Musil erfolgt die Analyse des Themas anders: erstens hat sie nichts Polyhistorisches; der Romancier verkleidet sich nicht als Gelehrter, Arzt, Soziologe, Historiograph, er analysiert *menschliche Situationen*, die nicht Teil einer wissenschaftlichen Disziplin sind, sondern ganz einfach Teil des Lebens. In diesem Sinn haben Broch und Musil die historische Aufgabe des Romans nach dem Jahrhundert des psychologischen Realismus verstanden: wenn die europäische Philosophie es nicht fertiggebracht hat, das Leben des Menschen, seine »konkrete Metaphysik« zu denken, ist der Roman dazu prädestiniert, endlich dieses leere Terrain einzunehmen, auf dem er unersetzbar ist (was die Existenzphilosophie durch einen Gegenbeweis bestätigt hat; denn die Analyse der Existenz kann nicht zum System werden; die Existenz ist nicht systematisierbar, und Heidegger, der doch die Poesie liebte, hatte Unrecht, sich nicht für die Geschichte des Romans zu interessieren, in der sich der größte Schatz existentieller Weisheit findet).

Zweitens wird bei Musil, im Gegensatz zu Mann, *alles Thema* (existentielle Befragung). Wenn alles Thema wird, verschwindet der Hintergrund, und es gibt, wie auf einem kubistischen Bild, nur den Vordergrund. In dieser Abschaffung des

Hintergrunds sehe ich die von Musil vollzogene strukturelle Revolution. Oft treten große Veränderungen diskret auf. Tatsächlich verleihen die Länge der Reflexionen, das langsame Satztempo dem *Mann ohne Eigenschaften* den Anschein einer »traditionellen« Prosa. Keine Umkehrung der Chronologie. Keine inneren Monologe à la Joyce. Keine Abschaffung der Interpunktion. Keine Zerstörung der Figur und der Handlung. Auf ungefähr zweitausend Seiten verfolgt man die bescheidene Geschichte des jungen Intellektuellen Ulrich, der einige Geliebte hat, einige Freunde trifft und in einem ebenso seriösen wie grotesken Komitee arbeitet (an dieser Stelle entfernt sich der Roman auf kaum merkliche Weise von der Wahrscheinlichkeit und wird Spiel), das die Aufgabe hat, die Feiern zum Regierungsjubiläum des Kaisers, ein großes »Friedensfest« für das Jahr 1918, zu organisieren (eine närrische Bombe unter dem Fundament des Romans). Jede noch so geringe Situation wird gleichsam aufgehalten in ihrem Lauf (in diesem merkwürdig verlangsamten Tempo mag Musil von Zeit zu Zeit an Joyce erinnern), um von einem langen Blick durchdrungen zu werden, der sich fragt, was sie bedeutet, wie sie zu verstehen und was von ihr zu halten ist.

Im *Zauberberg* hat Thomas Mann die Jahre vor 1914 in ein wunderbares Abschiedsfest für das unwiederbringlich vergangene 19. Jahrhundert verwandelt. *Der Mann ohne Eigenschaften*, der in denselben Jahren spielt, erforscht die menschlichen Situationen der nachfolgenden Epoche: dieser *Endperiode* der Neuzeit, die 1914 begann und heute anscheinend im Begriff ist, vor unseren Augen zu Ende zu gehen. Tatsächlich ist in Musils Kakanien alles schon vorhanden: die Herrschaft der Technik, die niemand mehr beherrscht und die den Menschen in statistische Ziffern verwandelt (der Roman beginnt auf einer Straße, in der ein Unfall passiert ist; ein Mann liegt auf dem Boden, und ein vorübergehendes Paar kommentiert das Ereignis, wobei es die jährliche Zahl von Autounfällen nennt); die Geschwindigkeit als höchster Wert einer durch die Technik berauschten Welt; die undurchsichtige und allgegenwärtige Bürokratie (Musils Ämter sind ein großes Pendant zu Kafkas Ämtern); die komische Sterilität der Ideologien, die nichts verstehen, nichts lenken (die glorreiche Zeit von Settembrini und Naphta ist vorbei); der Journalismus, Erbe all dessen, was einst Kultur genannt wurde; die Kollaborateure der Modernität; die Solidarität mit den Kriminellen als mystischer Ausdruck der Religion der Menschenrechte (Clarisse und Moosbrugger); die Infantophilie und die Infantokratie (Hans Sepp, ein Faschist avant la lettre, dessen Ideologie auf der Verehrung des Kindes in uns beruht).

11

Als ich Anfang der siebziger Jahre den Roman *Abschiedswalzer* abgeschlossen hatte, hielt ich meine Karriere als Schriftsteller für beendet. Das war unter der russischen Besetzung, und wir, meine Frau und ich, hatten andere Sorgen. Erst ein Jahr nach unserer Ankunft in Frankreich (und dank Frankreich) habe ich, nach einer totalen Unterbrechung von sechs Jahren, ohne Leidenschaft wieder angefangen zu schreiben. Verunsichert, und um wieder Boden unter den Füßen zu spüren, wollte ich an das anknüpfen, was ich schon gemacht hatte: zu *Das Buch der lächerlichen Liebe* eine Art zweiten Band schreiben. Welch ein Rückschritt! Mit diesen Erzählungen hatte zwanzig Jahre zuvor mein Weg als Prosaautor begonnen. Glücklicherweise begriff ich, nachdem ich zwei oder drei dieser »lächerlichen Lieben *bis*« entworfen hatte, daß ich dabei war, etwas ganz anderes zu schreiben: nicht einen Erzählungenband, sondern einen Roman (der später den Titel *Das Buch vom Lachen und Vergessen* bekam), einen Roman in sieben selbständigen Teilen, die jedoch untereinander so verbunden waren, daß ein jeder, für sich allein gelesen, einen Großteil seines Sinns verlieren würde.

Mit einem Mal verschwand alles, was noch an Mißtrauen gegenüber der Kunst des Romans in mir war: indem ich jedem

Teil den Charakter einer Erzählung verlieh, wurde die ganze, scheinbar unverzichtbare Technik der großen Romankomposition überflüssig. In meinem Unterfangen bin ich auf die alte *Strategie Chopins* gestoßen, die Strategie der *kleinen Komposition*, die ohne a-thematische Passagen auskommt. (Bedeutet das, daß die Erzählung die kleine Form des Romans ist? Ja. Zwischen Erzählung und Roman gibt es keinen ontologischen Unterschied, wogegen ein solcher zwischen Roman und Poesie, Roman und Theater existiert. Den Zufälligkeiten des Wortschatzes unterworfen, haben wir keinen Begriff zur Verfügung, der diese beiden Formen, die große und die kleine, derselben Kunst umschlösse.)

Wie sind diese sieben kleinen, selbständigen Kompositionen miteinander verbunden, wenn sie keine gemeinsame Handlung haben? Das einzige Band, das sie zusammenhält, das aus ihnen einen Roman macht, ist die thematische Einheit. So bin ich auf meinem Weg auf eine andere alte Strategie gestoßen: auf *Beethovens Strategie der Variationen*; dank ihrer konnte ich in direktem und ununterbrochenem Kontakt mit einigen existentiellen Fragen bleiben, die mich faszinieren und die in diesem Roman in Form von Variationen unter mannigfachen Blickwinkeln schrittweise erforscht werden.

Diese schrittweise Erforschung der Themen folgt einer Logik, und diese Logik ist es, die die Verknüpfung der Teile bestimmt. Zum Beispiel: der erste Teil (*Die verlorenen Briefe*) stellt das Thema des Menschen und der Geschichte in seiner elementaren Version vor: der Mensch prallt mit der Geschichte zusammen und wird von ihr zermalmt. Im zweiten Teil (*Die Mutter*) wird das Thema umgekehrt: der Mutter bedeutet die Ankunft der russischen Panzer wenig, verglichen mit den Birnen in ihrem Garten (»der Panzer ist vergänglich und die Birne ewig«). Der sechste Teil (*Die Engel*), in dem die Heldin Tamina ertrinkt, könnte als tragischer Schluß des Romans erscheinen; dennoch endet der Roman nicht hier, sondern im nachfolgenden Teil, der weder fesselnd noch dramatisch, noch tragisch ist; er erzählt das erotische Leben einer neuen Figur, Jan. Das Thema der Geschichte taucht ein letztes Mal und nur kurz auf: »Jan hatte Freunde, die wie er ihre alte Heimat verlassen hatten und nun ihre ganze Zeit dem Kampf für die verlorene Freiheit widmeten. Alle hatten sie schon das Gefühl erlebt, daß das, was sie noch an ihre alte Heimat band, nur noch eine Illusion war und sie lediglich aufgrund irgendeiner Beharrlichkeit des Schicksals immer noch bereit waren, für etwas zu sterben, das ihnen gleichgültig geworden war«; man berührt diese metaphysische *Grenze* (die Grenze: ein anderes Thema, das im Verlauf des Romans behandelt wird), hinter der alles seinen Sinn verliert. Die Insel, auf der Taminas tragisches Leben endet, war vom *Lachen* (einem weiteren Thema) der Engel beherrscht, wogegen im siebten Teil »das Lachen des Teufels« widerhallt, das alles (alles: Geschichte, Sexualität, die Tragödien) in Rauch auflöst. Erst an dieser Stelle kommt der Weg der Themen an sein Ende, kann das Buch abgeschlossen werden.

12

In den sechs Büchern, die Nietzsches Reifephase verkörpern (*Morgenröthe, Menschliches, Allzumenschliches, Die fröhliche Wissenschaft, Jenseits von Gut und Böse, Zur Genealogie der Moral, Götzen-Dämmerung*), verfolgt, entwickelt, verarbeitet, bestätigt, verfeinert er ein und denselben kompositorischen Archetyp. Die Prinzipien: das Kapitel bildet die elementare Einheit des Buches; seine Länge erstreckt sich von einem einzigen Satz bis zu mehreren Seiten; ausnahmslos bestehen die Kapitel nur aus einem einzigen Absatz; immer sind sie numeriert; in *Menschliches, Allzumenschliches* und *Die fröhliche Wissenschaft* sind sie numeriert und darüber hinaus mit Titeln versehen. Eine bestimmte Anzahl von Kapiteln bilden einen Teil, eine bestimmte Anzahl von Teilen ein Buch. Das Buch ist auf einem durch den Titel definierten Hauptthema aufgebaut (jenseits von Gut und Böse, die fröhliche

Wissenschaft, die Genealogie der Moral etc.); die verschiedenen Teile behandeln vom Hauptthema abgeleitete Themen (die ebenfalls Titel haben, wie dies in *Menschliches, Allzumenschliches, Jenseits von Gut und Böse, Götzen-Dämmerung* der Fall ist, oder die lediglich numeriert sind). Bestimmte abgeleitete Themen sind vertikal angeordnet (das heißt: jeder Teil behandelt vorzugsweise das durch den jeweiligen Titel bestimmte Thema), während andere durchgehend im ganzen Buch vorhanden sind. So entsteht eine Komposition, die maximal gegliedert ist (unterteilt in zahlreiche relativ autonome Einheiten) und zugleich maximal kohärent (die gleichen Themen kehren ständig wieder). Wir haben also eine Komposition vor uns, die sich durch einen außerordentlichen Sinn für den Rhythmus auszeichnet, der auf dem Wechsel kurzer und langer Kapitel beruht: so besteht der vierte Teil von *Jenseits von Gut und Böse* zum Beispiel ausschließlich aus sehr kurzen Aphorismen (wie eine Art Divertissement oder Scherzo). Vor allem aber: wir haben eine Komposition, in der die Notwendigkeit von Füllungen, Übergängen, schwachen Passagen entfällt, in der die Spannung nie nachläßt, denn man sieht nur die Gedanken kommen, ist der Philosoph doch jemand, »der von seinen eignen Gedanken wie von Außen her, wie von Oben oder Unten her, als von seiner Art Ereignissen und Blitzschlägen getroffen wird.«

13

Wenn der Gedanke eines Philosophen so eng mit der formalen Gliederung seines Textes verbunden ist, kann er dann außerhalb dieses Textes existieren? Kann man Nietzsches Gedanken aus Nietzsches Prosa extrahieren? Natürlich nicht. Der Gedanke, der Ausdruck, die Komposition sind voneinander untrennbar. Ist das, was für Nietzsche gilt, auch allgemein gültig? Das heißt: kann man sagen, daß der Gedanke (die Bedeutung) eines Werks immer und prinzipiell untrennbar von der Komposition ist?

Seltsamerweise kann man das nicht. In der Musik beruhte die Originalität eines Komponisten lange ausschließlich auf seiner melodisch-harmonischen Erfindungskunst, die er sozusagen auf verschiedene Kompositionsschemata verteilte, die nicht von ihm abhingen, sondern schon vorher mehr oder weniger festgelegt waren: die Messen, die barocken Suiten, die barocken Konzerte usw. Ihre verschiedenen Teile sind nach einer durch die Tradition bestimmten Ordnung gegliedert, weshalb die Suite zum Beispiel mit der Regelmäßigkeit einer Uhr stets mit einem schnellen Tanz endet, etc., etc.

Beethovens zweiunddreißig Sonaten, die fast sein ganzes schöpferisches Leben umfassen, von seinem fünfundzwanzigsten bis zu seinem zweiundfünfzigsten Lebensjahr, stellen eine gewaltige Entwicklung dar, in deren Verlauf der Aufbau der Sonate sich vollkommen verändert. Die ersten Sonaten folgen noch dem von Haydn und Mozart übernommenen Schema: vier Sätze; der erste: *Allegro*, komponiert in Sonatenform; der zweite: *Adagio*, komponiert in Liedform; der dritte: *Menuett* oder *Scherzo*, in mäßigem Tempo; der vierte: *Rondo*, in raschem Tempo.

Der Nachteil dieses Aufbaus ist augenfällig: der wichtigste, dramatischste, längste Satz ist der erste; die Abfolge der Sätze zeigt also eine fallende Entwicklung: vom Schwereren zum Leichteren; außerdem bleibt die Sonate vor Beethoven stets auf halbem Weg zwischen einer Sammlung von Musikstücken (man spielte damals bei Konzerten oft einzelne Sonatensätze) und einer unteilbaren, einheitlichen Komposition. Im Laufe der Entwicklung seiner zweiunddreißig Sonaten ersetzt Beethoven das alte Kompositionsschema schrittweise durch ein konzentrierteres (oft auf drei oder sogar zwei Sätze reduziertes), dramatischeres (der Schwerpunkt verschiebt sich zum letzten Satz hin), einheitlicheres (vor allem durch die gleiche emotionale Stimmung). Der eigentliche Sinn dieser Evolution (die dadurch zu einer echten *Revolution* wird) lag aber nicht darin, ein unbefriedigendes Schema durch ein anderes, besseres zu ersetzen, sondern *das Prinzip des von vornherein festgelegten Kompositionsschemas zu durchbrechen.*

Tatsächlich hat dieser kollektive Gehorsam gegenüber dem vorgeschriebenen Schema der Sonate oder der Symphonie etwas Lächerliches. Stellen wir uns vor, alle großen Symphoniker, einschließlich Haydn und Mozart, Schumann und Brahms, würden sich, nachdem sie in ihrem *Adagio* geweint haben, im letzten Satz als kleine Schulbuben verkleiden und in den Pausenhof stürzen, um dort zu tanzen, herumzuhüpfen und aus Leibeskräften »Ende gut, alles gut« zu schreien. Man könnte das »die Dummheit der Musik« nennen. Beethoven begriff, daß der einzige Weg, sie zu überwinden, darin liegt, *den Aufbau einer Komposition radikal zu individualisieren.*

Dies ist die erste Klausel seines künstlerischen Vermächtnisses, das für alle Künste, alle Künstler galt und das ich folgendermaßen formulieren würde: man darf den Aufbau einer Komposition (die architektonische Gliederung des Ganzen) nicht als bereits existierende Schablone verstehen, die dem Autor zur Verfügung gestellt ist, damit er sie mit seiner Erfindung ausfüllt; der Aufbau der Komposition muß selbst Erfindung sein, eine Erfindung, die die ganze Originalität ihres Schöpfers miteinbezieht.

Ich kann nicht sagen, bis zu welchem Punkt diese Botschaft gehört und verstanden wurde. Beethoven selbst ist es jedoch gelungen, meisterhaft alle Konsequenzen aus ihr zu ziehen, und zwar in seinen letzten Sonaten, von denen jede in einzigartiger, völlig neuartiger Weise aufgebaut ist.

14

Die Sonate Opus 111; sie hat nur zwei Sätze: der erste, dramatische, ist in mehr oder minder klassischer Weise in Sonatenform gearbeitet; der zweite, meditativen Charakters, in Variationsform komponiert (eine vor Beethoven in der Sonate eher ungewöhnliche Form): es gibt kein Spiel der Kontraste und Verschiedenheiten, nur eine Steigerung, die der vorausgehenden Variation jedesmal eine neue Nuance hinzufügt und diesem langen Satz eine außerordentliche klangliche Geschlossenheit verleiht.

Je vollkommener die Geschlossenheit eines jeden Satzes ist, desto stärker hebt er sich vom anderen ab. Die Disproportion der Dauer: der erste Satz (in Schnabels Interpretation): 8 Minuten und 14 Sekunden; der zweite: 17 Minuten und 42 Sekunden. Die zweite Hälfte der Sonate ist also mehr als doppelt so lang wie die erste (ein Fall ohnegleichen in der Geschichte der Sonate bis dahin)! Außerdem: der erste Satz ist dramatisch, der zweite ruhig, reflexiv. Auf dramatische Weise zu beginnen und mit einer derart langen Meditation zu enden, scheint allen architektonischen Prinzipien zu widersprechen und die Sonate zum Verlust der Beethoven bislang so teuren dramatischen Spannung zu verurteilen.

Es ist aber gerade die unerwartete Nachbarschaft dieser beiden Sätze, die vielsagend, sprechend ist und zur *semantischen Geste* der Sonate wird, indem ihre metaphorische Bedeutung das Bild eines harten, kurzen Lebens und des folgenden endlosen, sehnsüchtigen Gesangs beschwört. Diese metaphorische, nicht in Worte zu fassende, trotzdem aber starke und nachdrückliche Bedeutung verleiht den beiden Sätzen eine Geschlossenheit. Eine unnachahmliche Geschlossenheit. (Die unpersönliche Komposition der Mozartschen Sonate ließe sich unendlich oft nachahmen; die Komposition der Sonate Opus 111 ist in einem Maße persönlich, daß ihre Nachahmung geistiger Diebstahl wäre.)

Die Sonate Opus 111 läßt mich an Faulkners *Wilde Palmen* denken. Dort alterniert eine Liebeserzählung mit der eines entwichenen Sträflings, Erzählstränge, die nichts gemeinsam haben, keine Figur und nicht einmal eine erkennbare Verwandtschaft von Motiven oder Themen. Eine Komposition, die keinem anderen Romancier als Beispiel dienen kann; die nur ein einziges Mal existieren kann; die willkürlich, nicht weiterzuempfehlen, ungerechtfertigt ist; ungerechtfertigt, da man hinter ihr ein »es muß sein« hört, das jede Rechtfertigung überflüssig macht.

15

Indem er sich der Systematik verweigert, verändert Nietzsche die Art zu philosophieren tiefgreifend: nach der Formulierung von Hannah Arendt ist Nietzsches Denken ein *Gedankenexperiment, ein experimentelles Denken*. Sein erster Impuls besteht darin, Erstarrtes aufzulösen, allgemein akzeptierte Systeme zu untergraben, Breschen zu schlagen, um sich ins Unbekannte vorzuwagen; die Philosophen der Zukunft werden »*Menschen der Experimente*« sein, sagt Nietzsche; frei, in verschiedene, im äußersten Fall gegensätzliche Richtungen zu gehen.

Wenn ich eine starke Präsenz des Gedankens im Roman vertrete, bedeutet dies nicht, daß ich den sogenannten »philosophischen Roman« liebe, diese Unterwerfung des Romans unter eine Philosophie, diese »Erzählform« für moralische oder politische Ideen. Authentisches Romandenken (wie der Roman es seit Rabelais kennt) ist immer unsystematisch; undiszipliniert; es steht Nietzsches Denken nahe; es ist experimentell: schlägt Breschen in sämtliche uns umgebenden Ideensysteme; es untersucht (vorwiegend mittels der Figuren) alle Wege der Reflexion, wobei es sich bemüht, einen jeden bis zu Ende zu gehen.

Über das systematische Denken noch folgendes: wer denkt, wird automatisch zum Systematisieren verleitet; das ist seine ewige Versuchung (auch die meine, und sogar beim Schreiben dieses Buches): die Versuchung, seine Ideen bis in die letzten Konsequenzen zu beschreiben; allen Einwänden zuvorzukommen und sie im voraus zu widerlegen; seine Ideen auf diese Weise mit Barrikaden zu umgeben. Der Denkende sollte sich aber nicht bemühen, die anderen von seiner Wahrheit zu überzeugen; denn dann befände er sich schon auf dem Weg zu einem System; auf dem kläglichen Weg zu einem »Menschen mit Überzeugungen«; Politiker lieben es, sich so zu bezeichnen; doch was ist eine Überzeugung? Ein Gedanke, der stehengeblieben, der erstarrt ist, und der »Mensch mit Überzeugungen« ist ein beschränkter Mensch; das experimentelle Denken will nicht überzeugen, sondern inspirieren; einen anderen Gedanken inspirieren, das Denken in Gang halten; deshalb muß ein Romancier sein Denken systematisch entsystematisieren, er muß die Barrikaden niederreißen, die er selbst um seine Gedanken herum errichtet hat.

16

Nietzsches Ablehnung des systematischen Denkens hat noch eine weitere Konsequenz: eine immense *thematische Erweiterung*; die Trennwände zwischen den verschiedenen philosophischen Disziplinen, die es unmöglich machten, die reale Welt in ihrer ganzen Ausdehnung zu sehen, sind gefallen, und von diesem Augenblick an kann alles, was mit dem Menschen zu tun hat, zum Gegenstand philosophischen Denkens werden. Auch das rückt die Philosophie in die Nähe des Romans: zum ersten Mal denkt die Philosophie nicht über die Erkenntnistheorie nach, über die Ästhetik, die Ethik, die Phänomenologie des Geistes, die Kritik der Urteilskraft etc., sondern über *alles Menschliche*.

Historiker und Professoren, die Nietzsches Philosophie auslegen, reduzieren sie nicht nur, was selbstverständlich ist, sie entstellen sie, indem sie sie ins Gegenteil von dem verkehren, was sie ist, nämlich in ein System. Gibt es in ihrem systematisierten Nietzsche noch einen Platz für seine Betrachtungen über die Frauen, über die Deutschen, über Europa, über Bizet, über Goethe, über den Hugoschen Kitsch, über Aristophanes, über die Leichtigkeit des Stils, über die Langeweile, über das Spiel, über die Übersetzungen, über den

Geist des Gehorsams, über den Besitz des anderen und sämtliche psychologischen Möglichkeiten dieses Besitzes, über die Gelehrten und ihre geistige Beschränktheit, über die Schauspieler, Komödianten auf der Geschichtsbühne, gibt es noch einen Platz für die tausend psychologischen Beobachtungen, die man nirgendwo sonst findet, außer vielleicht bei einigen wenigen Romanciers?

So wie Nietzsche die Philosophie dem Roman angenähert hat, hat Musil den Roman der Philosophie angenähert. Diese Annäherung bedeutet nicht, daß Musil weniger Romancier wäre als andere Romanciers. Ebensowenig wie Nietzsche weniger Philosoph ist als andere Philosophen.

Musils *auf dem Gedanken basierender Roman* bedeutet ebenfalls eine noch nie dagewesene thematische Erweiterung; nichts von dem, was gedacht werden kann, ist von da an aus der Kunst des Romans ausgeschlossen.

17

Als ich dreizehn oder vierzehn Jahre alt war, bekam ich Unterricht in Kompositionslehre. Nicht daß ich ein Wunderkind gewesen wäre, vielmehr dank des ungeheuren Zartgefühls meines Vaters. Es war Krieg, und sein Freund, ein jüdischer Komponist, mußte den gelben Davidstern tragen; die Leute fingen an, ihn zu meiden. Da mein Vater nicht wußte, wie er ihm seine Sympathie bezeugen könnte, kam er genau in diesem Moment auf die Idee, ihn zu bitten, mir Stunden zu geben. Man beschlagnahmte damals die Wohnungen der Juden, und der Komponist mußte immer wieder umziehen, wobei er sich jedes Mal verkleinerte, bis er zuletzt, vor seiner Abreise nach Theresienstadt, in einer kleinen Wohnung hauste, wo in jedem Zimmer mehrere Personen auf engstem Raum campierten. Bei jedem Umzug hatte er sein Klavier mitgenommen, auf dem ich meine Harmonie- und Polyphonieübungen spielte, während Unbekannte rings um uns ihren Beschäftigungen nachgingen.

Von alledem sind mir nur meine Bewunderung für ihn sowie drei oder vier Bilder geblieben. Vor allem dieses: Als er mich einmal nach der Stunde hinausbegleitete, blieb er nahe der Tür stehen und sagte unvermutet: »Bei Beethoven gibt es viele erstaunlich schwache Passagen. Es sind aber diese schwachen Passagen, die die starken zur Geltung bringen. Das ist wie ein Rasen, ohne den wir uns nicht an dem schönen Baum erfreuen könnten, der darauf wächst.«

Ein seltsamer Gedanke. Noch seltsamer, daß er in meinem Gedächtnis haftengeblieben ist. Vielleicht habe ich mich damals geehrt gefühlt, eine vertrauliche Mitteilung meines Lehrers zu hören, ein Geheimnis zu erfahren, einen besonderen Kunstgriff, den nur Eingeweihte kennen durften.

Wie dem auch sei, diese kurze Betrachtung meines damaligen Lehrers hat mich mein ganzes Leben hindurch verfolgt (ich habe sie verteidigt, ich habe sie bekämpft, bin nie mit ihr zu Ende gekommen); ganz bestimmt wäre dieser Text ohne sie nicht geschrieben worden.

Noch teurer als diese Betrachtung ist mir jedoch das Bild eines Menschen, der, kurz vor seiner grauenvollen Reise, vor einem Kind laut über das Problem nachdenkt, wie ein Kunstwerk aufgebaut ist.

Siebter Teil

Der ungeliebte Sohn der Familie

Mehrere Male habe ich auf Leoš Janáčeks Musik Bezug genommen. In England, in Deutschland kennt man ihn gut. Aber in Frankreich? Und den anderen romanischen Ländern? Und was von ihm kann man kennen? Ich gehe (am 15. Februar 1992) in Paris in die FNAC, das Kaufhaus für Bücher und Musik, und schaue nach, was von seinem Werk vorhanden ist.

I

Auf Anhieb finde ich *Taras Bulba* (1918) und *Sinfonietta* (1926): die Orchesterwerke seiner *großen Periode*; als seine beliebtesten (für einen durchschnittlichen Musikliebhaber zugänglichsten) Werke vereinigt man sie fast regelmäßig auf derselben Schallplatte.

Suite für Streichorchester (1877), *Idylle für Streichorchester* (1878), *Lachische Tänze* (1890). Musikstücke, die der *Vorgeschichte* seines Schaffens angehören und durch ihre Bedeutungslosigkeit jeden überraschen, der unter Janáčeks Namen eine große Musik sucht.

Ich verweile bei den Wörtern »Vorgeschichte« und »große Periode«:

Janáček wurde 1854 geboren. Darin liegt das ganze Paradox. Diese große Persönlichkeit der modernen Musik ist vier Jahre älter als Puccini, sechs Jahre älter als Mahler, zehn Jahre älter als Richard Strauss. Lange komponiert er Werke, die sich aufgrund seiner Abneigung gegen die Übertreibungen der Romantik lediglich durch ihren ausgeprägten Traditionalismus auszeichnen. Immer unzufrieden, säumt er sein Leben mit zerrissenen Partituren; erst um die Jahrhundertwende findet er seinen eigenen Stil. In den zwanziger Jahren erscheinen seine Kompositionen auf den Programmen der Konzerte moderner Musik neben Strawinsky, Bartók, Hindemith; doch er ist dreißig, vierzig Jahre älter als sie. Während er in seiner Jugend ein einzelgängerischer Konservativer war, wird er im Alter zum Neuerer. Aber er bleibt immer allein. Denn obwohl er mit den großen Modernen solidarisch ist, unterscheidet er sich von ihnen. Zu seinem Stil hat er ohne sie gefunden, seine Modernität hat einen anderen Charakter, eine andere Genese, andere Wurzeln.

2

Ich setze meinen Spaziergang zwischen den Regalen der FNAC fort: mühelos finde ich die zwei *Streichquartette* (1924, 1928): sie stellen den Höhepunkt in Janáčeks Werk dar: in ihnen ist sein ganzer *Expressionismus* in absoluter Perfektion konzentriert. Es gibt fünf verschiedene Aufnahmen, alle hervorragend. Dennoch bedaure ich (seit langem suche ich die CD), daß ich die authentischste (und bis jetzt beste) Interpretation dieser Quartette nicht habe finden können, jene des Janáček-Quartetts (die alte Supraphon-Schallplatte 50556; Prix de l'Académie Charles Gros, Preis der deutschen Schallplattenkritik).

Ich verweile beim Wort »Expressionismus«:

Obwohl Janáček selbst sich nie darauf berufen hat, ist er eigentlich der einzige große Komponist, auf den dieser Begriff im wörtlichen Sinn voll zutrifft: für ihn ist alles Expression, Ausdruck, und keine Note, die nicht Ausdruck ist, hat eine Existenzberechtigung. Daher das absolute Fehlen von allem, was reine »Technik« ist: Übergänge, Entwicklungen, Mechanik des kontrapunktischen Ausfüllens, Routine der Orchestrierung (im Gegensatz dazu reizen ihn ungewöhnliche

Ensembles, bestehend aus verschiedenen Soloinstrumenten) etc. Da jede Note Ausdruck ist, folgt daraus für den Interpreten, daß jede Note (nicht ein Motiv, jede Note eines Motivs) größtmögliche expressive Klarheit besitzen muß. Noch folgende Präzisierung: charakteristisch für den deutschen Expressionismus ist eine Vorliebe für überspannte Seelenzustände, das Delirium, den Wahnsinn. Was ich bei Janáček Expressionismus nenne, hat nichts mit dieser Einseitigkeit zu tun: es handelt sich um ein außerordentlich reiches emotionales Spektrum, eine schwindelerregend gedrängte, übergangslose Konfrontation von Zärtlichkeit und Roheit, Raserei und Frieden.

3

Ich finde die schöne *Violinsonate* (1921), das *Märchen für Violoncello und Klavier* (1910) und das *Tagebuch eines Verschollenen* für Klavier, Tenor, Alt und drei Frauenstimmen (1919). Dann die Kompositionen der allerletzten Jahre; das ist die Explosion seiner Kreativität; nie war er so frei wie mit siebzig, überbordend von Humor und Erfindungskraft; die *Glagolitische Messe* (1926): sie gleicht keiner anderen: ist eher eine Orgie als eine Messe; und gerade das ist faszinierend. Aus derselben Periode *Suite für Bläsersextett* (1924), *Kinderreime* (1927) und zwei Werke für Klavier und verschiedene Instrumente, die ich besonders liebe, deren Interpretation mich aber nur selten zufriedenstellt: *Capriccio* (1926) und *Concertino* (1925).

Ich zähle fünf Aufnahmen von Kompositionen für Klavier solo: *Sonate* (1905) und zwei Zyklen: *Auf verwachsenem Pfad* (1902) und *Im Nebel* (1912); diese schönen Kompositionen sind stets auf einer Schallplatte vereint und (ärgerlicherweise) fast immer durch weitere, zweitrangige Stücke ergänzt, die der »Vorgeschichte« angehören. Es sind übrigens insbesondere die Pianisten, die sich sowohl bezüglich des Geistes als auch der Struktur von Janáčeks Musik täuschen; kaum einer vermag einer gezierten Romantisierung zu widerstehen: indem sie die rohe Seite dieser Musik verniedlichen, die *Forti* hochmütig übergehen und sich dem Delirium eines beinahe systematischen *Rubato* hingeben. (Klavierkompositionen sind gegen das Rubato besonders schlecht gefeit. In der Tat ist es schwierig, mit einem Orchester eine rhythmische Ungenauigkeit zu organisieren. Doch der Pianist ist allein. Seine fürchterliche Seele kann frei von Kontrolle und Zwang wüten.)

Ich verweile beim Wort »Romantisierung«:

Janáčeks Expressionismus ist keine Verlängerung und Steigerung der romantischen Sentimentalität. Im Gegenteil, er ist eine der historischen Möglichkeiten, die Romantik zu überwinden. Eine Möglichkeit, die im Gegensatz zu der von Strawinsky gewählten steht: im Unterschied zu ihm wirft Janáček den Romantikern nicht vor, über Gefühle gesprochen zu haben; er wirft ihnen vor, diese verfälscht zu haben; die unmittelbare Wahrheit der Emotionen durch sentimentales Gestikulieren (»eine romantische Lüge«, wie René Girard[1] sagen würde) ersetzt zu haben. Er begeistert sich leidenschaftlich für die Leidenschaften, noch mehr aber für die Genauigkeit, mit der er ihnen Ausdruck verleihen will. Stendhal, nicht Hugo. Das bedeutet den Bruch mit der Musik der Romantik, mit ihrem Geist, ihrem übersteigerten Klangreichtum (Janáčeks klangliche Kargheit schockierte in der damaligen Zeit allgemein), mit ihrer Struktur.

4

Ich verweile beim Wort »Struktur«:

– während die romantische Musik sich bemühte, einem Satz eine emotionale Einheit zu verleihen, beruht Janáčeks

---

1 Endlich habe ich die Gelegenheit, René Girard zu erwähnen; sein Buch *Mensonge romantique et vérité romanesque* ist das Beste, was ich je über die Kunst des Romans gelesen habe.

musikalische Struktur auf dem ungewöhnlich häufigen Wechsel verschiedener, ja sogar widersprüchlicher emotionaler Fragmente in demselben Stück, demselben Satz;

– der emotionalen Mannigfaltigkeit entspricht die Mannigfaltigkeit der Tempi und Metren, die in der gleichen ungewöhnlichen Häufigkeit alternieren;

– die Koexistenz mehrerer widersprüchlicher Emotionen in einem eng begrenzten Raum schafft eine originelle Semantik (es ist die *unerwartete Nachbarschaft der Emotionen*, die erstaunt und fasziniert). Die Koexistenz der Emotionen ist horizontal (sie folgen aufeinander), doch auch (noch ungewohnter) vertikal (sie erklingen gleichzeitig als *Polyphonie der Emotionen*). Zum Beispiel: man hört gleichzeitig eine wehmütige Melodie, darunter ein rasendes Ostinato-Motiv, darüber eine andere, an Schreie erinnernde Melodie. Versteht der Interpret nicht, daß jede dieser Linien die gleiche semantische Wichtigkeit hat und demzufolge keine zu reiner Begleitung, zu impressionistischem Gemurmel werden darf, geht er an der spezifischen Struktur von Janáčeks Musik vorbei.

Die permanente Koexistenz widersprüchlicher Emotionen verleiht Janáčeks Musik also ihren *dramatischen* Charakter; dramatisch im wahrsten Sinn des Wortes; diese Musik beschwört keinen Erzähler herauf, der etwas berichtet; sie beschwört eine Szene herauf, in der mehrere Beteiligte *gleichzeitig* anwesend sind, miteinander sprechen, rivalisieren; diesen *dramatischen Raum* findet man im Keim oft in einem einzigen melodischen Motiv. Wie in den ersten Takten der *Klaviersonate*:

Das Forte-Motiv der sechs Sechzehntelnoten im vierten Takt
gehört noch zum melodischen Thema, das in den Takten
davor entwickelt wird, (es besteht aus den gleichen Intervallen), es bildet aber gleichzeitig dessen strengen emotionalen
Gegensatz. Einige Takte später sieht man, in welchem Grad
dieses »sezessionistische« Motiv in seiner Roheit der elegi-
schen Melodie, von der es herstammt, widerspricht:

Im folgenden Takt vermengen sich die beiden Melodien, die
ursprüngliche und die »sezessionistische«; nicht in emotionaler Harmonie, sondern vielmehr in einer Polyphonie widersprüchlicher Emotionen, so wie ein wehmütiges Weinen und
eine Revolte sich vermengen können:

Da die Pianisten, deren Interpretationen ich mir in der FNAC
beschaffen konnte, diesen Takten eine emotionale Gleichför-
migkeit verleihen wollen, vernachlässigen sie das von Janáček
im vierten Takt vorgeschriebene *forte*; außerdem nehmen sie
dem »sezessionistischen« Motiv seinen rohen Charakter und
Janáčeks Musik die unnachahmliche Spannung, an der man
sie (wird sie richtig verstanden) von den ersten Tönen an erkennt.

5

Die Opern: ich finde *Die Ausflüge des Herrn Brouček* nicht,
was ich nicht bedaure, da ich dieses Werk für eher mißraten
halte; alle anderen sind vorhanden, unter der musikalischen
Leitung von Sir Charles Mackerras: *Schicksal* (komponiert
1904, diese Oper, deren Libretto in Versen geschrieben und
entsetzlich naiv ist, stellt, zwei Jahre nach *Jenufa*, auch in
musikalischer Hinsicht einen klaren Rückschritt dar); dann
die fünf Meisterwerke, die ich vorbehaltlos bewundere: *Katja
Kabanová*, *Das schlaue Füchslein*, *Die Sache Makropulos* und
Jenufa: Sir Charles Mackerras hat das unschätzbare Verdienst,
das Werk (1982, nach sechsundsechzig Jahren!) endlich von
der ihm in Prag 1916 aufgezwungenen Bearbeitung befreit zu
haben. Noch offensichtlicher gelungen scheint mir seine Revision der Partitur von *Aus einem Totenhaus*. Dank ihm wird
man sich bewußt (1980, nach zweiundfünfzig Jahren!), wie-
viel schwächer die Bearbeitungen durch Janáčeks Adepten
diese Oper gemacht haben. In ihrer wiederhergestellten Originalität, in der sie ihren ganzen sparsamen und ungewöhnlichen, der sinfonischen Musik der Romantik genau entgegen-
gesetzten Klangreichtum zurückgewinnt, erscheint *Aus einem
Totenhaus*, neben Bergs *Wozzeck*, als die wahrhafteste, die
größte Oper unseres düsteren Jahrhunderts.

6

Eine praktisch unlösbare Schwierigkeit: in Janáčeks Opern
liegt der Zauber des Gesangs nicht nur in der melodischen
Schönheit, sondern auch im psychologischen Sinn (einem
stets unerwarteten Sinn), den die Melodie nicht global einer
Szene verleiht, sondern jedem einzelnen Satz, jedem einzelnen
Wort. Aber in welcher Sprache in Berlin oder Paris singen?
Wird tschechisch gesungen (Mackerras' Lösung), vernimmt
der Zuhörer nur sinnentleerte Silben und versteht die in jeder

melodischen Wendung enthaltenen psychologischen Feinheiten nicht. Also übersetzen, wie es am Beginn der internationalen Karriere dieser Opern der Fall war? Das ist ebenfalls problematisch: zum Beispiel verträgt die französische Sprache den auf der ersten Silbe der tschechischen Wörter liegenden tonischen Akzent nicht, eine solche Intonation erhielte im Französischen einen völlig anderen psychologischen Sinn.

(Es liegt etwas Bewegendes, wenn nicht gar Tragisches in der Tatsache, daß Janáček den Großteil seiner innovativen Kräfte gerade auf die Oper konzentriert hat, denn dadurch lieferte er sich dem denkbar konservativsten bürgerlichen Publikum aus. Außerdem: seine Neuerung beruht in einer noch nie dagewesenen Aufwertung des gesungenen *Wortes*, konkret des tschechischen Wortes, das in neunundneunzig Prozent der Theater dieser Welt nicht verstanden wird. Nur schwer kann man sich eine größere freiwillige Anhäufung von Hindernissen vorstellen. Janáčeks Opern sind die schönste Huldigung, die der tschechischen Sprache je erwiesen wurde. Eine Huldigung? Ja. In Form eines Opfers. Janáček hat seine universelle Musik einer praktisch unbekannten Sprache *geopfert*.)

7

Frage: wenn die Musik eine supranationale Sprache ist, hat die Semantik der Intonationen der gesprochenen Sprache ebenfalls supranationalen Charakter? oder keineswegs? oder trotzdem in gewissem Maße? Probleme, die Janáček faszinierten. So sehr, daß er in seinem Testament fast all sein Geld der Universität Brünn vermachte, um die Erforschung der gesprochenen Sprache (ihrer Rhythmen, ihrer Intonationen, ihrer Semantik) zu subventionieren. Aber auf Testamente pfeift man bekanntlich.

Sir Charles Mackerras' wunderbare Treue Janáčeks Werk gegenüber bedeutet: das Wesentliche zu erfassen und zu bewahren. Nach dem Wesentlichen zu streben ist übrigens Janáčeks künstlerische Moral; die Regel: nur eine absolut notwendige (semantisch notwendige) Note hat ein Recht zu existieren; daher die äußerste Sparsamkeit in der Orchestrierung. Indem Mackerras die Partituren von den ihnen aufgezwungenen Hinzufügungen befreite, stellte er diese Sparsamkeit wieder her und ließ Janáčeks Ästhetik so verständlicher werden.

Es gibt jedoch im Gegensatz dazu noch eine andere Treue, die in der Leidenschaft besteht, alles zu sammeln, was zu einem Autor aufgestöbert werden kann. Da jeder Autor zu Lebzeiten versucht, alles Wesentliche zu veröffentlichen, sind die *Mülltonnen-Schnüffler* leidenschaftlich für das Unwesentliche engagiert.

In beispielhafter Weise zeigt sich der Schnüfflergeist in den Aufnahmen der Stücke für Klavier, Violine oder Violoncello (ADDA 581136/37). Hier nehmen zweitrangige oder unbedeutende Stücke (Transkriptionen von Volksmusik, nicht fertiggestellte Varianten, Jugendwerklein, Skizzen) fast fünfzig Minuten, ein Drittel der Gesamtdauer, in Anspruch, und sind zwischen die Kompositionen großen Stils gestreut. Während sechseinhalb Minuten hört man zum Beispiel eine Begleitmusik zu Gymnastikübungen. O Komponisten, hütet euch, wenn hübsche Damen eines Sportklubs kommen und euch um einen kleinen Gefallen bitten! Eure Höflichkeit wird zum Gespött der Leute werden und euch überleben!

9

Ich setze meinen Gang durch die Regale fort. Vergeblich suche ich einige schöne Orchesterkompositionen aus Janáčeks reifen Jahren (*Das Kind des Musikanten*, 1912, *Ballade vom Bla-*

ník, 1920), seine Kantaten (vor allem: *Amarus*, 1898) und einige Kompositionen aus der Epoche, als sein Stil sich herausbildete, die sich durch eine unvergleichliche, ergreifende Schlichtheit auszeichnen: *Vater unser* (1901), *Ave Maria* (1904). Was vor allem und schmerzlich fehlt, sind seine Chorwerke; es gibt nämlich in unserem Jahrhundert auf diesem Gebiet nichts, das an den Janáček seiner großen Periode heranreichte, an die vier Meisterwerke: *Maryčka Magdonová* (1906), *Kantor Halfar* (1906), *70000* (1909) *Des Narren Irrfahrt* (1922): obwohl teuflisch schwierig in technischer Hinsicht, sind sie in der Tschechoslowakei hervorragend interpretiert worden; diese Aufnahmen existieren gewiß nur auf alten Schallplatten der tschechischen Firma Supraphon und sind seit Jahren nicht mehr aufzutreiben.

10

Die Bilanz ist also nicht ganz schlecht, aber auch nicht gut. Mit Janáček verhielt es sich von Anfang an so. *Jenufa* kommt zwanzig Jahre nach ihrer Entstehung auf die Bühnen der Welt. Zu spät. Denn nach zwanzig Jahren verliert sich der polemische Charakter einer Ästhetik, ist das, was einmal neu an ihr war, nicht mehr wahrnehmbar. Deshalb ist Janáčeks Musik so oft falsch verstanden und schlecht interpretiert worden; ihr historischer Sinn ist undeutlich geworden; sie läßt sich schwer einordnen; wie ein schöner Garten, der neben der Geschichte liegt; die Frage nach ihrem Platz in der Entwicklung (besser: der Genese) der modernen Musik stellt man sich nicht einmal.

Sind im Falle von Broch, Musil, Gombrowicz und in gewissem Sinne Bartók historische Katastrophen (Nazismus, Krieg) an der späten Anerkennung schuld, so ist es im Falle Janáčeks seine kleine Nation, die voll und ganz die Rolle der Katastrophen übernommen hat.

Die kleinen Nationen. Das ist kein quantitativer Begriff; er bezeichnet eine Situation; ein Schicksal: die kleinen Nationen kennen das glückliche Gefühl nicht, seit jeher und für immer da zu sein; sie alle sind zu einem bestimmten Zeitpunkt ihrer Geschichte durch das Vorzimmer des Todes gegangen; stets konfrontiert mit der arroganten Ignoranz der Großen, sehen sie ihre Existenz ständig bedroht oder in Frage gestellt; denn ihre Existenz *ist* eine Frage.

In ihrer Mehrheit haben sich die kleinen europäischen Nationen im Laufe des 19. und 20. Jahrhunderts emanzipiert und ihre Unabhängigkeit erlangt. Also haben sie einen spezifischen Entwicklungsrhythmus. Für die Kunst war diese historische Ungleichzeitigkeit oft fruchtbar, da sie ein seltsames Zusammenprallen verschiedener Epochen erlaubte: so nahmen Janáček und Bartók leidenschaftlich am nationalen Kampf ihrer Völker teil; das ist ihre 19. Jahrhundert-Seite: ein außerordentlicher Sinn fürs Reale, die Verbundenheit mit dem Volk, der Volkskunst, eine spontanere Beziehung zum Publikum; diese Eigenschaften, in der Kunst der großen Länder damals nicht mehr vorhanden, vermählten sich mit der Ästhetik der Moderne zu einer überraschenden, unnachahmlichen, glücklichen Einheit.

Die kleinen Nationen bilden ein »anderes Europa«, dessen Entwicklung den Kontrapunkt zum Europa der Großen darstellt. Ein Beobachter mag fasziniert sein von der oft erstaunlichen Intensität ihres kulturellen Lebens. Hier zeigt sich der Vorteil der Kleinen: der Reichtum kultureller Ereignisse hat »menschliche Dimensionen«; jedermann ist in der Lage, diesen Reichtum zu erfassen, an der Gesamtheit des kulturellen Lebens teilzuhaben; deshalb kann uns eine kleine Nation in ihren besten Momenten das Leben einer antiken griechischen Polis vor Augen führen.

Diese Teilhabe aller an allem mag auch an etwas anderes erinnern: an die Familie; eine kleine Nation gleicht einer großen Familie, und sie liebt es, sich so zu bezeichnen. In der Sprache des kleinsten europäischen Volkes, im Isländischen, heißt Familie: *fjölskylda*; die Etymologie ist vielsagend: *skylda* heißt: Verpflichtung; *fjöl* heißt: vielfach. Die Familie ist also eine vielfache Verpflichtung. Die Isländer haben ein einziges Wort, um die »Familienbande« zu bezeichnen: *fjölskyldubönd*: die Fäden (*bönd*) der vielfachen Verpflichtungen. In der großen Familie einer kleinen Nation ist der Künstler also auf vielfache Weise gebunden, durch vielfache Fäden. Wenn Nietzsche lautstark den deutschen Charakter beschimpft, wenn Stendhal erklärt, er ziehe Italien seiner Heimat vor, fühlt sich kein Deutscher und kein Franzose beleidigt; wagte ein Grieche oder ein Tscheche es, das gleiche zu sagen, würde seine Familie ihn verfluchen wie einen verabscheuungs-würdigen Verräter.

Hinter ihren unzugänglichen Sprachen versteckt, bleiben die kleinen europäischen Nationen (ihr Leben, ihre Geschichte, ihre Kultur) fast unbekannt; man meint natürlich, darin liege das wichtigste Handicap für die internationale Anerkennung ihrer Kunst. Doch das Gegenteil ist der Fall: diese Kunst ist dadurch gehandicapt, daß jeder (die Kritik, die Historiographie, die eigenen Landsleute wie auch die Ausländer) sie auf das große nationale Familienfoto klebt und nicht mehr von dort wegläßt. Gombrowicz: ohne jede Notwendigkeit (und ohne jede Kompetenz) mühen seine ausländischen Interpreten sich damit ab, sein Werk zu erklären, indem sie sich über den polnischen Adel, das polnische Barock etc. etc. ergehen. Wie Proguidis[1] sagt, wird er »polonisiert« und »repoloni-siert«, in den *kleinen nationalen Kontext* zurückgedrängt. Doch es ist nicht die Kenntnis des polnischen Adels, sondern die Kenntnis des modernen Romans auf der ganzen Welt (das heißt die Kenntnis des *großen Kontexts*), die uns die Neuartig-keit und damit den Wert von Gombrowicz' Romanen verstehen läßt.

---

1 Lakis Proguidis, *Un écrivain malgré la critique*, Paris (Gallimard) 1989.

O kleine Nationen. In der gemütlichen Intimität ist jeder auf jeden neidisch, jeder überwacht jeden. »Familien, ich hasse euch!« Und noch ein anderer Ausspruch Gides: »Nichts ist gefährlicher für dich als *deine* Familie, als *dein* Zimmer, als *deine* Vergangenheit. [...] Du mußt sie verlassen.« Ibsen, Strindberg, Joyce, Seferis haben es gewußt. Sie verbrachten einen großen Teil ihres Lebens im Ausland, fern vom Machtanspruch der Familie. Für Janáček, den aufrichtigen Patrioten, war dies undenkbar. Also zahlte er dafür.

Natürlich begegneten alle modernen Künstler dem Unverständnis und dem Haß; doch waren sie gleichzeitig von Schülern, Theoretikern, Interpreten umgeben, die sie verteidigten und von Anfang an die authentische Auffassung ihrer Kunst vertraten und durchsetzten. In Brünn, in der Provinz, in der er sein ganzes Leben verbrachte, hatte auch Janáček seine Anhänger, oft wunderbare Interpreten (das »Janáček-Quartett« war einer der letzten Erben dieser Tradition), ihr Einfluß jedoch war schwach. Seit den ersten Jahren dieses Jahrhunderts strafte die offizielle tschechische Musikwissenschaft ihn mit Verachtung. Die nationalen Ideologen, die in der Musik keine anderen Götter als Smetana, keine anderen Gesetze als die Smetana-Gesetze kannten, ärgerten sich, weil Janáček anders war. Der Papst der Prager Musikwissenschaft, Professor Nejedlý, der gegen Ende seines Lebens, 1948, Kulturminister und allmächtiger Kulturchef in der stalinisierten Tschechoslowakei wurde, frönte in seiner streitsüchtigen Senilität nur zwei großen Leidenschaften: der Verehrung Smetanas und der Verabscheuung Janáčeks. Die wirkungsvollste Unterstützung, die Janáček zeit seines Lebens erfuhr, war die von Max Brod; dadurch, daß er zwischen 1918 und 1928 alle Opern ins Deutsche übersetzte, öffnete er ihnen die Grenzen und erlöste sie von dem ausschließlichen Machtanspruch der eifersüchtigen Familie. 1924 schrieb er die erste Janáček gewidmete Monographie; aber er war kein Tscheche, die erste

Monographie über Janáček ist also deutsch. Die zweite ist französisch, erschienen in Paris 1930. Auf tschechisch kam die erste umfassende Monographie erst neununddreißig Jahre nach der von Brod heraus.[1] Franz Kafka hat den Kampf, den Brod für Janáček führte, mit dem einst für Dreyfus ausgefochtenen verglichen. Ein erstaunlicher Vergleich, der das Maß an Feindseligkeit offenbart, dem Janáček im eigenen Land ausgesetzt war. Von 1903 bis 1916 lehnte das Prager Nationaltheater Janáčeks erste Oper, *Jenufa*, hartnäckig ab. Zur gleichen Zeit verwarfen Joyce' Zeitgenossen in Dublin dessen erstes Prosawerk, *Die Dubliner*, und verbrannten 1912 sogar die Druckfahnen. Janáčeks Geschichte unterscheidet sich von der von Joyce durch ihren perversen Ausgang: er war gezwungen, die Uraufführung von *Jenufa* mit dem Dirigenten zu erleben, der ihn vierzehn Jahre lang hatte abblitzen lassen, der vierzehn Jahre lang nur Verachtung für seine Musik gezeigt hatte. Er war gezwungen, dafür auch noch dankbar zu sein. Nach diesem demütigenden Sieg (die Partitur war rot von Korrekturen, Streichungen, Hinzufügungen) fing man in Böhmen an, ihn zu tolerieren. Ich sage: tolerieren. Wenn es einer Familie nicht gelingt, den ungeliebten Sohn zu vernichten, erniedrigt sie ihn durch mütterliche Langmut. Die in Böhmen landläufige Kritik, die sich Janáček gegenüber wohlwollend gibt, reißt ihn aus dem Kontext der modernen Musik und mauert ihn in der lokalen Problematik ein: Liebe zur Volkskunst, mährischer Patriotismus, Bewunderung für die Frau, für die Natur, für Rußland, das Slawentum und andere Albernheiten mehr. Familie, ich hasse dich. Bis zum heutigen Tag ist keine wichtige musikwissenschaftliche Studie, die die *ästhetische Innovation*

---

1 Jaroslav Vogel: *Janáček* (in deutscher Übersetzung durch Pavel Eisner 1958 im Artia Verlag Prag erschienen), eine detaillierte, redliche Monographie, die in ihren Urteilen aber durch den nationalen und nationalistischen Horizont beschränkt ist. Bartók und Berg, die beiden Komponisten, die Janáček im internationalen Maßstab am nächsten stehen: der erste wird überhaupt nicht erwähnt, der zweite kaum. Doch läßt sich Janáčeks Platz auf der Karte der modernen Musik ohne diese beiden Bezugspunkte bestimmen?

von Janáčeks Werk analysieren würde, von einem seiner Landsleute geschrieben worden. Keine einflußreiche Interpreta-
tionsschule, die der Welt Janáčeks eigentümliche Ästhetik
vermitteln könnte. Keine Strategie, um seine Musik bekannt-
zumachen. Keine Gesamtausgabe seines Werks auf Schallplatten. Keine Gesamtausgabe seiner theoretischen und kritischen Schriften.

Und dabei hat diese kleine Nation nie einen größeren Künstler gehabt als ihn.

13

Gehen wir darüber hinweg. Ich denke an das letzte Jahrzehnt
seines Lebens: sein Land unabhängig, seine Musik endlich ge-
feiert, er selbst geliebt von einer jungen Frau; seine Werke werden immer kühner, freier, fröhlicher. Ein Picasso-Alter. Im
Sommer 1928 kommt ihn seine Liebste in Begleitung ihrer
beiden Kinder in seinem kleinen Landhaus besuchen. Die
Kinder verirren sich im Wald, er geht sie suchen, läuft in alle
Richtungen, erkältet sich, bekommt eine Lungenentzündung,
wird ins Krankenhaus eingeliefert und stirbt einige Tage später. Sie ist bei ihm. Seit meinem vierzehnten Lebensjahr höre
ich munkeln, er sei gestorben, während sie sich im Kranken-
hausbett liebten. Wenig wahrscheinlich, aber, wie Hemingway gern sagte, wahrer als die Wahrheit. Gibt es eine bessere
Krönung für die entfesselte Euphorie seiner späten Alters-
jahre?

Hier liegt auch der Beweis, daß es in der nationalen Familie
trotz allem Menschen gab, die ihn liebten. Denn diese Legende ist ein Blumenstrauß auf seinem Grab.

Achter Teil

Wege im Nebel

Ironie, was ist das?

Im vierten Teil von *Das Buch vom Lachen und Vergessen* will Tamina, die Heldin, daß Bibi, eine junge Graphomanin, ihr einen Gefallen tut; um Bibis Sympathie zu gewinnen, arrangiert sie für sie ein Treffen mit einem Provinzschriftsteller namens Banaka. Dieser erklärt der Graphomanin, daß die echten Schriftsteller von heute die veraltete Kunst des Romans aufgegeben hätten: »Sehen Sie, ein Roman ist eine Frucht der menschlichen Illusion, den anderen verstehen zu können. Aber was wissen wir denn schon vom anderen? [...] Das einzige, was man tun kann, ist, über sich selbst zu berichten. [...] Alles andere ist Lüge.« Und Banakas Freund, ein Philosophieprofessor: »Spätestens seit James Joyce wissen wir, daß das größte Abenteuer unseres Lebens das Fehlen von Abenteuern ist. [...] Homers Odyssee hat sich nach innen verlagert. Sich verinnerlicht.« Einige Zeit nach Erscheinen meines Buches habe ich diese Worte als Motto zu einem französischen Roman gelesen. Ich fühlte mich sehr geschmeichelt, aber auch ratlos, denn das, was Banaka und sein Freund sagten, war in meinen Augen nur gezierter Schwachsinn. Damals, in den siebziger Jahren, habe ich es überall um mich herum gehört: mit Überresten von Strukturalismus und Psychoanalyse gespicktes universitäres Geschwätz.

Nachdem dieser vierte Teil von *Das Buch vom Lachen und Vergessen* als separate Broschüre in der Tschechoslowakei erschienen war (die erste Veröffentlichung eines meiner Texte nach zwanzig Jahren Publikationsverbot), schickte mir jemand einen Presseausschnitt nach Paris: der Kritiker war zufrieden mit mir, und als Beweis für meine Intelligenz zitierte er die Worte, die er glänzend fand: »Spätestens seit James Joyce wissen wir, daß das größte Abenteuer unseres Lebens das Fehlen von Abenteuern ist«, etc., etc. Ich empfand ein boshaftes Vergnügen daran, auf einem Esel des Mißverständnisses in mein Heimatland zurückzukehren.

Ein begreifliches Mißverständnis: ich habe nicht versucht, meinen Banaka und seinen Freund, den Professor, *lächerlich zu machen*. Ich habe meine Vorbehalte ihnen gegenüber nicht zur Schau gestellt. Im Gegenteil, ich habe alles getan, um sie zu verschleiern, da ich den Ansichten der beiden die Eleganz der intellektuellen Sprache verleihen wollte, die damals von allen respektiert und inbrünstig nachgeahmt wurde. Hätte ich ihre Worte lächerlich gemacht, indem ich ihre Überspanntheiten übertrieb, hätte ich eine Satire geschrieben. Die Satire ist Tendenzkunst; überzeugt von der eigenen Wahrheit, zieht sie ins Lächerliche, was sie zu bekämpfen beschlossen hat. Die Beziehung des Romanciers zu seinen Figuren ist nie satirisch; sie ist ironisch. Wie jedoch wird die per definitionem diskrete Ironie sichtbar? Durch den Kontext: die Äußerungen von Banaka und seinem Freund stehen in einem Umfeld von Gesten, Handlungen und Reden, durch die sie relativiert werden. Die kleine provinzielle Welt, die Tamina umgibt, zeichnet sich durch harmlose Egozentrik aus: jeder empfindet aufrichtige Sympathie für Tamina, trotzdem versucht niemand, sie zu verstehen, da niemand weiß, was verstehen überhaupt bedeutet. Wenn Banaka sagt, der Roman sei veraltet, denn es sei eine Illusion, den anderen zu verstehen, formuliert er nicht nur eine modische ästhetische Haltung, sondern, ohne es zu wissen, auch sein eigenes Elend und das seines ganzen Milieus: den fehlenden Willen, den andern zu verstehen, eine egozentrische Blindheit gegenüber der realen Welt.

Ironie bedeutet: keine Behauptung in einem Roman darf isoliert betrachtet werden, jede steht in komplexer und widersprüchlicher Weise in Beziehungen zu anderen Behauptungen, anderen Gesten, anderen Ideen, anderen Ereignissen.

Nur eine langsame, einmal, mehrere Male wiederholte Lektüre wird alle *ironischen Beziehungen* innerhalb des Romans ans Licht bringen, ohne die der Roman unverstanden bleibt.

K.s merkwürdiges Verhalten im Moment seiner Verhaftung

K. erwacht am Morgen und klingelt, noch im Bett, damit man ihm das Frühstück bringe. Statt des Dienstmädchens treten Unbekannte ein, normale Männer, normal gekleidet, die sich K. gegenüber aber sofort so selbstherrlich verhalten, daß K. zwingend ihre Stärke, ihre Macht spüren muß. Obwohl sie ihm lästig sind, ist er unfähig, sie zu verjagen, und fragt sie eher höflich: »Wer sind Sie?«

Von Anfang an schwankt K.s Verhalten zwischen seiner Schwäche, die bereit ist, sich der unglaublichen Unverschämtheit der Eindringlinge zu beugen (sie sind gekommen, um ihm seine Verhaftung mitzuteilen), und seiner Furcht, lächerlich zu wirken. So sagt er zum Beispiel mit Entschiedenheit: »Ich will weder hierbleiben, noch von Ihnen angesprochen werden, solange Sie sich mir nicht vorstellen.« Man braucht diese Worte nur aus dem ironischen Kontext zu lösen, sie wörtlich zu nehmen (wie mein Leser Banakas Worte aufgefaßt hat), und K. wäre für uns (wie für Orson Welles, der den *Prozeß* verfilmt hat) ein Mann-der-gegen-die-Gewalt-revoltiert. Dabei genügt es, den Text aufmerksam zu lesen, um zu sehen, daß dieser angeblich revoltierende Mann den Eindringlingen weiter gehorcht, die es nicht einmal für nötig halten, sich vorzustellen, und die ihm auch noch sein Frühstück wegessen und ihn die ganze Zeit im Nachthemd dastehen lassen.

Am Ende dieser merkwürdigen, erniedrigenden Szene (er reicht ihnen die Hand, doch sie weigern sich, sie zu nehmen), sagt einer der Männer zu K.: »Sie werden wohl jetzt in die Bank gehen wollen?« »In die Bank?« fragte K., »ich dachte, ich wäre verhaftet!«

Da ist er wieder, der Mann-der-gegen-die-Gewalt-revoltiert! Er ist sarkastisch! Er provoziert! Wie Kafkas Kommentar es übrigens klar erläutert: »K. fragte mit einem gewissen
Trotz, denn obwohl sein Handschlag nicht angenommen worden war, fühlte er sich, insbesondere seitdem der Aufseher auf-
gestanden war, immer unabhängiger von allen diesen Leuten.
Er spielte mit ihnen. Er hatte die Absicht, falls sie weggehen
sollten, bis zum Haustor nachzulaufen und ihnen seine Verhaftung anzubieten.«

Eine äußerst subtile Ironie: K. kapituliert, will sich selbst
aber als den Starken sehen, der »mit ihnen spielt«, sich über sie
lustig macht, indem er zum Hohn so tut, als nähme er seine
Verhaftung ernst; er kapituliert, interpretiert seine Kapitula-
tion aber sogleich so, daß er vor sich selbst seine Würde bewahren kann.

Zuerst las man Kafka mit tragischem Gesichtsausdruck.
Dann erfuhr man, daß Kafka alle seine Freunde zum Lachen
gebracht hatte, als er ihnen das erste Kapitel aus dem *Prozeß*
vorlas. Also begann man, sich ebenfalls zum Lachen zu zwin-
gen, aber ohne genau zu wissen, warum. In der Tat, was ist so
lustig in diesem Kapitel? K.s Verhalten. Doch inwiefern ist
dieses Verhalten komisch?

Diese Frage erinnert mich an die Jahre, die ich an der Film-
hochschule in Prag verbracht habe. Während der Fakultätssit-
zungen betrachteten ein Freund und ich mit boshafter Sympathie einen unserer Kollegen, einen ungefähr fünfzigjährigen
Schriftsteller, einen scharfsinnigen und korrekten Mann, von
dem wir aber annahmen, daß er von ungeheurer und unüber-
windlicher Feigheit war. Wir träumten von folgender Situation, die wir (leider!) nie in die Tat umgesetzt haben.

Einer von uns sagt mitten in der Sitzung zu ihm: »Auf die
Knie!«

Er versteht zunächst nicht, was wir wollen; genauer, er versteht in seiner scharfsinnigen Ängstlichkeit sofort, glaubt
aber, er könne ein wenig Zeit gewinnen, indem er so tut, als
hätte er nicht verstanden.

Wir sind gezwungen, die Stimme zu erheben: »Auf die Knie!«

In diesem Moment kann er nicht mehr so tun, als verstünde er nicht. Er ist schon bereit zu gehorchen, hat nur noch ein einziges Problem zu lösen: wie? Wie soll er niederknien, hier, vor den Augen all seiner Kollegen, ohne sich zu erniedrigen? Er sucht verzweifelt nach einer lustigen Formulierung, um sein Niederknien zu begleiten: »Meine lieben Kollegen, würden Sie mir erlauben, daß ich mir ein Kissen unter die Knie lege?«

»Auf die Knie und schweig!«

Er tut es, indem er die Hände faltet und den Kopf leicht nach links neigt: »Meine lieben Kollegen, wenn Sie sich in der Renaissancemalerei auskennen, wissen Sie, daß dies genau die Stellung ist, in der Raphael den heiligen Franz von Assisi gemalt hat.«

Jeden Tag dachten wir uns neue Varianten dieser köstlichen Szene aus, wobei wir immer weitere geistreiche Formulierungen erfanden, mit denen unser Kollege versuchen würde, seine Würde zu retten.

Der zweite Prozeß gegen Josef K.

Im Gegensatz zu Orson Welles waren Kafkas erste Interpreten weit davon entfernt, K. als Unschuldigen zu sehen, der gegen die Willkür revoltiert. Für Max Brod, daran besteht kein Zweifel, war Josef K. schuldig. Was hat er getan? Laut Brod (*Verzweiflung und Erlösung im Werk Franz Kafkas*, 1959) ist er der *Lieblosigkeit* schuldig. »Josef K. liebt niemanden, er liebelt nur, deshalb muß er sterben.« (Behalten wir die erhabene Dummheit dieses Satzes für immer im Gedächtnis!) Dann liefert Brod zwei Beweise dieser Lieblosigkeit: nach einem unvollendeten und nicht in den Roman aufgenommenen Kapitel (es wird gewöhnlich im Anhang publiziert) hat Josef K. seine Mutter schon drei Jahre lang nicht mehr besucht; er schickt ihr nur Geld, erkundigt sich bei einem Vetter nach ihrem Befinden; (merkwürdige Ähnlichkeit: Meursault in *Der Fremde* wird ebenfalls beschuldigt, seine Mutter nicht zu lieben). Der zweite Beweis ist K.s Beziehung zu Fräulein Bürstner, eine Beziehung, laut Brod, von »niedrigster Sexualität«. »[...] Fräulein Bürstner, zu dem ihn eine Art von Verlangen zieht, bleibt ihm als Mensch schattenhaft, interessiert ihn nur als Sexualwesen.«

Eduard Goldstücker, ein tschechischer Kafkologe, hat K. in seinem Vorwort zur 1964 erschienenen Prager Ausgabe von *Der Prozeß* mit ähnlicher Strenge verurteilt, obwohl sein Vokabular nicht, wie bei Brod, von der Theologie, sondern von einer marxistisch orientierten Soziologie geprägt war: »Josef K. machte sich im Grunde dadurch schuldig, daß er die Mechanisierung seines Lebens zuließ, restlos der monotonen Maschinerie zum Opfer fiel und sich dadurch um all das bringen ließ, was einen Menschen zum Menschen macht, daß er Teil dieser Maschinerie wurde und folglich vom Gesetz abfiel, dem laut Kafka jeder unterworfen ist und das sich vielleicht am knappsten und allgemeinsten im Imperativ: ›Sei menschlich!‹ ausdrücken läßt.« Nach einem furchtbaren stalinistischen Prozeß, in dem Goldstücker imaginärer Verbrechen beschuldigt wurde, verbrachte er in den fünfziger Jahren vier Jahre im Gefängnis. Ich frage mich: Wie konnte er, selbst Opfer eines Prozesses, ungefähr zehn Jahre später einen anderen Prozeß gegen einen anderen Angeklagten anstrengen, der ebensowenig schuldig war wie er?

Nach Alexandre Vialatte (*L'histoire secrète du Procès*, 1947) ist der Prozeß in Kafkas Roman der Prozeß, den Kafka gegen sich selbst führt, wobei K. nur Kafkas Alter ego darstelle: Kafka hatte die Verlobung mit Felice aufgelöst, und der künftige Schwiegervater »war extra aus Malmö gekommen, um den Schuldigen zu verurteilen. Das Hotelzimmer, wo diese Szene sich (im Juli 1914) abspielte, wirkte auf Kafka wie ein Tribunal. [...] Am folgenden Tag nahm er *Die Strafkolonie* und den *Prozeß* in Angriff. Wir kennen K.s Verbrechen nicht, und die gängige Moral spricht ihn frei. Und dabei ist seine ›Unschuld‹ teuflisch. [...] K. hat auf mysteriöse Weise den Gesetzen einer mysteriösen Justiz zuwidergehandelt, die mit der unseren nichts gemein hat. [...] Der Richter ist Doktor Kafka, der Angeklagte ist Doktor Kafka. Er bekennt sich einer teuflischen Unschuld schuldig.«

Während des ersten Prozesses (von dem Kafka in seinem Roman erzählt) beschuldigt das Gericht K., *ohne das Verbrechen zu nennen*. Die Kafkologen sind nicht erstaunt darüber, daß man jemanden anklagt, ohne zu sagen, weshalb, und sie bemühen sich nicht sonderlich, über die Weisheit dieser unerhörten Erfindung nachzudenken und ihre Schönheit zu würdigen. Statt dessen schlüpfen sie in die Rolle von Staatsanwälten in einem neuen Prozeß, den sie selbst gegen K. anstrengen, indem sie diesmal versuchen, die wahre Schuld des Angeklagten herauszufinden. Brod: er ist unfähig zu lieben! Goldstücker: er hat die Mechanisierung seines Lebens zugelassen! Vialatte: er hat seine Verlobung aufgelöst! Man muß ihnen ein Verdienst zugestehen: ihr Prozeß gegen K. ist ebenso kafkaesk wie der erste. Denn wenn K. in seinem ersten Prozeß *keines Verbrechens* angeklagt wird, so wird er im zweiten *eines beliebigen Verbrechens* angeklagt, was auf dasselbe herauskommt, weil in beiden Fällen eines klar ist: K. ist nicht schuldig, weil er ein Verbrechen begangen hat, sondern weil er angeklagt wurde. Er ist angeklagt, also muß er sterben.

Schuldgefühle einjagen

Es gibt nur eine einzige Methode, um Kafkas Romane zu verstehen. Sie wie Romane zu lesen. Statt in K.s Person ein Porträt des Autors und in K.s Worten eine geheimnisvolle, chiffrierte Botschaft zu sehen, aufmerksam das Verhalten der Figuren, ihre Aussagen, ihr Denken zu verfolgen und zu versuchen, sie sich plastisch vorzustellen. Wenn man den *Prozeß* von Anfang an so liest, wird man ob der seltsamen Reaktion

K.s anläßlich seiner Verhaftung stutzig: ohne etwas Böses getan zu haben (oder ohne zu wissen, was er Böses getan hätte), beginnt K. sich alsbald so zu verhalten, als sei er schuldig. Er fühlt sich schuldig. Man hat ihn schuldig gemacht. Man hat ihm *Schuldgefühle eingejagt.*

Früher sah man zwischen »schuldig sein« und »sich schuldig fühlen« nur eine einfache Beziehung: wer schuldig ist, fühlt sich schuldig. Das französische Wort »culpabiliser« (Schuldgefühle einjagen) ist in der Tat relativ jung; es wurde, dank der Psychoanalyse und ihrer terminologischen Neuschöpfungen, erstmals 1966 verwendet; das von diesem Verb abgeleitete Substantiv »culpabilisation« wurde zwei Jahre später, 1968, gebildet. Die bis dahin unerforschte Situation, wie man jemandem Schuldgefühle einjagt, war aber in Kafkas Roman schon längst dargestellt und beschrieben worden, an der Figur K.s, und dies in verschiedenen Entwicklungsstadien:

Erstes Stadium: vergeblicher Kampf um die verlorene Würde. Ein unsinnigerweise angeklagter Mann, der noch nicht an seiner Unschuld zweifelt, ist peinlich berührt zu sehen, daß er sich wie ein Schuldiger benimmt. Sich wie ein Schuldiger zu benehmen und es nicht zu sein, ist irgendwie erniedrigend, und das bemüht sich der Mann zu vertuschen. Diese in der ersten Szene des Romans dargestellte Situation wird im folgenden Kapitel in einem ungeheuer ironischen Scherz kondensiert:

Eine unbekannte Stimme sagt am Telefon zu K.: er solle am nächsten Sonntag in einem Haus in der Vorstadt verhört werden. Ohne zu zögern, beschließt er hinzugehen; aus Gehorsam? aus Angst? o nein, die Selbsttäuschung funktioniert automatisch: er will hingehen, um schnell mit diesen Nervensägen, die ihn mit ihrem albernen Prozeß belästigen, zu einem Ende zu kommen. (»Der Prozeß kam in Gang, und er mußte sich dem entgegenstellen, diese erste Untersuchung sollte auch die letzte sein.«) Eine Stunde später lädt sein Direktor ihn für denselben Sonntag zu sich ein. Die Einladung ist wichtig für K.s Karriere. Wird er also dieser grotesken Vorladung nicht Folge leisten? Nein; er lehnt die Einladung des Direktors ab, da er, ohne es sich einzugestehen, bereits vom Prozeß beherrscht wird.

Also geht er am Sonntag hin. Ihm wird bewußt, daß die Stimme, die ihm am Telefon die Adresse nannte, vergessen hat, ihm die Uhrzeit mitzuteilen. Nichtsdestoweniger fühlt er sich zur Eile getrieben und *läuft* (ja, so steht es da, *er lief*) durch die ganze Stadt. Er läuft, um rechtzeitig anzukommen, obwohl ihm keine Uhrzeit bekannt ist. Nehmen wir an, daß er seine Gründe hat, so früh wie möglich dort zu sein; doch weshalb nimmt er dann nicht die Straßenbahn, die übrigens durch dieselbe Straße fährt, statt zu laufen? Der Grund: er weigert sich, die Straßenbahn zu nehmen, denn »schließlich hatte er aber auch nicht die geringste Lust, sich durch allzu große Pünktlichkeit vor der Untersuchungskommission zu erniedrigen«. Er läuft zur Gerichtsverhandlung, läuft jedoch als ein stolzer Mensch, der sich niemals selbst erniedrigt.

Zweites Stadium: Kraftprobe. Endlich gelangt er in einen Saal, in dem er erwartet wird. »Sie sind Zimmermaler?« sagt der Untersuchungsrichter, und K. reagiert vor dem Publikum, das den Saal füllt, virtuos auf den lächerlichen Irrtum: »Nein, sondern erster Prokurist einer großen Bank«, und dann geißelt er in einer langen Rede die Inkompetenz des Gerichts. Ermutigt durch den Applaus, fühlt er sich stark, und nach dem wohlbekannten Klischee des Angeklagten, der zum Ankläger wird (Welles, für Kafkas Ironie bewundernswert taub, ist auf dieses Klischee hereingefallen), bietet er seinen Richtern die Stirn. Der erste Schock stellt sich ein, als er auf den Krägen sämtlicher Teilnehmer Abzeichen sieht und begreift, daß das Publikum, das er zu verführen im Sinn hatte, ausschließlich aus Beamten besteht, die in Wirklichkeit »Zuhörer und Schnüffler« sind. Er entfernt sich und wird bei der Tür vom Untersuchungsrichter erwartet, der ihn warnt: »Ich wollte Sie nur darauf aufmerksam machen [...], daß Sie sich heute [...] des Vorteils beraubt haben, den ein Verhör für den Verhafteten in jedem Falle bedeutet.« Und K. ruft: »Ihr Lumpen, ich schenke euch alle Verhöre.«

Man wird nicht klug aus dieser Szene, wenn man sie nicht im ironischen Kontext dessen sieht, was unmittelbar auf K.s empörten Ausruf folgt, mit dem das Kapitel schließt. Hier die ersten Sätze des folgenden Kapitels: »K. wartete während der nächsten Woche von Tag zu Tag auf eine neuerliche Verständigung, er konnte nicht glauben, daß man seinen Verzicht auf Verhöre wörtlich genommen hatte, und als die erwartete Verständigung bis Samstagabend wirklich nicht kam, nahm er an, er sei stillschweigend in das gleiche Haus für die gleiche Zeit wieder vorgeladen. Er begab sich daher Sonntags wieder hin [...]«

Drittes Stadium: Sozialisation des Prozesses. Beunruhigt durch den Prozeß, der gegen seinen Neffen geführt wird, kommt eines Tages K.s Onkel vom Lande angereist. Ein bemerkenswerter Umstand: der Prozeß findet in aller Heimlichkeit, sozusagen versteckt statt, und dennoch ist jedermann auf dem laufenden. Ein anderer bemerkenswerter Umstand: niemand zweifelt an K.s Schuld. Die Gesellschaft hat sich die Anklage bereits zu eigen gemacht, indem sie das Gewicht ihrer schweigenden Billigung (oder ihrer Nicht-Mißbilligung) hinzufügte. Man hätte empörtes Erstaunen erwartet: Wie konnte man dich anklagen? Für welches Verbrechen eigentlich? Doch der Onkel wundert sich nicht. Angst macht ihm nur der Gedanke an die Folgen, die der Prozeß für die ganze Verwandtschaft haben könnte.

Viertes Stadium: Selbstkritik. Um sich vor dem Prozeß zu schützen, der sich weigert, die Anklage zu formulieren, sucht K. schließlich selbst nach der Schuld. Wo liegt sie verborgen? Bestimmt irgendwo in seinem Curriculum vitae. Es mußte »das ganze Leben in den kleinsten Handlungen und Ereignissen in die Erinnerung zurückgebracht, dargestellt und von allen Seiten überprüft werden ...«

Die Situation ist weit davon entfernt, irreal zu sein: so mag sich tatsächlich eine einfache, vom Pech verfolgte Frau fragen: was habe ich Schlechtes getan? Und sie wird anfangen, ihre Vergangenheit zu durchforschen, wobei sie nicht nur ihre

Handlungen, sondern auch ihre Worte und heimlichen Gedanken prüft, um den Zorn Gottes zu verstehen.

Die politische Praxis des Kommunismus hat für diese Haltung das Wort *Selbstkritik* geschaffen (im Französischen wurde es, im politischen Sinn, um 1930 verwendet; Kafka benutzt es nicht). Der Gebrauch, der von diesem Wort gemacht wurde, entspricht nicht ganz seinem etymologischen Sinn. Es geht nicht darum, sich selbst zu *kritisieren* (die guten Seiten von den schlechten zu unterscheiden, um Fehler zu korrigieren), es geht darum, *seine Schuld zu finden*, um dem Ankläger zu helfen, um die Anklage anzunehmen und gutzuheißen.

Fünftes Stadium: Identifikation des Opfers mit seinem Henker. Im letzten Kapitel erreicht Kafkas Ironie ihren entsetzlichen Höhepunkt: zwei Herren in Gehröcken kommen, um K. abzuholen, und führen ihn auf die Straße. Er begehrt zunächst auf, sagt sich aber schon bald: »Das einzige, was ich jetzt tun kann [...] ist, bis zum Ende den ruhig einteilenden Verstand behalten. [...] Soll ich nun zeigen, daß nicht einmal der einjährige Prozeß mich belehren konnte? Soll ich als ein begriffsstutziger Mensch abgehen?«

Dann sieht er von weitem Polizisten auf und ab gehen. Ein Polizeimann nähert sich dem Grüppchen, das ihm verdächtig vorkommt. In diesem Moment zieht K. aus eigenem Antrieb die beiden Herren mit sich fort, er fängt sogar mit ihnen zu laufen an, um den Polizisten zu entkommen, die stören und vielleicht, wer weiß?, die Hinrichtung, die ihn erwartet, verhindern könnten.

Endlich sind sie am Ziel angelangt; die Herren schicken sich an, ihn niederzumetzeln, und in diesem Augenblick geht ein Gedanke (die äußerste Selbstkritik) durch K.s Kopf: »K. wußte jetzt genau, daß es seine Pflicht gewesen wäre, das Messer, als es von Hand zu Hand über ihm schwebte, selbst zu fassen und sich einzubohren.« Und er bedauert seine Schwäche: »Vollständig konnte er sich nicht bewähren, alle Arbeit den Behörden nicht abnehmen, die Verantwortung für diesen letzten Fehler trug der, der ihm den Rest der dazu nötigen Kraft versagt hatte.«

Über wie lange Zeit kann man den Menschen als mit sich selbst identisch betrachten?

Die Identität von Dostojewskis Figuren beruht auf deren persönlicher Ideologie, die auf mehr oder weniger direkte Art ihr Verhalten bestimmt. Kirilow ist total absorbiert von seiner Philosophie des Selbstmords, den er als höchsten Ausdruck der Freiheit betrachtet. Kirilow: ein Mensch gewordener Gedanke. Ist der Mensch im realen Leben aber tatsächlich eine so direkte Projektion seiner persönlichen Ideologie? In *Krieg und Frieden* haben Tolstois Figuren (allen voran Pierre Besuchow und Andrej Bolkonskij) auch eine sehr reiche, sehr entwickelte Intellektualität, doch ist diese veränderlich, von wechselnder Gestalt, weshalb es unmöglich ist, diese Figuren nach ihren in jedem Lebensabschnitt verschiedenen Ideen zu definieren. Tolstoi vermittelt uns damit ein anderes Bild von dem, was der Mensch ist: ein Weg; einen gewundener Pfad; eine Reise, deren aufeinanderfolgende Abschnitte nicht nur unterschiedlich sind, sondern oftmals die absolute Verneinung vorangegangener Abschnitte darstellen.

Ich habe *Weg* gesagt, und dieses Wort könnte uns irreführen, denn das Bild des Wegs läßt an ein Ziel denken. Zu welchem Ziel aber führen Wege, die nur zufällig enden, abgebrochen durch den Zufall eines Todes? Es ist wahr, daß Pierre Besuchow am Schluß zu einer Haltung gelangt, die das ideale Endstadium zu sein scheint: er glaubt in dem Moment zu verstehen, daß es unnütz ist, ständig nach einem Sinn des Lebens zu suchen, für diese oder jene Sache zu kämpfen; Gott ist überall, im ganzen Leben, im alltäglichen Leben, man braucht also nur das zu erleben, was es zu erleben gibt, und es mit Liebe zu erleben: und er hängt sich mit ganzem Herzen, voller Glück, an seine Frau und seine Familie. Ist das Ziel erreicht? Der Gipfel, der bedeutet, daß alle vorangegangenen Etappen der Reise im nachhinein zu einfachen Treppenstufen werden? Wäre dies der Fall, verlöre Tolstois Roman seine wesentliche Ironie und rückte in die Nähe einer moralischen

Lektion in Romanform. Was nicht zutrifft. Im *Epilog*, der zusammenfaßt, was acht Jahre später geschieht, sieht man, wie Besuchow für eineinhalb Monate das Haus und seine Frau verläßt, um sich in Petersburg einer halbillegalen politischen Aktivität zu widmen. Neuerlich ist er also bereit, einen Sinn für sein Leben zu suchen, für eine Sache zu kämpfen. Die Wege enden nicht und kennen kein Ziel.

Man könnte sagen, daß die verschiedenen Abschnitte eines Wegs in ironischer Beziehung zueinander stehen. Im Reich der Ironie herrscht Gleichheit; das bedeutet, daß kein Abschnitt des Wegs dem anderen moralisch überlegen ist. Wenn Bolkonskij sich an die Arbeit begibt, um seinem Vaterland nützlich zu sein, will er auf diese Weise *die Schuld* seiner früheren Menschenfeindlichkeit *wiedergutmachen*? Nein. Keine Selbstkritik. In jedem Abschnitt des Wegs hat er all seine intellektuellen und moralischen Kräfte konzentriert, um seine Haltung zu wählen, und er weiß es; wie könnte er sich also vorwerfen, nicht gewesen zu sein, was er nicht sein konnte? Und ebenso wie man die verschiedenen Lebensabschnitte nicht unter einem moralischen Gesichtspunkt beurteilen kann, kann man sie nicht unter dem Gesichtspunkt der Authentizität beurteilen. Man kann unmöglich entscheiden, welcher Bolkonskij sich selbst am treusten war: jener, der sich vom öffentlichen Leben distanzierte, oder jener, der sich ihm verschrieb.

Wenn die verschiedenen Etappen so widersprüchlich sind, wie läßt sich ihr gemeinsamer Nenner bestimmen? Welches ist das gemeinsame Wesen, das es uns erlaubt, den atheistischen Besuchow und den gläubigen Besuchow als ein und dieselbe Person zu sehen? Wo bleibt das beständige Wesen eines »Ich«? Und worin besteht die moralische Verantwortung von Bolkonskij Nr. 2 gegenüber Bolkonskij Nr. 1? Trägt Besuchow, der Napoleon-Gegner, die Verantwortung für Besuchow, den einstigen Napoleon-Bewunderer? Wie lang ist die Zeitspanne, während der man einen Menschen als mit sich selbst identisch betrachten kann?

Konkret kann nur der Roman dieses Geheimnis erforschen, eines der größten, das der Mensch kennt; und es ist wahrscheinlich Tolstoi, der dies als erster getan hat.

Verschwörung von Details

Die Verwandlungen von Tolstois Figuren erscheinen nicht als lange Entwicklung, sondern als plötzliche Erleuchtung. Besuchow verwandelt sich mit erstaunlicher Leichtigkeit von einem Atheisten in einen Gläubigen. Dazu genügt, daß er durch den Bruch mit seiner Frau erschüttert ist und an einer Poststation einem reisenden Freimaurer begegnet, der sich mit ihm unterhält. Diese Leichtigkeit ergibt sich nicht aus oberflächlichem Wankelmut. Eher läßt sie erahnen, daß die sichtbare Veränderung von einem verborgenen, unbewußten Prozeß vorbereitet wurde, der dann plötzlich zutage tritt.

Andrej Bolkonskij, auf dem Schlachtfeld von Austerlitz schwer verletzt, erwacht allmählich wieder zum Leben. In diesem Moment gerät sein ganzes Universum eines brillanten jungen Mannes ins Wanken: nicht dank einer rationalen, logischen Reflexion, sondern einer einfachen Konfrontation mit dem Tod und einem langen Blick zum Himmel. Es sind diese Details (ein Blick zum Himmel), die in den entscheidenden Momenten, die Tolstois Personen durchleben, eine große Rolle spielen.

Später, als Andrej aus seinem tiefen Skeptizismus auftaucht, kehrt er zum aktiven Leben zurück. Dieser Veränderung geht ein langes Gespräch mit Pierre voraus, auf einer Fähre, die über einen Fluß setzt. Pierre ist zu dem Zeitpunkt (so sein momentanes Entwicklungsstadium) positiv, optimistisch, altruistisch eingestellt, und er widerspricht Andrejs menschenfeindlichem Skeptizismus. Doch während ihrer Unterhaltung gibt er sich eher naiv, verkündet Gemeinplätze, und es ist Andrej, der intellektuell brilliert. Wichtiger als Pierres Worte ist die Stille, die auf das Gespräch folgt: »Fürst

Andrej blickte, als er die Fähre verließ, zum Himmel, nach dem Pierre gewiesen hatte. Zum ersten Male nach Austerlitz sah er wieder den hohen, ewigen Himmel, den er gesehen hatte, als er auf dem Schlachtfelde von Austerlitz lag, und etwas längst Eingeschlafenes, etwas Besseres, das in ihm war, erwachte plötzlich wieder in seiner Seele, freudig und jugendfrisch.« Dieser Eindruck ist kurz und verschwindet alsbald, doch Andrej weiß, »daß dieses Gefühl, *das er nur nicht zu entwickeln verstand, doch in ihm lebte*«. Und eines Tages, sehr viel später, wie ein Funkenballett, entzündet eine *Verschwörung von Details* (ein Blick auf die Blätter einer Eiche, die zufällig gehörten fröhlichen Worte junger Mädchen, unerwartete Erinnerungen) dieses Gefühl (das »in ihm lebte«) und läßt ihn entflammen. Andrej, gestern noch glücklich in seinem Rückzug von der Welt, beschließt unvermutet, »im Herbst nach Petersburg zu gehen« und sogar »wieder in den Staatsdienst zu treten«. [...] »Und er ging, die Hände auf dem Rücken, lange im Zimmer auf und ab, bald mit finsterer Miene, bald lächelnd, und dachte *alle diese Gedanken, die mit Vernunft nichts zu tun haben, die sich mit Worten nicht ausdrücken lassen, und die er geheimhielt wie ein Verbrechen, jene Gedanken, die mit Pierre zusammenhingen, mit dem Ruhme, mit dem Mädchen am Fenster, mit der Eiche, mit weiblicher Schönheit und mit der Liebe*, und die sein ganzes Leben verändert hatten. Und in solchen Augenblicken war er, wenn jemand zu ihm kam, besonders kühl, streng und bestimmt, und besonders unangenehm logisch [...] als wolle er jemand für *all die geheime, innere Arbeit, die in ihm vorging*, bestrafen.« (Ich habe die bezeichnendsten Formulierungen hervorgehoben, M. K.) (Erinnern wir uns: es ist eine ähnliche Verschwörung von Details, die Häßlichkeit von Gesichtern, die sie gesehen, Sätze, die sie zufällig im Zugabteil gehört hat, eine unerwartete Erinnerung, die in Tolstois nächstem Roman Anna Kareninas Entschluß auslösen, sich das Leben zu nehmen.)

Noch eine weitere große Veränderung ereignet sich in

Andrej Bolkonskijs innerer Welt: tödlich verletzt in der Schlacht von Borodino, auf dem Operationstisch eines Militärlagers, wird er plötzlich von einem seltsamen Gefühl des Friedens und der Versöhnung erfüllt, einem Glücksgefühl, das ihn nicht mehr verlassen wird; dieser Glückszustand ist um so seltsamer (und um so schöner), als die Szene von außerordentlicher Grausamkeit ist, voller entsetzlich genauer Details über die Chirurgie in einer Epoche, die die Anästhesie noch nicht kannte; und was das Seltsamste an diesem seltsamen Zustand ist: er wird durch eine unerwartete und unlogische Erinnerung hervorgerufen: als der Feldscher ihm die Kleider auszieht, erinnert Andrej sich an »seine allererste fernste Kindheit«. Und einige Sätze danach: »Nach den überstandenen Schmerzen durchströmte Fürst Andrej ein Wonnegefühl, das er schon lange nicht mehr empfunden hatte. Die schönsten, glücklichsten Augenblicke seines Lebens, namentlich aus der allerfernsten Kindheit – wenn man ihn ausgezogen und in sein Bettchen gelegt hatte und die Niania ihn in Schlaf sang und er, den Kopf in die Kissen wühlend, sich in dem bloßen Bewußtsein des Lebens glücklich fühlte –, erstanden vor seinem geistigen Auge, und zwar nicht als Vergangenheit, sondern als Wirklichkeit.« Erst viel später stellt Andrej fest, daß sein Rivale Anatol, Nataschas Verführer, auf dem Nebentisch lag und ein Arzt damit beschäftigt war, ihm ein Bein abzuschneiden.

Die geläufige Lektüre dieser Szene: »Andrej, verletzt, sieht seinen Rivalen mit einem amputierten Bein; dieser Anblick erfüllt ihn mit grenzenlosem Mitleid mit ihm und den Menschen im allgemeinen.« Tolstoi wußte jedoch, daß derartige plötzliche Offenbarungen nicht an so offensichtliche und logische Ursachen geknüpft sind. Es ist deshalb ein merkwürdiges, flüchtiges Bild (die Erinnerung an die frühe Kindheit, als man ihn auf gleiche Weise entkleidete, wie der Feldscher es tut), das alles auslöst, die neuerliche Verwandlung, die neue Sicht der Dinge. Einige Sekunden später wird das wunderbare Detail gewiß auch von Andrej selbst bereits vergessen sein, wie es vermutlich von den meisten Lesern vergessen wird, die

Romane ebenso unaufmerksam und schlecht lesen wie sie ihr eigenes Leben »lesen«.

Und noch eine große Veränderung sei erwähnt, diesmal die von Pierre Besuchow, der den Entschluß faßt, Napoleon zu töten, einen Entschluß, dem folgende Episode vorausgeht: Er erfährt von seinen Freunden, den Freimaurern, daß Napoleon im dreizehnten Kapitel der *Offenbarung* als Antichrist identifiziert wird: »Wer Verstand hat, der überlege die Zahl des Tiers; denn es ist eines Menschen Zahl, und seine Zahl ist sechshundertundsechsundsechzig.« Wenn man die französischen Buchstaben in Zahlen übersetzt, ergeben die Wörter *l'empereur Napoléon* die Zahl 666. »Diese Prophezeiung überraschte Pierre sehr, und er legte sich oft die Frage vor, was denn der Macht des Tieres, also Napoleons, die Grenze setzen werde, und versuchte nach demselben System der Wiedergabe von Worten durch Ziffern eine Antwort auf diese Frage zu finden. Er schrieb als Antwort auf diese Frage die Worte ›L'empereur Alexandre‹ und ›La nation russe‹ hin. Aber die Gesamtsumme der Zahlen betrug immer mehr oder weniger als 666. Eines Tages, als er wieder einmal solche Berechnungen anstellte, schrieb er seinen Namen: ›Comte Pierre Besouhoff‹; die Summe der Zahlen stimmte nicht. Er änderte die Orthographie und schrieb z für s, fügte ›de‹ oder den Artikel ›le‹ hinzu, erhielt aber trotzdem nicht das gewünschte Ergebnis. Dann kam ihm der Gedanke, wenn die Antwort auf jene Frage wirklich in seinem Namen stecken solle, so müsse die Antwort unbedingt auch seine Nationalität angeben. Er schrieb also: ›Le russe Besuhof‹, zählte zusammen und erhielt die Summe 671. Also fünf zuviel; fünf bedeutete ›e‹, das ›e‹, das in dem Artikel vor dem Worte ›empereur‹ weggelassen war. Indem Pierre nun ebenso, wenn auch gegen die Sprachregel, das ›e‹ wegließ, erhielt er die gesuchte Antwort: ›L'Russe Besuhof‹, mit der Summe 666. Diese Entdeckung erregte ihn stark.«

Die Sorgfalt, mit der Tolstoi alle orthographischen Veränderungen beschreibt, die Pierre mit seinem Namen anstellt, um auf die Zahl 666 zu kommen, ist unwiderstehlich komisch: *l'Russe*, ein wunderbarer orthographischer Gag. Können schwerwiegende und mutige Entscheidungen eines zweifellos intelligenten und sympathischen Menschen in einer Sottise verwurzelt sein?

Und was haben Sie vom Menschen gedacht? Was haben Sie von sich selbst gedacht?

Gesinnungsänderung als Anpassung an den Geist der Zeit

Eines Tages verkündet mir eine Frau strahlend: »Es gibt also kein Leningrad mehr! Man kommt auf das gute alte St. Petersburg zurück!« Für umgetaufte Städte und Straßen habe ich mich nie begeistern können. Ich will ihr das gerade sagen, halte mich aber im letzten Moment zurück: in ihrem vom faszinierenden Marsch der Geschichte geblendeten Blick ahne ich die Verstimmung voraus und habe keine Lust, mich zu streiten, um so weniger, als ich mich im selben Moment an eine Episode erinnere, die sie bestimmt vergessen hat. Dieselbe Frau hatte uns, meine Frau und mich, nach der russischen Invasion einmal in Prag besucht, 1970 oder 1971, als wir uns in der schwierigen Situation von Geächteten befanden. Von ihrer Seite war dies ein Solidaritätsbeweis, für den wir uns erkenntlich zeigen wollten, indem wir uns bemühten, sie zu erheitern. Meine Frau erzählte ihr eine lustige (übrigens merkwürdig prophetische) Geschichte von einem amerikanischen Krösus, der sich in einem Moskauer Hotel einquartiert hat. Man fragt ihn: »Haben Sie sich schon Lenin im Mausoleum angesehen?« Und er antwortet: »Ich habe ihn mir für zehn Dollar ins Hotel bringen lassen.« Unser Gast verzog das Gesicht. Da sie eine Linke war (sie ist es immer noch), sah sie in der russischen Besetzung der Tschechoslowakei den Verrat an den Idealen, die ihr teuer waren, und sie fand es unzulässig, daß die Opfer, mit denen sie sympathisieren wollte, sich über

208

diese verratenen Ideale mokierten. »Ich finde das nicht lustig«, sagte sie kalt, und nur unser Status als Geächtete bewahrte uns vor einem Bruch.

Ich könnte viele solcher Geschichten erzählen. Die Gesinnungsänderungen betreffen nicht nur die Politik, sondern auch die Sitten im allgemeinen, den erst aufsteigenden und dann absinkenden Feminismus, die von Verachtung gefolgte Bewunderung für den »Nouveau roman«, den von freizügiger Pornographie abgelösten revolutionären Puritanismus, den Europagedanken, als reaktionär und neokolonialistisch verschrien von denselben Leuten, die ihn später als Flagge des Fortschritts gehißt haben, etc., und ich frage mich: erinnern sie sich an ihre vergangenen Haltungen oder nicht? Behalten sie die Geschichte ihrer Veränderungen im Gedächtnis? Nicht daß ich empört wäre, Menschen zu sehen, die ihre Gesinnung ändern. Besuchow, ein früherer Bewunderer Napoleons, ist zu dessen potentiellem Mörder geworden, und er ist mir im einen wie im andern Fall sympathisch. Hat eine Frau, die 1971 Lenin verehrt hat, nicht das Recht, sich 1991 zu freuen, daß Leningrad nicht mehr Leningrad ist? Natürlich hat sie das. Dennoch ist die Veränderung, die in ihr vorgegangen ist, verschieden von der Besuchows.

Gerade dann, wenn ihre innere Welt sich verwandelt, bestätigen Besuchow oder Bolkonskij sich als Individuen; sie überraschen; sie unterscheiden sich; ihre Freiheit entzündet sich, und mit ihr die Identität mit ihrem Ich; es sind dies Momente der Poesie: sie erleben sie mit einer solchen Intensität, daß die ganze Welt ihnen entgegeneilt, mit einem trunkenen Gefolge wunderbarer Details. Bei Tolstoi ist der Mensch um so mehr er selbst, um so mehr Individuum, als er die Kraft, die Phantasie und die Intelligenz hat, sich zu verwandeln.

Im Gegensatz dazu offenbaren sich diejenigen, die ihre Haltung gegenüber Lenin, Europa etc. ändern, in ihrer Nicht-Individualität. Diese Änderung ist weder ihre Schöpfung noch ihre Erfindung, sie ist weder Laune noch Überraschung, weder Überlegung noch Verrücktheit; sie ist ohne Poesie; sie ist lediglich eine sehr prosaische Anpassung an den wechselnden Geist der Geschichte. Deshalb bemerken sie es nicht einmal; letztlich bleiben sie immer die gleichen: immer in der Wahrheit, immer das denkend, was man in ihrem Milieu denken muß; sie verändern sich nicht, um einem Wesenszug ihres Ichs näherzukommen, sondern um mit den andern zu verschmelzen; die Veränderung erlaubt ihnen, unverändert zu bleiben.

Ich kann mich auch anders ausdrücken: sie ändern ihre Ideen entsprechend dem unsichtbaren Gericht, das seinerseits dabei ist, die Ideen zu wechseln; ihre Veränderung ist folglich nur eine Wette auf das, was das Gericht morgen als Wahrheit verkünden lassen wird. Ich denke an meine Jugend in der Tschechoslowakei zurück. Nachdem wir die erste kommunistische Bezauberung hinter uns hatten, empfanden wir den kleinsten Schritt gegen die offizielle Doktrin als mutige Tat. Wir protestierten gegen die Verfolgung von Gläubigen, setzten uns ein für die verbotene moderne Kunst, stritten wider die Dummheit der Propaganda, kritisierten unsere Abhängigkeit von Rußland, etc. Indem wir das taten, riskierten wir etwas, nicht viel, aber immerhin etwas, und diese (kleine) Gefahr verschaffte uns eine angenehme moralische Befriedigung. Eines Tages ist mir ein schrecklicher Gedanke gekommen: und wenn diese Revolten nicht von einer inneren Freiheit, nicht von Mut diktiert gewesen wären, sondern von dem Wunsch, dem anderen Gericht zu gefallen, das im Schatten bereits seine Verhandlung vorbereitete?

Fenster

Man kann nicht weiter gehen als Kafka in *Das Schloß*; er hat ein höchst poetisches Bild einer höchst unpoetischen Welt geschaffen. Mit »höchst unpoetischer Welt« will ich sagen: die Welt, in der es keinen Platz mehr gibt für die individuelle Freiheit, für die Originalität des Individuums, in der der Mensch nur noch ein Instrument außermenschlicher Kräfte ist: der Bürokratie, der Technik, der Geschichte. Mit »höchst poetischem Bild« will ich sagen: ohne ihr unpoetisches Wesen und ihren unpoetischen Charakter zu verändern, hat Kafka diese Welt kraft seiner grenzenlosen Dichterphantasie umgestaltet.

K. ist völlig absorbiert von der Situation des Prozesses, der ihm aufgezwungen wurde; er hat absolut keine Zeit, an etwas anderes zu denken. Und trotzdem gibt es sogar in dieser ausweglosen Situation Fenster, die sich für einen kurzen Moment plötzlich öffnen. Er kann durch diese Fenster nicht entkommen; sie öffnen sich halb und schließen sich sogleich wieder; aber er kann wenigstens, in einem blitzartigen Augenblick, die Poesie der Welt draußen wahrnehmen, die Poesie, die trotz allem vorhanden ist als eine stets gegenwärtige Möglichkeit und die einen schwachen Silberglanz auf sein Leben eines Gehetzten wirft.

Solche kurzen Öffnungen sind zum Beispiel K.s Blicke: er kommt in die Vorstadtstraße, wohin er zu seinem ersten Verhör vorgeladen wurde. Einen Augenblick zuvor ist er noch gelaufen, um rechtzeitig dort zu sein. Jetzt bleibt er stehen. Er steht auf der Straße und blickt um sich, wobei er den Prozeß für Sekunden vergißt: »Jetzt, am Sonntagmorgen, waren die meisten Fenster besetzt, Männer in Hemdärmeln lehnten dort und rauchten oder hielten kleine Kinder vorsichtig und zärtlich an den Fensterrand. Andere Fenster waren hoch mit Bettzeug angefüllt, über dem flüchtig der zerraufte Kopf einer Frau erschien.« Dann betritt er den Hof. »In seiner Nähe auf einer Kiste saß ein bloßfüßiger Mann und las eine Zeitung. Auf einem Handkarren schaukelten zwei Jungen. Vor einer Pumpe stand ein schwaches, junges Mädchen in einer Nachtjoppe und blickte, während das Wasser in ihre Kanne strömte, auf K. hin.«

Diese Sätze erinnern mich an Flauberts Beschreibungen: Knappheit; visuelle Fülle; Sinn für Details, von denen keins ein Klischee ist. Diese Kraft der Beschreibung läßt einen spüren, bis zu welchem Grad K. nach Wirklichkeit dürstet, mit welcher Gier er die Welt trinkt, die kurz zuvor von den Sorgen des Prozesses verdunkelt war. Leider ist die Pause kurz, einen Augenblick später wird K. keine Augen mehr haben für das schwache, junge Mädchen in der Nachtjoppe, in deren Kanne Wasser strömt: die Flut des Prozesses wird ihn wieder fortreißen.

Die wenigen erotischen Situationen des Romans sind ebenfalls wie flüchtig geöffnete Fenster; sehr flüchtig: K. begegnet nur Frauen, die auf die eine oder andere Weise mit seinem Prozeß verbunden sind: zum Beispiel Fräulein Bürstner, seiner Nachbarin, in deren Zimmer es zur Verhaftung gekommen ist; verwirrt erzählt ihr K., was geschehen ist, und es gelingt ihm zum Schluß, nah bei der Türe, sie zu küssen: »K. lief vor, faßte sie, küßte sie auf den Mund und dann über das ganze Gesicht, wie ein *durstiges* Tier mit der Zunge über das endlich gefundene Quellwasser hinjagt.« Ich hebe das Wort »durstig« hervor, das bezeichnend ist für den Mann, der sein normales Leben verloren hat und mit diesem nur flüchtig kommunizieren kann, durch ein Fenster.

Während des ersten Verhörs hält K. eine Rede, wird jedoch bald durch ein merkwürdiges Vorkommnis gestört: im Saal befindet sich die Frau des Gerichtsdieners, und ein häßlicher, schmächtiger Student schafft es, sie auf den Boden zu legen und inmitten des Publikums zu lieben. Mit diesem unglaublichen Zusammentreffen unvereinbarer Ereignisse (die sublime Poesie Kafkas, grotesk und unwahrscheinlich!) öffnet sich ein neues Fenster auf die Landschaft weitab vom Prozeß, auf die fröhliche Vulgarität, die fröhliche vulgäre Freiheit, die man K. genommen hat.

Diese Poesie Kafkas erinnert mich, durch ihre Gegensätzlichkeit, an einen anderen Roman, der ebenfalls die Geschichte einer Verhaftung und eines Prozesses erzählt: *1984* von Orwell, das Buch, das den professionellen Antitotalitaristen jahrzehntelang als ständiges Referenzwerk diente. In diesem Roman, der das abschreckende Porträt einer imaginären totalitären Gesellschaft sein möchte, gibt es keine Fenster; hier sieht man nicht flüchtig ein schwaches, junges Mädchen mit einer Kanne, in die Wasser strömt; dieser Roman ist gegenüber der Poesie fest verschlossen; ein Roman? ein als Roman verkleideter politischer Gedanke; der Gedanke, gewiß scharfsinnig und richtig, aber entstellt durch seine Romanverkleidung, die ihn ungenau und approximativ macht. Wenn die Romanform Orwells Gedanken verdunkelt, bringt sie ihm dafür etwas? Erhellt sie das Geheimnis menschlicher Situationen, die weder der Soziologie noch der Politologie zugänglich sind? Nein: die Situationen und Figuren sind flach und plakativ. Ist die Romanform dann wenigstens als Mittel zur Verbreitung guter Ideen gerechtfertigt? Auch nicht. Denn in Romanform gefaßte Gedanken wirken nicht mehr wie Gedanken, sondern eben wie ein Roman, und im Falle von *1984* wirken sie wie ein *schlechter* Roman mit der ganzen verhängnisvollen Wirkung, die ein schlechter Roman ausüben kann.

Die verhängnisvolle Wirkung von Orwells Roman beruht auf der erbarmungslosen Reduktion einer Realität auf ihren rein politischen Aspekt und der Reduktion ebendieses Aspekts auf das beispielhaft Negative. Ich weigere mich, diese Reduktion mit dem Vorwand zu entschuldigen, daß sie als Propaganda im Kampf gegen das Übel des Totalitarismus nützlich war. Denn dieses Übel ist gerade die Reduktion des Lebens auf Politik und der Politik auf Propaganda. So ist Orwells Roman, entgegen seinen Absichten, selbst Teil des totalitären Geistes, des Propagandageistes. Er reduziert das Leben einer verhaßten Gesellschaft auf eine simple Aufzählung ihrer Verbrechen (und lehrt, es darauf zu reduzieren).

Wenn ich, ein oder zwei Jahre nach dem Ende des Kommunismus, mit Tschechen spreche, höre ich in den Reden von allen und von jedem diese zum Ritual gewordene Redensart, die obligatorische Präambel all ihrer Erinnerungen, all ihrer Überlegungen: »nach vierzig Jahren kommunistischen Schreckens«, oder: »die schrecklichen vierzig Jahre«, und vor allem: »die vierzig verlorenen Jahre«. Ich schaue mir meine Gesprächspartner an: weder wurden sie zur Emigration gezwungen, noch waren sie inhaftiert, noch verloren sie ihren Arbeitsplatz, ja sie waren nicht einmal schlecht angesehen; alle lebten sie ihr Leben in ihrem Land, in ihrer Wohnung, bei ihrer Arbeit, sie hatten ihren Urlaub, ihre Freundschaften, ihre Liebesgeschichten; durch den Ausdruck »vierzig schreckliche Jahre« reduzieren sie das Leben allein auf seinen politischen Aspekt. Doch selbst die politische Geschichte der vergangenen vierzig Jahre, haben diese Menschen sie tatsächlich als eine einzige undifferenzierte Ansammlung von Schrecken erlebt? Haben sie die Jahre vergessen, als sie die Filme von Forman sahen, die Bücher von Hrabal lasen, die kleinen nonkonformistischen Theater besuchten, einander Hunderte von Witzen erzählten und sich in aller Heiterkeit über die Macht mokierten? Wenn sie, alle, von vierzig schrecklichen Jahren sprechen, bedeutet dies, daß sie die Erinnerung an ihr eigenes Leben *orwellisiert* haben, das auf diese Weise in ihrem Gedächtnis und ihrem Kopf a posteriori entwertet oder sogar geradezu annulliert worden ist (vierzig *verlorene* Jahre).

K. ist selbst in der Situation extremer Freiheitsberaubung fähig, ein schwaches, junges Mädchen zu sehen, in dessen Kanne Wasser strömt. Ich habe gesagt, diese Momente seien wie Fenster, die sich flüchtig auf eine Landschaft weitab von K.s Prozeß öffnen. Auf welche Landschaft? Ich will die Metapher präzisieren: die in Kafkas Roman geöffneten Fenster gehen auf Tolstois Landschaft hinaus; auf die Welt, in der die Personen, selbst in den grausamsten Momenten, eine Entscheidungsfreiheit bewahren, die dem Leben diese glückliche Unberechenbarkeit schenkt, welche die Quelle der Poesie ist. Tolstois höchst poetische Welt ist der Welt Kafkas genau entgegengesetzt. Aber dank dem halbgeöffneten Fenster dringt sie trotzdem, wie ein Hauch von Sehnsucht, wie eine kaum wahrnehmbare Brise, in K.s Geschichte ein und bleibt in ihr gegenwärtig.

Gericht und Prozeß

Die Existenzphilosophen liebten es, den Wörtern der Alltagssprache eine philosophische Bedeutung zuzuschreiben. Es
fällt mir schwer, die Wörter *Angst* oder *Gerede* auszusprechen,
ohne an den Sinn zu denken, den Heidegger ihnen verliehen
hat. In dieser Hinsicht sind die Romanciers den Philosophen
vorausgegangen. Indem sie die Situationen ihrer Figuren genau beleuchten, schaffen sie ihren eigenen Wortschatz, oft mit
Schlüsselwörtern, die Begriffscharakter haben und über die in
Wörterbüchern festgelegten Bedeutungen hinausgehen. So
verwendet Crébillon der Jüngere das Wort *Moment* als Begriff
des libertinen Spiels (die momentane Gelegenheit, da eine
Frau verführt werden kann) und vermacht es seiner Epoche
und anderen Schriftstellern. So spricht Dostojewski von
Erniedrigung, Stendhal von *Eitelkeit*. Dank dem *Prozeß* vermacht Kafka uns mindestens zwei Begriffe, die für das Verständnis der modernen Welt unentbehrlich geworden sind:
Gericht und *Prozeß*. Er *vermacht* sie uns: das bedeutet, er
stellt sie uns zur Verfügung, damit wir sie benutzen, sie denken und neu denken, entsprechend unseren eigenen Erfahrungen.

Das Gericht; es handelt sich nicht um die juristische Institution, die dazu bestimmt ist, diejenigen zu bestrafen, die die
Gesetze eines Staates übertreten haben; das Gericht in dem
Sinn, den Kafka ihm gegeben hat, ist eine Macht, die urteilt,
und die urteilt, weil sie Macht ist; es ist seine Macht und nichts
anderes, die dem Gericht Legitimität verleiht; als K. sieht, wie
die beiden Eindringlinge sein Zimmer betreten, anerkennt er
diese Macht auf der Stelle und unterwirft sich ihr.

Der vom Gericht angestrengte Prozeß ist immer *absolut*;
das bedeutet: er betrifft nicht eine isolierte Tat, ein bestimmtes
Verbrechen (einen Diebstahl, einen Betrug, eine Vergewaltigung), sondern die Persönlichkeit des Angeklagten in ihrer
Gesamtheit: K. sucht seine Schuld »in den kleinsten Handlungen und Ereignissen« seines *ganzen* Lebens; Besuchow würde

in unserem Jahrhundert also, zugleich wegen seiner Liebe und wegen seines Hasses für Napoleon angeklagt. Und auch wegen seiner Trunksucht, denn da der Prozeß absolut ist, schließt er das öffentliche wie auch das private Leben mit ein; Brod verurteilt K. zum Tode, weil er bei Frauen nur die »niedrigste Sexualität« sieht; ich erinnere mich an die politischen Prozesse in Prag 1951; in enormen Auflagen wurden die Biographien der Angeklagten verteilt; bei dieser Gelegenheit las ich zum ersten Mal einen pornographischen Text: die Schilderung einer Orgie, bei der der nackte Körper einer Angeklagten (mitten in einer Epoche der Lebensmittelknappheit!) mit Schokolade überzogen und von den Zungen der anderen Angeklagten, der künftigen Gehenkten, abgeleckt wurde; am Anfang des schrittweisen Zusammenbruchs der kommunistischen Ideologie wurde der Prozeß gegen Karl Marx (ein Prozeß, der heute darin gipfelt, daß in Rußland und anderswo seine Standbilder gestürzt werden) mit einem Angriff auf sein Privatleben eingeleitet (das erste Anti-Marx-Buch, das ich gelesen habe: der Bericht über seine sexuellen Beziehungen mit dem Dienstmädchen); in *Der Scherz* verurteilt ein Gericht aus drei Studenten Ludvik für einen Satz, den er seiner Freundin geschickt hat; er verteidigt sich, indem er sagt, er habe die Karte ganz schnell, ohne zu überlegen, geschrieben; man gibt ihm zur Antwort: »Nun wissen wir wenigstens, was sich in dir *verbirgt*«; denn alles, was der Angeklagte sagt, murmelt, denkt, alles, was er in sich verbirgt, wird dem Gericht zur Verfügung gestellt.

Der Prozeß ist außerdem insofern absolut, als er nicht innerhalb der Grenzen des Lebens des Angeklagten bleibt; so sagt der Onkel zu K.: »Willst du denn den Prozeß verlieren? [...] Das bedeutet, daß du einfach gestrichen wirst. Und daß die ganze Verwandtschaft mitgerissen [...] wird.«; die Schuld eines Juden beinhaltet die Schuld der Juden aller Zeiten; die kommunistische Doktrin vom Einfluß der Klassenherkunft umfaßt in der Schuld des Angeklagten auch die Schuld seiner Eltern und Großeltern; wenn Sartre Europa wegen des Verbrechens der Kolonisation den Prozeß macht, klagt er nicht die Kolonisten an, sondern Europa, *ganz* Europa, das Europa *aller Zeiten*; denn »der Kolonist ist in jedem von uns«, denn »ein Mensch, bei uns, bedeutet ein Komplize, denn wir haben *alle* von der kolonialen Ausbeutung profitiert«. Der Geist des Prozesses kennt keine Verjährung; die entfernte Vergangenheit ist genauso lebendig wie ein aktuelles Ereignis; und selbst wenn man einmal tot ist, wird man nicht entrinnen: es gibt auch Spitzel auf dem Friedhof.

Das Gedächtnis des Prozesses ist kolossal, es ist jedoch ein ganz besonderes Gedächtnis, das man definieren könnte als *das Vergessen von allem, was nicht Verbrechen ist*. Der Prozeß reduziert die Biographie des Angeklagten also auf die *Kriminographie*; Victor Farias (dessen Buch *Heidegger und der Nationalsozialismus* ein klassisches Beispiel von Kriminographie ist) findet in der frühen Jugend des Philosophen die Wurzeln von dessen Nazismus, ohne sich im geringsten darum zu kümmern, wo die Wurzeln seines Genies liegen; um eine ideologische Abweichung des Angeklagten zu bestrafen, setzten die kommunistischen Gerichte das *ganze* Werk eines Autors auf den Index (so waren in den kommunistischen Ländern zum Beispiel Lukács und Sartre sogar mit ihren prokommunistischen Texten verboten); »weshalb tragen unsere Straßen noch die Namen von Picasso, Aragon, Eluard, Sartre?« fragt eine Pariser Zeitung 1991 im postkommunistischen Rausch; man ist versucht zu antworten: um des Werts ihrer Werke willen! Doch in seinem Prozeß gegen Europa hat Sartre genau gesagt, was Werte noch bedeuten: »unsere teuren Werte verlieren ihre Flügel; betrachtet man sie aus der Nähe, wird man keinen einzigen finden, der nicht blutbefleckt ist«; blutbefleckte Werte sind keine Werte mehr; der Geist des Prozesses reduziert alles auf die Moral; er ist der absolute Nihilismus im Hinblick auf alles, was Arbeit, Kunst, Werk ist.

Noch bevor die Eindringlinge kommen, um K. zu verhaften, sieht dieser ein altes Paar, das ihn aus dem Haus gegenüber »mit einer ganz ungewöhnlichen Neugierde« beobachtet; so kommt von Anfang an der *antike Chor der Hauswarte* mit ins Spiel; Amalia in *Das Schloß* ist niemals angeklagt oder verurteilt worden, dennoch ist hinlänglich bekannt, daß das unsichtbare Gericht Anstoß an ihr genommen hat, und das genügt, daß alle Dorfbewohner ihr schon von weitem aus dem Weg gehen; denn wenn das Gericht einem Land ein *Prozeßregime* auferlegt, ist das ganze Volk in die Machenschaften des Prozesses verwickelt und verhundertfacht dessen Effizienz; jedermann weiß, daß er jederzeit angeklagt werden kann, und legt sich im voraus eine Selbstkritik zurecht; die Selbstkritik: Unterwerfung des Angeklagten unter den Ankläger; Verzicht auf das eigene Ich; die Art und Weise, sich als Individuum zu annullieren; nach der kommunistischen Revolution von 1948 fühlte ein junges tschechisches Mädchen aus reichem Haus sich schuldig, weil sie die unverdienten Privilegien eines wohlhabenden Kindes genossen hatte; um ihre Schuld zu sühnen, wurde sie eine dermaßen leidenschaftliche Kommunistin, daß sie sich öffentlich von ihrem Vater lossagte; heute, nach dem Verschwinden des Kommunismus, erfährt sie eine erneute Verurteilung und fühlt sich abermals schuldig; nachdem sie durch das Mahlwerk zweier Prozesse, zweier Selbstkritiken gegangen ist, liegt hinter ihr nur die Wüste eines verleugneten Lebens; selbst wenn ihr in der Zwischenzeit alle Häuser zurückgegeben wurden, die ihrem (verleugneten) Vater gehört hatten, ist sie heute nur ein annulliertes Wesen; doppelt annulliert; selbstannulliert.

Denn man strengt einen Prozeß nicht an, um Recht zu sprechen, sondern um den Angeklagten zu zerstören; wie Brod es gesagt hat: wer niemanden liebt, wer nur den Flirt kennt, der muß sterben; also wird K. niedergemetzelt; Bucharin gehenkt. Selbst wenn man einen Prozeß gegen Tote anstrengt, geschieht es, um sie ein zweites Mal umzubringen: indem man ihre Bücher verbrennt; ihre Namen aus Lehrbüchern entfernt; ihre Denkmäler zerstört; die Straßen umtauft, die ihren Namen getragen haben.

Der Prozeß gegen das Jahrhundert

Seit ungefähr siebzig Jahren lebt Europa unter einem Prozeßregime. Wie viele Angeklagte gibt es unter den großen Künstlern des Jahrhunderts … Ich will nur die erwähnen, die mir etwas bedeutet haben. Es gab, seit den zwanziger Jahren, die
vom Gericht der revolutionären Moral Verfolgten: Bunin, Andrejew, Meyerhold, Pilnjak, Veprik (ein russischer jüdischer
Komponist, ein vergessener Märtyrer der modernen Kunst; er
wagte es, Schostakowitschs verurteilte Oper gegen Stalin zu
verteidigen; man steckte ihn in ein Lager; ich erinnere mich an
seine Klavierkompositionen, die mein Vater gern spielte),
Mandelstam, Halas (der von Ludvik in *Der Scherz* verehrte
Dichter; er wurde nach dem Tod wegen seiner als konterrevolutionär eingeschätzten Traurigkeit verfemt). Dann gab es die
vom nationalsozialistischen Gericht Verfolgten: Broch (sein
Foto steht auf meinem Schreibtisch, die Pfeife im Mund,
schaut er mich an), Schönberg, Werfel, Brecht, Thomas und
Heinrich Mann, Musil, Vančura (der tschechische Prosaautor,
den ich am meisten liebe), Bruno Schulz. Die totalitären Reiche mit ihren blutigen Prozessen sind verschwunden, doch
der *Geist des Prozesses* ist als Erbe zurückgeblieben, und er ist
es, der abrechnet. So sind die der Sympathie für den Nationalsozialismus Angeklagten vom Prozeß betroffen: Hamsun,
Heidegger (das gesamte Denken der tschechischen Dissidenz, in erster Linie Patočka, ist ihm verpflichtet), Richard
Strauss, Gottfried Benn, von Doderer, Drieu la Rochelle,
Céline (1992, ein halbes Jahrhundert nach dem Krieg, weigert
sich ein empörter Präfekt, Célines Haus als historisches
Denkmal einzustufen); die Parteigänger Mussolinis: Malaparte, Marinetti, Ezra Pound (monatelang hielt die amerikanische Armee ihn unter Italiens praller Sonne wie ein Tier in
einem Käfig gefangen; in seinem Atelier in Reykjavik zeigt
Kristján Davidsson mir ein großes Foto von ihm: »Seit fünfzig
Jahren begleitet er mich überallhin.«); die Münchner Pazifisten: Giono, Alain, Morand, Montherlant, Saint-John Perse

(als Mitglied der französischen Delegation in München nahm er aus nächster Nähe an der Erniedrigung meines Geburtslandes teil); dann die Kommunisten und ihre Sympathisanten: Majakowski (wer erinnert sich heute noch an seine Liebeslyrik, seine unglaublichen Metaphern), Gorki, G. B. Shaw, Brecht (der so seinen zweiten Prozeß durchmacht), Eluard (dieser Würgeengel, der seine Unterschrift mit zwei Schwertern schmückte), Picasso, Léger, Aragon (wie könnte ich vergessen, daß er mir in einem schwierigen Moment meines Lebens die Hand gereicht hat?), Nezval (sein Selbstbildnis in Öl hängt neben meinem Bücherregal), Sartre. Einzelne erleiden einen doppelten Prozeß, zuerst des Verrats an der Revolution angeklagt, dann wegen der Dienste, die sie ihr früher erwiesen hatten: Gide (Symbol alles Bösen für die ehemaligen kommunistischen Länder), Schostakowitsch (um seine schwierige Musik zu sühnen, fabrizierte er Albernheiten für die Bedürfnisse des Regimes; er dachte, ein Unwert sei für die Geschichte der Kunst null und nichtig; er wußte nicht, daß für das Gericht gerade der Unwert zählt), Breton, Malraux (gestern angeklagt, die Ideale der Revolution verraten zu haben, morgen anklagbar, sie verteidigt zu haben), Tibor Déry (einige Prosawerke dieses nach dem Massaker von Budapest inhaftierten Schriftstellers waren für mich die erste große *literarische*, nicht-propagandistische Antwort auf den Stalinismus). Die kostbarste Blume dieses Jahrhunderts, die moderne Kunst der zwanziger und dreißiger Jahre, wurde sogar dreifach angeklagt: zunächst vom nationalsozialistischen Gericht als »entartete Kunst«; dann vom kommunistischen Gericht als »elitärer, volksfremder Formalismus«; und schließlich vom Gericht des triumphierenden Kapitalismus als von revolutionären Illusionen infizierte Kunst.

Wie ist es möglich, daß der Chauvinist des sowjetischen Rußland, der Verfertiger von Propaganda in Versen, er, den Stalin persönlich »den größten Dichter unserer Epoche« genannt hat, wie ist es möglich, daß Majakowski trotzdem ein gewaltiger Dichter bleibt, einer der größten? War die lyrische

Poesie, diese unantastbare Göttin mit ihrer Fähigkeit zum Enthusiasmus, mit ihren Tränen der Rührung, die sie hindern, die Außenwelt klar zu erkennen, war die Poesie nicht dazu bestimmt, eines schicksalhaften Tages zur Verschönerin von Greueltaten zu werden, zu deren »großherziger Dienerin« (Baudelaire)? Das sind die Fragen, die mich vor dreiundzwanzig Jahren faszinierten, als ich *Das Leben ist anderswo* schrieb, den Roman, in dem Jaromil, ein junger Dichter, noch keine zwanzig Jahre alt, zum schwärmerischen Diener des stalinistischen Regimes wird. Ich war fassungslos, als einige Kritiker, obwohl sie mein Buch lobten, in meinem Helden einen falschen Dichter, mit anderen Worten einen Lumpen sahen. In meinen Augen war Jaromil ein echter Dichter, eine unschuldige Seele; andernfalls hätte ich in meinem Roman kein Interesse gesehen. Bin ich an diesem Mißverständnis schuld? Habe ich mich schlecht ausgedrückt? Ich glaube nicht. Ein echter Dichter zu sein und gleichzeitig (wie Jaromil oder Majakowski) an unbestreitbaren Greueln teilzuhaben, ist ein *Skandal*. Mit dem Wort »scandale« bezeichnen die Franzosen ein nicht zu rechtfertigendes, unannehmbares Ereignis, das der Logik widerspricht und trotzdem real ist. Wir sind alle unbewußt versucht, Skandalen auszuweichen, so zu tun, als gäbe es sie nicht. Deshalb ziehen wir es vor zu sagen, die großen Gestalten der Kultur, die sich mit den Greueln unseres Jahrhunderts kompromittiert haben, seien Lumpen gewesen; das ist aber nicht wahr; die Künstler, die Philosophen sind ängstlich darauf bedacht, ehrbar und mutig zu sein, auf der richtigen Seite und in der Wahrheit zu stehen, sei es auch nur aufgrund ihrer Eitelkeit, weil sie wissen, daß sie gesehen, beobachtet, beurteilt werden. Was den Skandal noch unerträglicher, noch schwieriger zu entziffern macht. Will man dieses Jahrhundert nicht so dumm verlassen, wie man es betreten hat, muß man das billig Moralistische des Prozesses ablegen und diesen Skandal denken, bis zu Ende denken, selbst wenn uns das dazu führen sollte, sämtliche Gewißheiten in Frage zu stellen, die wir über den Menschen als solchen haben.

Der Konformismus der öffentlichen Meinung ist jedoch eine Macht, die sich zum Gericht ernannt hat, und das Gericht ist nicht da, um seine Zeit mit Gedanken zu verschwenden, es ist da, um Prozesse zu führen. Und in dem Maße, wie sich zwischen den Richtern und den Angeklagten der Abgrund der Zeit vertieft, ist es immer eine kleinere Erfahrung, die eine größere aburteilt. Unreife Menschen verurteilen Célines Verirrungen, ohne sich klarzumachen, daß Célines Romane dank dieser Verirrungen ein existentielles Wissen enthalten, das sie, wenn sie es verstünden, erwachsener machen könnte. Denn darin liegt die Macht der Kultur: sie sühnt die Greuel, indem sie sie in existentielle Weisheit verwandelt. Wenn es dem Geist des Prozesses gelingt, die Kultur dieses Jahrhunderts zu vernichten, wird hinter uns nur eine von einem Kinderchor gesungene Erinnerung an die Greueltaten zurückbleiben.

Die Schuldgefühllosen tanzen

Die (landläufig und vage) als *Rock* bezeichnete Musik überflutet seit mehr als zwanzig Jahren die klangliche Umgebung des Alltags; sie hat in dem Moment von der Welt Besitz ergriffen, als das 20. Jahrhundert voll Ekel seine Geschichte erbricht; eine Frage läßt mich nicht los: ist diese Übereinstimmung zufällig? Oder liegt in diesem Zusammentreffen der das Jahrhundert abschließenden Prozesse mit der Ekstase der Rockmusik ein verborgener Sinn? Will das Jahrhundert sich im ekstatischen Gebrüll vergessen? seine im Schrecken untergegangenen Utopien vergessen? seine Kunst vergessen? eine Kunst, die aufgrund ihrer Subtilität, ihrer unnützen Komplexität die Völker irritiert, die Demokratie beleidigt?

Das Wort *Rock* ist vage; ich beschreibe also lieber die Musik, die ich im Sinne habe: menschliche Stimmen dominieren gegenüber den Instrumenten, hohe Stimmen gegenüber tiefen; die Dynamik weist keine Kontraste auf und verharrt in einem stets gleichbleibenden Fortissimo, das den Gesang in

Geschrei verwandelt; wie im Jazz betont der Rhythmus die zweite Zählzeit des Taktes, jedoch in stereotyperer und geräuschvollerer Weise; die Harmonie und die Melodie sind äußerst einfach und stellen so die Klangfarbe, die einzige erfindungsreiche Komponente dieser Musik, in den Vordergrund; während die Schlager der ersten Hälfte des Jahrhunderts Melodien hatten, die das arme Volk zu Tränen rührten (und Mahlers und Strawinskys musikalische Ironie entzückten), ist die Rock genannte Musik von der Sünde der Sentimentalität befreit; sie ist nicht sentimental, sie ist ekstatisch, ist die Verlängerung eines einzigen Moments der Ekstase; und da die Ekstase ein der Zeit entrissener Moment ist, ein Moment ohne Gedächtnis, ein von Vergessen umgebener Moment, hat das melodische Motiv keinen Platz, um sich zu entwickeln, es wiederholt sich nur, ohne Entwicklung und ohne Ergebnis (der Rock ist die einzige »leichte« Musik, in der die Melodie nicht vorherrschend ist; Rockmelodien trällern die Leute nicht vor sich hin).

Sonderbar: dank der Technik der Klangwiedergabe ertönt diese Musik der Ekstase ununterbrochen und überall, also außerhalb ekstatischer Situationen. Das akustische Bild der Ekstase ist zum alltäglichen Dekor unserer Ermüdung geworden. Was will sie uns sagen, diese banalisierte Ekstase, nachdem sie uns weder zu einer Orgie noch zu einer mystischen Erfahrung einlädt? Daß man sie akzeptieren soll. Sich an sie gewöhnen soll. Den privilegierten Platz respektieren soll, den sie innehat. Daß man sich an die *Moral* halten soll, die sie verordnet.

Die Moral der Ekstase steht im Gegensatz zu der des Prozesses; unter ihrem Schutz macht ein jeder, was er will: schon kann jeder nach Belieben an seinem Daumen lutschen, von der frühen Kindheit bis zum Abitur, und das ist eine Freiheit, auf die niemand bereit sein wird zu verzichten; schauen Sie sich in der Metro um; ob im Sitzen oder im Stehen, jeder hat den Finger in einer der Öffnungen seines Gesichts; im Ohr, im Mund, in der Nase; niemand hat das Gefühl, vom anderen gesehen zu werden, und jeder träumt davon, ein Buch zu schreiben, um über sein unnachahmliches und einzigartiges Ich zu sprechen, das in der Nase popelt; keiner hört dem andern zu, alle schreiben, und jeder schreibt so, wie man Rock tanzt: allein, für sich, auf sich selbst konzentriert und trotzdem mit den gleichen Bewegungen wie alle andern. In dieser Situation einer *uniformierten Egozentrik* spielt das Schuldgefühl nicht mehr die gleiche Rolle wie früher; die Gerichte arbeiten immer noch, aber sie sind nur noch von der Vergangenheit fasziniert; sie zielen nur auf das Herz des Jahrhunderts; nur auf die älteren oder toten Generationen. Kafkas Figuren fühlten sich schuldig durch die Autorität des Vaters; weil er bei seinem Vater in Ungnade fällt, ertränkt sich der Held in *Das Urteil* in einem Fluß; diese Zeit ist vorbei: in der Welt des Rock hat man dem Vater eine solche Last an Schuld aufgebürdet, daß er schon lange alles erlaubt. Die Schuldgefühllosen tanzen.

Unlängst haben zwei Jugendliche einen Priester ermordet: ich höre den Kommentar im Fernsehen; ein anderer Priester spricht mit vor Verständnis zitternder Stimme: »Wir müssen beten für den Priester, der ein Opfer seiner Aufgabe geworden ist: er hat sich speziell der Jugend angenommen. Aber wir müssen auch für die beiden unglücklichen Jugendlichen beten; auch sie waren Opfer: Opfer ihrer Triebe.«

In dem Maße, wie die Freiheit der Gedanken, die Freiheit der Worte, der Haltungen, der Scherze, der Überlegungen, der gefährlichen Ideen, der intellektuellen Provokationen schwindet unter der Aufsicht des Gerichts, das über den allgemeinen Konformismus wacht, wird die *Freiheit der Triebe* größer. Man predigt Strenge gegenüber den Sünden des Denkens; man predigt Vergebung für die in emotionaler Ekstase begangenen Verbrechen.

Wege im Nebel

Robert Musils Zeitgenossen haben seine Intelligenz weit mehr bewundert als seine Bücher; ihrer Meinung nach hätte er Essays und nicht Romane schreiben sollen. Um diese Meinung zu widerlegen, genügt ein negativer Beweis: Musils Essays zu lesen: wie schwerfällig, langweilig und reizlos sie sind! Denn Musil ist *nur* in seinen Romanen ein großer Denker. Sein Denken muß sich von konkreten Situationen konkreter Personen nähren; kurzum, es ist ein *romaneskes*, nicht ein philosophisches Denken.

Jedes jeweils erste Kapitel der achtzehn Teile von Fieldings *Tom Jones* ist ein kurzer Essay. Der erste französische Übersetzer im 18. Jahrhundert hat sie ganz einfach weggelassen mit der Begründung, sie würden dem Geschmack der Franzosen nicht entsprechen. Turgenjew warf Tolstoi die essayistischen Passagen über die Geschichtsphilosophie in *Krieg und Frieden* vor. Tolstoi begann, an sich selber zu zweifeln, und strich, unter dem Druck der Ratgeber, in der dritten Auflage des Romans diese Passagen. Glücklicherweise fügte er sie später wieder ein.

Es gibt eine Romanreflexion, wie es einen Romandialog und eine Romanhandlung gibt. Die langen Betrachtungen in *Krieg und Frieden* sind undenkbar außerhalb des Romans, zum Beispiel in einer wissenschaftlichen Zeitschrift. Natürlich der Sprache wegen, die voller Vergleiche und absichtlich naiver Metaphern ist. Vor allem aber, weil Tolstoi, wenn er von der Geschichte spricht, nicht, wie dies bei einem Historiker der Fall wäre, an der präzisen Schilderung der Ereignisse interessiert ist, an ihren Folgen für das gesellschaftliche, politische, kulturelle Leben, an der Bewertung der Rolle dieser oder jener Persönlichkeit etc.; er interessiert sich für die Geschichte als *neue Dimension der menschlichen Existenz*.

Die Geschichte ist gegen Anfang des 19. Jahrhunderts zur konkreten Erfahrung eines jeden geworden, während ebender napoleonischen Kriege, von denen *Krieg und Frieden* erzählt; diese Kriege machten jedem Europäer schlagartig klar, daß die Welt um ihn herum einer steten Veränderung unterliegt, die zum Leben gehört, es verändert und in Schwung hält. Vor dem 19. Jahrhundert hat man Kriege, Aufstände als Naturkatastrophen erlebt, wie die Pest oder ein Erdbeben. Die Menschen sahen in den historischen Ereignissen weder eine Einheit noch eine Kontinuität, und sie dachten nicht, daß sie deren Verlauf eine andere Richtung geben könnten. Diderots Jacques le Fataliste läßt sich in ein Regiment anwerben, dann wird er in einer Schlacht schwer verletzt; sein Leben lang wird er dadurch gezeichnet sein, bis ans Ende seiner Tage wird er hinken. Doch um welche Schlacht handelt es sich? Der Roman sagt es nicht. Und weshalb sollte er? Alle Kriege waren gleich. In den Romanen des 18. Jahrhunderts war der historische Moment nur sehr annähernd bestimmt. Erst mit dem Beginn des 19. Jahrhunderts, seit Scott und Balzac, scheinen nicht mehr alle Kriege gleich, und die Romanfiguren leben in einer genau datierten Zeit.

Mit einem Abstand von fünfzig Jahren kommt Tolstoi auf die napoleonischen Kriege zurück. In seinem Fall schreibt sich die neue Geschichtsauffassung nicht nur in die Romanstruktur ein, die sich (in den Dialogen, den Beschreibungen) immer besser eignet, den historischen Charakter der erzählten Ereignisse zu erfassen; was ihn an erster Stelle interessiert, ist die Beziehung des Menschen zur Geschichte (seine Fähigkeit, sie zu beherrschen oder ihr zu entfliehen, ihr gegenüber frei zu sein oder nicht), und er geht dieses Problem direkt an, als *Thema* seines Romans, ein Thema, das er mit allen Mitteln beleuchtet, die Romanreflexion eingeschlossen.

Tolstoi polemisiert gegen den Gedanken, daß die Geschichte vom Willen und dem Verstand großer Persönlichkeiten gemacht werde. Seiner Meinung nach macht die Geschichte sich selbst, wobei sie ihren eigenen Gesetzen gehorcht, die dem Menschen jedoch verborgen bleiben. Die großen Persönlichkeiten »waren doch nur *unfreiwillige Werkzeuge* der Geschichte und verrichteten eine *ihnen selbst verborgene* [...]

Arbeit«. Und weiter: »Die Vorsehung zwang alle diese Menschen, die nur nach ihren eigenen Zielen strebten, an der Herbeiführung eines einzigen, gewaltigen Resultates mitzuwirken, von dem kein Mensch – weder Napoleon, noch Alexander und noch weniger irgendein anderer Kriegsteilnehmer – *die leiseste Ahnung hatte.*« Und außerdem: »Der Mensch lebt bewußt nur seiner selbst willen; *unbewußt* aber ist er ein Werkzeug zur Erreichung der historischen, allgemein menschlichen Ziele.« Daher die enorme Schlußfolgerung: »*Die Geschichte, das heißt das unbewußte, allgemeine Herdenleben der Menschheit ...*« (die Schlüsselbegriffe sind von mir hervorgehoben).

Durch diese Geschichtsauffassung entwirft Tolstoi den metaphysischen Raum, in dem seine Figuren sich bewegen. Da sie weder den Sinn der Geschichte noch deren künftigen Verlauf, ja nicht einmal den objektiven Sinn ihrer eigenen Taten kennen (durch die sie »unfreiwillig« an Ereignissen teilhaben, die »ihnen selbst verborgen« bleiben), schreiten sie in ihrem Leben voran, wie man *im Nebel* schreitet. Ich sage Nebel, nicht Finsternis. In der Finsternis sieht man nichts, man ist blind, ist ausgeliefert, nicht frei. Im Nebel ist man frei, doch es ist die Freiheit dessen, der im Nebel steckt: er sieht fünfzig Meter voraus, er kann die Gesichtszüge seines Gesprächspartners klar erkennen, kann sich an der Schönheit der Bäume am Wegrand erfreuen und sogar beobachten, was in seiner unmittelbaren Nähe geschieht, und darauf reagieren.

Der Mensch ist einer, der im Nebel voranschreitet. Schaut er aber zurück, um die Menschen der Vergangenheit zu beurteilen, sieht er auf deren Weg keinen Nebel. Von seiner Gegenwart aus, die deren ferne Zukunft war, scheint ihr Weg ihm in seiner ganzen Länge vollständig klar und übersichtlich. Blickt der Mensch zurück, sieht er den Weg, er sieht die Menschen, die darauf voranschreiten, sieht ihre Irrtümer, der Nebel jedoch ist nicht mehr da. Und trotzdem sind sie alle, Heidegger, Majakowski, Aragon, Ezra Pound, Gorki, Gottfried Benn, Saint-John Perse, Giono, im Nebel gegangen, und man mag sich fragen: wer ist der blindeste? Majakowski, der, als er sein Poem auf Lenin schrieb, nicht wußte, wohin der Leninismus führen würde? Oder wir, die wir ihn mit einem Abstand von Jahrzehnten verurteilen und den Nebel nicht sehen, der ihn umgab?

Majakowskis Blindheit ist Bestandteil der ewigen *condition humaine*.

Den Nebel auf Majakowskis Weg nicht zu sehen heißt vergessen, was der Mensch ist, vergessen, was wir selbst sind.

Neunter Teil

Sie sind hier nicht zu Hause, mein Lieber

I

Gegen Ende seines Lebens hat Strawinsky beschlossen, sein ganzes Werk in seiner eigenen Interpretation, als Pianist oder Dirigent, auf Schallplatten herauszugeben, damit es eine autorisierte Klangfassung seiner ganzen Musik gäbe. Dieser Wille, die Rolle des Interpreten selbst zu übernehmen, hat vielfach Verärgerung hervorgerufen: mit welchem Ingrimm wollte Ernest Ansermet sich in seinem 1961 erschienenen Buch über ihn lustig machen: wenn Strawinsky das Orchester dirigiert, behauptet Ansermet, wird er »von solcher Panik erfaßt, daß er, aus lauter Angst zu fallen, sein Pult gegen das Podium drückt, er kann die Augen nicht von einer Partitur, die er auswendig kennt, losreißen, und er zählt den Takt!«; er interpretiert seine Musik »buchstäblich und sklavisch«; »als Interpret fehlt ihm jede Freude«.

Weshalb dieser Sarkasmus?

Ich schlage Strawinskys Korrespondenz auf: der Briefwechsel mit Ansermet beginnt 1914; einhundertundsechsundvierzig Briefe Strawinskys: mein lieber Ansermet, mein Lieber, mein lieber Freund, mein lieber Ernest; auch nicht der Schatten einer Mißstimmung; dann, wie ein Donnerschlag:

»Paris, den 14. Oktober 1937:

In aller Eile, mein Lieber.

Es gibt keinen Grund, in *Jeu de cartes* bei einer Konzertaufführung Streichungen vorzunehmen. [...] Stücke dieser Art sind Tanzsuiten, deren Form streng symphonisch ist und die nicht nach einer Erklärung für das Publikum verlangen, denn es gibt darin keine beschreibenden, die Bühnenhandlung illustrierenden Elemente, welche die symphonische Entwicklung der aufeinanderfolgenden Stücke hemmen könnten.

Wenn Ihnen diese seltsame Idee gekommen ist, von mir Streichungen zu verlangen, so deshalb, weil Ihnen die Abfolge der Stücke, aus denen *Jeu de cartes* besteht, persönlich etwas langweilig vorkommt. Dafür kann ich wirklich nichts. Was mich aber vor allem erstaunt, ist, daß Sie versuchen, mich zu Streichungen zu überreden, mich, der ich dieses Stück in Venedig dirigiert und Ihnen erzählt habe, mit welcher Freude das Publikum es aufgenommen hat. Entweder haben Sie vergessen, was ich Ihnen erzählt habe, oder Sie messen meinen Beobachtungen und meinem kritischen Sinn keine große Bedeutung zu. Andererseits glaube ich wirklich nicht, daß Ihr Publikum weniger intelligent ist als das in Venedig.

Kaum zu glauben, daß ausgerechnet Sie mir vorschlagen, meine Komposition zu zerschneiden, mit guten Aussichten, sie zu entstellen, damit sie vom Publikum besser verstanden wird – Sie, die Sie doch keine Angst hatten vor ihren Zuhörern, als Sie ein Werk spielten, das hinsichtlich Erfolg und Verständnis so viele Risiken barg wie die *Symphonie für Blasinstrumente*!

Ich kann es also nicht zulassen, daß Sie in *Jeu de cartes* Streichungen vornehmen; ich meine, es ist besser, das Stück gar nicht zu spielen, als widerwillig.«

Am 15. Oktober, die Antwort von Ansermet:

»Ich möchte Sie nur fragen, ob Sie mir die kleine Streichung im Marsch ab dem zweiten Takt von 45 bis zum zweiten Takt von 58 verzeihen würden.«

Strawinsky reagiert am 19. Oktober:

»[…] Ich bedaure, aber ich kann Ihnen *keine* Streichung in *Jeu de cartes* erlauben.

Die absurde Streichung, die Sie verlangen, *verstümmelt* meinen kleinen Marsch, der seine Form und seinen konstruktiven Sinn im Ganzen der Komposition hat (einen *konstruktiven Sinn*, den Sie zu verteidigen vorgeben). Sie zerschneiden meinen Marsch nur, weil Ihnen der Mittelteil und die Durchführung weniger gefallen als der Rest. Dies ist in meinen Augen kein ausreichender Grund, und ich möchte Ihnen sagen: ›Aber Sie sind hier nicht zu Hause, mein Lieber‹, ich hatte nie zu Ihnen gesagt: ›Hier haben Sie meine Partitur, machen Sie damit, was Ihnen beliebt.‹

Ich wiederhole: entweder spielen Sie *Jeu de cartes* so, wie es ist, oder Sie spielen es überhaupt nicht.

Sie scheinen nicht begriffen zu haben, daß mein Brief vom 14. Oktober in diesem Punkt sehr kategorisch war.«

In der Folge werden die beiden nur noch einige lakonische, kühle Briefe wechseln. 1961 publiziert Ansermet in der Schweiz ein umfangreiches musikwissenschaftliches Werk mit einem langen Kapitel, in dem er sich gegen die Gefühllosigkeit von Strawinskys Musik wendet (und gegen die Inkompetenz des Komponisten als Dirigent). Erst 1966 (neunundzwanzig Jahre nach ihrem Streit) kann man folgende kurze Antwort Strawinskys auf einen versöhnlichen Brief Ansermets lesen:

»Mein lieber Ansermet,

Ihr Brief hat mich bewegt. Wir sind beide alt genug, um an das Ende unserer Tage zu denken; und ich möchte diese Tage nicht mit der schmerzlichen Last einer Feindschaft beenden.«

Eine archetypische Formulierung in einer archetypischen Situation: es kommt oft vor, daß Freunde, die einander verraten haben, am Ende des Lebens einen Strich unter ihre Feindseligkeit ziehen, kühlen Herzens, ohne deswegen wieder Freunde zu werden.

Es ist klar, worum es in dem Streit ging, der die Freundschaft in die Brüche gehen ließ: um Strawinskys Autorenrechte, die sogenannten *moralischen* Autorenrechte; um den Zorn des Autors, der es nicht erträgt, daß man sich an seinem Werk vergreift; und, auf der anderen Seite, um die Kränkung eines Interpreten, der den Stolz des Autors nicht erträgt und versucht, dessen Macht Grenzen zu setzen.

Ich höre *Le Sacre du Printemps* in Leonard Bernsteins Interpretation; die berühmte lyrische Passage in den *Rondes printanières* kommt mir verdächtig vor; ich schlage die Partitur auf:

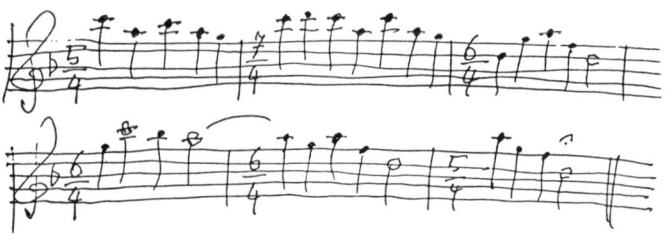

In Bernsteins Interpretation wird daraus:

Der unerhörte Zauber der angeführten Passage besteht in der Spannung zwischen der lyrischen Melodie und dem mechanischen und zugleich seltsam unregelmäßigen Rhythmus; wenn man diesen Rhythmus nicht einhält, exakt, mit der Präzision eines Uhrwerks, wenn man ihn *rubatisiert*, am Ende jedes Satzes die letzte Note dehnt (was Bernstein macht), so verschwindet die Spannung, und die Passage wird banal.

Und ich denke an Ansermets Sarkasmus. Ich gebe Strawinskys Interpretation den Vorzug, auch wenn er »sein Pult gegen das Podium drückt und den Takt zählt«.

3

In seiner Monographie über Janáček geht Jaroslav Vogel, der selbst Dirigent war, auf die Nachbesserungen ein, die Kovařovic an der Partitur von *Jenufa* vorgenommen hat. Er heißt sie gut und verteidigt sie. Eine erstaunliche Haltung; denn selbst wenn Kovařovic' Nachbesserungen wirkungsvoll, gut, sinnvoll gewesen wären, sind sie aus prinzipiellen Gründen inakzeptabel, und schon allein der Gedanke, zwischen der Version eines Autors und der seines Korrektors (Zensors, Bearbeiters) den Schiedsrichter spielen zu wollen, ist pervers. Ohne jeden Zweifel könnte man diesen oder jenen Satz von *Auf der Suche nach der verlorenen Zeit* besser schreiben. Wer aber wäre so verrückt, einen verbesserten Proust lesen zu wollen?

Darüber hinaus sind Kovařovic' Nachbesserungen alles andere als gut oder sinnvoll. Als Beweis für ihre Richtigkeit zitiert Vogel die letzte Szene, in der Jenufa, nach der Entdeckung ihres ermordeten Kindes, nach der Verhaftung ihrer Stiefmutter, mit Laca allein ist. Weil er eifersüchtig war auf Stewa, hatte Laca einst aus Rache Jenufa an der Wange verletzt; jetzt verzeiht Jenufa ihm: er hatte sie aus Liebe verletzt; ebenso wie auch sie aus Liebe gesündigt hatte:

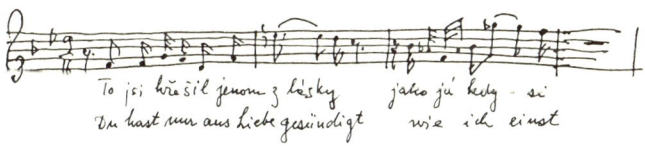

Dieses »wie ich einst«, Anspielung auf ihre Liebe zu Stewa, wird sehr schnell gesungen, wie ein kurzer Schrei, in schrillen Tönen, die ansteigen und dann abreißen; als beschwöre Jenufa etwas, das sie sogleich wieder vergessen möchte. Kovařovic erweitert die Melodie dieser Passage (er läßt sie »sich entfalten«, sagt Vogel!), indem er sie folgendermaßen abändert:

To jsi hřešil jenom z lásky   hřešil jenom z lásky
Du hast nur aus Liebe gesündigt   nur aus Liebe gesündigt

jako   já'   koly - si
wie   ich   einst

Wird Jenufas Gesang, fragt Vogel, unter Kovařovic' Feder nicht noch schöner? Bleibt der Gesang nicht trotzdem Janáček vollkommen treu? Ja, wollte man Janáček nachahmen, könnte man es nicht besser machen. Trotzdem ist die hinzugefügte Melodie eine Absurdität. Während Jenufa bei Janáček rasch, mit verhaltenem Grauen, an ihre »Sünde« erinnert, wird sie bei Kovařovic über dieser Erinnerung gerührt, sie verharrt dabei, ist ergriffen (ihr Gesang dehnt die Wörter: »Liebe«, »ich« und »einst«). So singt sie in Lacas Gegenwart von ihrer Sehnsucht nach Stewa, Lacas Rivalen, sie singt von ihrer Liebe zu Stewa, der der Grund all ihren Unglücks ist! Wie konnte Vogel, ein leidenschaftlicher Anhänger Janáčeks, einen solchen psychologischen Unsinn vertreten? Wie konnte er ihn sanktionieren, da er doch wußte, daß Janáčeks ästhetische Revolte gerade darin bestand, daß er die psychologische Unwahrscheinlichkeit ablehnte, die in der Oper gang und gäbe war? Wie ist es möglich, jemanden zu lieben und ihn gleichzeitig in solchem Maße falsch zu verstehen?

4

Dennoch, und da hat Vogel recht: es sind Kovařovic' Nachbesserungen, die zum Erfolg der Oper beigetragen haben, indem sie sie etwas konventioneller machten. »Lassen Sie sich ein bißchen von uns deformieren, Meister, und man wird Sie lieben.« Es kommt aber der Moment, da der Meister sich weigert, um diesen Preis geliebt zu sein, und es vorzieht, gehaßt und verstanden zu werden.

Welche Mittel besitzt ein Autor, um so verstanden zu werden, wie er ist? Für Hermann Broch gab es nicht viele, in den dreißiger Jahren und zudem in Österreich, das vom faschistisch gewordenen Deutschland isoliert war, und auch später nicht, in der Einsamkeit seiner Emigration: einige Vorträge, in denen er seine Romanästhetik darlegte; außerdem Briefe an die Freunde, seine Leser, die Verleger, die Übersetzer; er ließ nichts außer acht und kümmerte sich zum Beispiel mit größter Sorgfalt um die Klappentexte auf den Buchumschlägen. In einem Brief an seinen Verleger protestiert er gegen den Vorschlag einer Anzeige für *Die Schlafwandler*, in der sein Roman mit Hugo von Hofmannsthal und Italo Svevo verglichen wird. Er macht einen Gegenvorschlag: ihn in eine Reihe mit Joyce und Gide zu stellen.

Verweilen wir bei diesem Vorschlag: worin besteht denn der Unterschied zwischen dem Kontext Broch – Svevo – Hofmannsthal und dem Kontext Broch – Joyce – Gide? Der erste Kontext ist im weitesten Sinn des Wortes *literarisch*; der zweite ist spezifisch *romanesk* (es ist der Gide der *Falschmünzer*, auf den Broch sich beruft). Der erste ist ein *kleiner*, d. h. lokaler, mitteleuropäischer *Kontext*. Der zweite ist ein *großer*, daß heißt internationaler, weltumspannender *Kontext*. Indem Broch sich neben Joyce und Gide stellt, betont er nachdrücklich, daß sein Roman im Kontext des *europäischen Romans* gesehen werden sollte. Er ist sich bewußt, daß *Die Schlafwandler*, ebenso wie der *Ulysses* und *Die Falschmünzer*, ein Werk ist, das die Romanform revolutioniert, das eine andere Ästhetik des Romans schafft, und daß diese nur vor dem Hintergrund der Geschichte des *Romans als solchem* verstanden werden kann.

Diese Forderung Brochs gilt für jedes bedeutende Werk. Ich kann es nicht oft genug wiederholen: der Wert und der Sinn eines Werks können nur im großen internationalen Kontext richtig eingeschätzt werden. Diese Wahrheit wird besonders zwingend, wenn ein Künstler relativ allein dasteht. Ein französischer Surrealist, ein Autor des »Nouveau roman«, ein Naturalist des 19. Jahrhunderts, sie alle sind getragen von einer Generation, einer weltweit anerkannten Bewegung, ihr ästhetisches Programm geht ihrem Werk sozusagen voraus. Wo aber steht Gombrowicz? Wie ist seine Ästhetik zu verstehen?

Er verläßt sein Land 1939, im Alter von fünfunddreißig Jahren. Als Ausweis seiner Künstlerschaft nimmt er ein einziges Buch mit, *Ferdydurke*, einen genialen Roman, der in Polen kaum und überall sonst absolut unbekannt ist. Er landet fernab von Europa, in Argentinien. Er ist unvorstellbar allein. Nie haben die großen argentinischen Schriftsteller sich mit ihm angefreundet. Die polnische antikommunistische Emigration ist wenig neugierig auf seine Kunst. Vierzehn Jahre lang bleibt seine Situation unverändert, und ungefähr 1953 beginnt er, sein *Tagebuch* zu schreiben und zu veröffentlichen. Man erfährt darin nicht viel über sein Leben, es handelt sich in erster Linie um eine Darlegung seiner Position, eine andauernde ästhetische und philosophische Selbstinterpretation, ein Lehrbuch über seine »Strategie« oder besser: es ist sein Vermächtnis; nicht daß er damals an seinen Tod gedacht hätte: er wollte, als letzten und endgültigen Willen, sein eigenes Verständnis seiner selbst und seines Werks durchsetzen.

Er umreißt seine Position durch drei Schlüssel-Absagen: die Absage an die Unterwerfung unter das politische Engagement der polnischen Emigration (nicht weil er prokommunistische Sympathien gehegt hätte, sondern weil das Prinzip der engagierten Kunst ihm widerstrebte); die Absage an die polnische Tradition (seiner Meinung nach kann man nur dann etwas schaffen, was für Polen einen Wert hat, wenn man sich dem »Polentum« widersetzt, an dessen schwerem romantischen Erbe rüttelt); schließlich die Absage an die westliche Moderne der sechziger Jahre, eine sterile Moderne, »unfair gegenüber der Realität«, kraftlos in der Kunst des Romans, uni-

versitär, versnobt, absorbiert durch die Theoretisierung ihrer
selbst (nicht daß Gombrowicz weniger modern wäre, aber
seine Modernität ist anders). Es ist vor allem diese dritte
»Klausel des Vermächtnisses«, die wichtig, entscheidend ist
und zugleich hartnäckig mißverstanden wird.

Ferdydurke wurde 1937 veröffentlicht, ein Jahr vor *Der Ekel*,
da Gombrowicz aber unbekannt und Sartre berühmt ist, hat
Der Ekel sozusagen den Platz in Beschlag genommen, der in
der Geschichte des Romans Gombrowicz gebührt hätte. Während in *Der Ekel* die existentialistische Philosophie ein romaneskes Gewand angelegt hat (als beschlösse ein Professor,
schläfrigen Schülern eine Lektion in Romanform zu erteilen,
um sie zu amüsieren), hat Gombrowicz einen echten Roman
geschrieben, der an die alte Tradition des komischen Romans
(im Sinne von Rabelais, Cervantes, Fielding) anknüpft, weshalb
die existentiellen Probleme, für die er sich ebenso leidenschaftlich interessierte wie Sartre, bei ihm unernst und lustig wirken.

Ferdydurke ist (mit *Die Schlafwandler*, mit *Der Mann ohne
Eigenschaften*) eines der Hauptwerke, die meiner Meinung
nach die dritte Zeit in der Geschichte des Romans einleiten,
indem sie die vergessene Erfahrung des Romans vor Balzac
wieder aufleben lassen und sich Bereiche aneignen, von denen
man bislang angenommen hatte, sie seien der Philosophie vor-
behalten. Daß *Der Ekel* und nicht *Ferdydurke* zum Beispiel
dieser Neuorientierung wurde, hatte ärgerliche Folgen: die
Hochzeitsnacht der Philosophie und des Romans verlief in
beiderseitiger Langeweile. Da die Werke von Gombrowicz,
von Broch, von Musil (und natürlich von Kafka) in der Welt
erst zwanzig bis dreißig Jahre nach ihrer Entstehung entdeckt
worden sind, hatten sie nicht mehr die nötige Kraft, um eine
Generation zu verführen und eine Bewegung zu gründen; in
der Interpretation einer anderen, in mancher Hinsicht entge-
gengesetzten ästhetischen Schule wurden sie respektiert, sogar bewundert, blieben aber unverstanden, so daß sich die
größte Wende in der Geschichte des Romans unseres Jahrhunderts unbemerkt vollzogen hat.

5

Dies traf auch, ich habe es bereits erwähnt, auf Janáček zu.
Max Brod stellte sich in seinen Dienst, wie er es bei Kafka tat:
mit selbstlosem Eifer. Zu seinem Ruhm sei gesagt: er hat sich
in den Dienst der beiden größten Künstler gestellt, die in dem
Land gelebt haben, in dem ich geboren bin. Kafka und Janáček: beide unterschätzt; beide mit einer schwer faßlichen
Ästhetik; beide Opfer eines engen Milieus. Prag war für
Kafka ein gewaltiges Handicap. Er war dort von der literarischen Welt und dem Verlagswesen in Deutschland isoliert,
und das war für ihn fatal. Seine Verleger haben sich sehr wenig
um diesen Autor, den sie persönlich kaum kannten, geküm-
mert. Joachim Unseld hat diesem Problem ein Buch gewidmet
und zeigt, daß dies der wahrscheinlichste Grund war (ich
halte diesen Gedanken für sehr realistisch), weshalb Kafka
seine Romane, die niemand von ihm verlangte, nicht beendete. Denn wenn ein Autor nicht die konkrete Aussicht hat,
sein Manuskript zu publizieren, ist er nicht motiviert, ihm
den letzten Schliff zu geben, und nichts hindert ihn daran, es
vorläufig vom Schreibtisch zu räumen und sich etwas ande-
rem zu widmen.

Für die Deutschen war Prag nur eine Provinzstadt, ebenso
wie Brünn für die Tschechen. Beide, Kafka und Janáček, lebten also in der Provinz. Während Kafka in einem Land, dessen
Bevölkerung ihm fremd war, praktisch unbekannt blieb,
wurde Janáček in demselben Land von seinen Landsleuten ba-
gatellisiert.

Wer die ästhetische Inkompetenz des Begründers der Kafkologie verstehen möchte, sollte dessen Monographie über
Janáček lesen. Eine enthusiastische Monographie, die dem
verkannten Meister bestimmt viel geholfen hat. Aber wie
schwach, wie naiv sie ist! Mit großen Worten wie Naturwesen,
Liebe, Mitleid, Bedrängte und Schwache, göttliche Musik,
scheue Seele, unnatürlich zarte Seele, Seele eines Träumers,
und ohne die geringste Strukturanalyse, ohne den geringsten

Versuch, die konkrete Ästhetik von Janáčeks Musik zu erfassen. Da Brod den Haß der Prager Musikwissenschaft auf den Komponisten aus der Provinz kannte, wollte er beweisen, daß Janáček zur nationalen Tradition gehörte und dem übergroßen Smetana, dem Idol der nationalen tschechischen Ideologie, vollkommen ebenbürtig war. Er war dermaßen besessen von dieser tschechischen, provinziellen, beschränkten Polemik, daß alle Musik der Welt aus seinem Buch geflohen ist und von allen Komponisten aller Zeiten einzig und allein Smetana Erwähnung fand.

Ach, Max, Max! Man darf sich nie auf das Terrain des Feindes begeben! Dort findet man nur eine feindliche Masse, gekaufte Schiedsrichter! Brod hat nicht von seiner Position eines Nicht-Tschechen profitiert, um Janáček in den *großen Kontext* zurückzuversetzen, in den kosmopolitischen Kontext der europäischen Musik, den einzigen, in dem er verteidigt und verstanden werden konnte; er hat ihn ein weiteres Mal in den nationalen Horizont eingeschlossen, von der modernen Musik abgeschnitten und damit seine Isolation besiegelt. Die ersten Interpretationen haften an einem Werk, es wird sich nie mehr davon befreien können. Ebenso wie Brods Gedanken für immer in der gesamten Literatur über Kafka spürbar sein werden, wird Janáček auf ewig unter der Provinzialisierung leiden, die seine Landsleute ihm auferlegt haben und die von Brod bekräftigt wurde.

Rätselhafter Brod. Er hat Janáček geliebt; er war von keinem Hintergedanken geleitet, sondern allein vom Geist der Gerechtigkeit; er hat ihn um des Wesentlichen, um seiner Kunst willen geliebt. Aber er hat diese Kunst nicht verstanden.

Ich werde Brods Geheimnis nie ganz ergründen. Und Kafka? Was dachte er über ihn? In seinem Tagebuch von 1911 erzählt er: eines Tages war ein kubistischer Maler, Willi Novak, bei Brod zu Besuch; er hatte gerade einen Zyklus mit Porträts von Brod beendet, Lithographien; in der Art und Weise, die wir von Picasso kennen, war die erste Zeichnung wirklichkeitsgetreu, wogegen die anderen, sagt Kafka, sich immer mehr vom Modell entfernten, um zu einer äußersten Abstraktion zu gelangen. Brod war verlegen; ihm gefielen diese Zeichnungen nicht, mit Ausnahme der ersten, realistischen, die ihm sogar sehr gut gefiel, da sie, vermerkt Kafka mit zarter Ironie, »außer seiner Ähnlichkeit um Augen und Mund edle gefaßte Züge trug«.

Brod verstand den Kubismus ebensowenig, wie er Kafka und Janáček verstand. Indem er alles tat, um sie aus ihrer gesellschaftlichen Isolation zu befreien, besiegelte er ihre *ästhetische Einsamkeit*. Denn seine Aufopferung für sie bedeutete: sogar dem, der sie liebte und sie am besten hätte verstehen müssen, blieb ihre Kunst fremd.

6

Ich bin immer wieder erstaunt über die Verwunderung, die Kafkas (angeblicher) Entschluß, sein ganzes Werk zu vernichten, hervorruft. Als ob ein solcher Entschluß a priori absurd wäre. Als ob ein Autor nicht genügend Gründe haben könnte, sein Werk mit auf die letzte Reise zu nehmen.

Tatsächlich kann es vorkommen, daß ein Autor, wenn er Bilanz zieht, feststellt, daß er seine Bücher nicht mehr liebt. Und daß er dieses düstere Denkmal seines Versagens nicht hinter sich zurücklassen will. Ich weiß, ich weiß, Sie werden einwenden, daß er sich täuscht, unter einer krankhaften Depression leidet, Ihr Zureden hat aber keinen Sinn. Er ist in seinem Werk zu Hause, und nicht Sie, mein Lieber!

Ein anderer plausibler Grund: der Autor liebt sein Werk noch immer, liebt aber die Welt nicht mehr. Er kann den Gedanken nicht ertragen, es zurückzulassen und einer Zukunft, die ihm abscheulich vorkommt, auszuliefern.

Und noch eine weitere Möglichkeit: der Autor liebt sein Werk noch immer und interessiert sich auch nicht für die Zukunft der Welt, da er aber seine Erfahrungen mit dem Publikum hat, hat er die Vanitas vanitatum der Kunst begriffen, das unausweichliche Unverständnis, das sein Los ist, ein Unverständnis (nicht die Unterschätzung, ich spreche nicht von den Eitlen), unter dem er sein Leben lang gelitten hat und unter dem er nicht auch noch nach seinem Tod leiden will. (Es ist übrigens vielleicht nur die Kürze des Lebens, welche die Künstler daran hindert, die Vergeblichkeit ihrer Arbeit ganz zu begreifen und rechtzeitig das Vergessen ihrer Werke und ihrer selbst in die Wege zu leiten.)

Sind all dies nicht triftige Gründe? Gewiß. Trotzdem waren es nicht Kafkas Gründe: er war sich des Werts dessen, was er schrieb, bewußt, er hatte keine ausgesprochene Abneigung gegen die Welt, und er hatte, allzu jung und praktisch unbekannt, keine schlechten Erfahrungen mit dem Publikum, da er fast keines hatte.

7

Kafkas Vermächtnis: kein Testament im präzisen juristischen Sinn; eigentlich zwei Privatbriefe; und nicht einmal richtige Briefe, da sie nie abgesandt wurden. Brod, Kafkas Testamentsvollstrecker, fand sie nach dem Tod seines Freundes 1924 in einer Schublade, unter vielen anderen Papieren: der eine, mit Tinte geschrieben, zusammengefaltet und mit Brods Adresse versehen, der andere, detaillierter, mit Bleistift geschrieben. Im »Nachwort zur ersten Ausgabe« von *Der Prozeß* erklärt Brod: »[…] als ich 1921 meinen Beruf wechselte, sagte ich meinem Freunde, daß ich mein Testament gemacht hätte, in dem ich ihn bäte, dieses und jenes zu vernichten, andres durchzusehen und so fort. Darauf sagte Kafka und zeigte mir den mit Tinte geschriebenen Zettel, den man dann in seinem Schreibtisch vorgefunden hat, von außen: ›Mein Testament wird ganz einfach sein – die Bitte an dich, alles zu verbrennen.‹ Ich entsinne mich auch noch ganz genau der Antwort, die ich damals gab: ›[…] ich sage dir schon jetzt, daß ich deine Bitte nicht er-

243

füllen werde.‹« Mit der Erwähnung dieser Erinnerung rechtfertigt Brod seinen Ungehorsam gegenüber dem testamentarischen Wunsch seines Freundes; Kafka, fährt er fort, »kannte
die fanatische Verehrung, die ich jedem seiner Worte entgegen-
brachte«; Kafka habe also wohl gewußt, daß seinem Wunsch
nicht Folge geleistet würde, und er »hätte einen andern Te-
stamentsexekutor bestimmen müssen, wenn ihm seine eigne
Verfügung unbedingter und letzter Ernst gewesen wäre«.
Aber ist das so sicher? In seinem eigenen Testament bat Brod
Kafka, »dieses und jenes zu vernichten«; warum hätte Kafka
es nicht völlig normal finden sollen, Brod um den gleichen Gefallen zu bitten? Und wenn Kafka wirklich wußte, daß man
ihm nicht gehorchen würde, weshalb hätte er, nach dem Gespräch zwischen den beiden 1921, dann noch diesen zweiten
Brief mit Bleistift geschrieben, in dem er seine Anordnungen
ausführlicher und präziser darlegte? Aber gehen wir darüber
hinweg: man wird nie wissen, was die beiden jungen Freunde
über dieses Thema zueinander gesagt haben, ein Thema, das
für sie übrigens nicht vordringlich war, da sich damals keiner
der beiden, vor allem Kafka nicht, von der Unsterblichkeit besonders bedroht fühlen konnte.

Man sagt oft: wenn Kafka wirklich hätte vernichten wollen,
was er geschrieben hatte, so hätte er es selbst vernichtet. Wie
aber? Seine Briefe waren im Besitz der Empfänger. (Er selbst
hat keinen Brief aufbewahrt, den er erhalten hat.) Die Tagebücher, das stimmt, die hätte er verbrennen können. Aber das
waren Arbeitstagebücher (eher Notizhefte als Tagebücher),
sie waren ihm nützlich, solange er schrieb, und er schrieb bis
zu seinen letzten Tagen. Dasselbe gilt für seine unvollendeten
Prosawerke. Unwiederbringlich unvollendet waren sie erst im
Falle seines Todes; zu Lebzeiten konnte er jederzeit auf sie zu-
rückgreifen. Für einen Schriftsteller ist selbst eine Erzählung,
die er für mißlungen hält, nicht nutzlos, sie kann als Material
für eine andere Erzählung dienen. Der Schriftsteller hat keinen Grund zu vernichten, was er geschrieben hat, solange er
nicht im Sterben liegt. Als Kafka jedoch im Sterben liegt, ist er

nicht mehr zu Hause, sondern im Sanatorium, und er kann nichts vernichten, er kann nur auf die Hilfe eines Freundes zählen. Und da er nicht viele Freunde hat, letztlich nur einen, zählt er auf ihn.

Man sagt auch: sein eigenes Werk vernichten zu wollen, ist eine pathologische Tat. In diesem Fall wird der Ungehorsam gegen Kafkas zerstörerischen Willen zur Treue zu einem anderen Kafka, dem schöpferischen Künstler. Hier stößt man auf die größte Lüge der Legende, die sein Vermächtnis umgibt: Kafka habe sein Werk nicht vernichten wollen. In seinem zweiten Brief drückt er sich absolut präzis aus: »Von allem, was ich geschrieben habe, gelten nur die Bücher: Urteil, Heizer, Verwandlung, Strafkolonie, Landarzt und die Erzählung: Hungerkünstler. (Die paar Exemplare der ›Betrachtung‹ mögen bleiben, ich will niemandem die Mühe des Einstampfens machen, aber neu gedruckt darf nichts daraus werden.)« Es ist also nicht nur so, daß Kafka sein Werk nicht verleugnet, er zieht Bilanz und versucht, das, was bleiben soll (was gedruckt werden darf), von dem zu trennen, was seinen Ansprüchen nicht genügt; Traurigkeit, Strenge sprechen aus seinem Urteil, aber keine Verrücktheit, keine Verblendung aus Verzweiflung: Kafka hält alle seine gedruckten Bücher für gültig, mit Ausnahme seines ersten, *Betrachtung*, das ihm vermutlich unreif erschien (man kann ihm kaum widersprechen). Seine Ablehnung bezieht sich nicht automatisch auf alles nicht Veröffentlichte, zählt er doch zu den »gültigen« Büchern auch die Erzählung *Ein Hungerkünstler*, die zum Zeitpunkt der Niederschrift des Briefes erst als Manuskript existiert. Später wird er drei weitere Erzählungen hinzufügen (*Erstes Leid, Eine kleine Frau, Josefine, die Sängerin*), um daraus ein Buch zu machen; die Druckfahnen dieses Buches korrigiert er auf seinem Sterbebett: ein fast pathetischer Beweis dafür, daß Kafka nichts gemein hat mit der Legende vom Autor, der sein Werk vernichten will.

Vernichtet sehen möchte er folglich nur zwei klar begrenzte Kategorien von Schriften:

erstens, mit besonderem Nachdruck: die persönlichen Schriften: Briefe, Tagebücher;

zweitens: die Novellen und Romane, die er, seiner Meinung nach, nicht zu einem befriedigenden Abschluß hat bringen können.

8

Ich betrachte ein Fenster gegenüber. Gegen Abend geht das Licht an. Ein Mann betritt das Zimmer. Gesenkten Haupts geht er auf und ab; von Zeit zu Zeit fährt er sich mit der Hand durchs Haar. Dann bemerkt er plötzlich, daß das Zimmer erleuchtet ist und man ihn sehen kann. Mit einer abrupten Geste zieht er den Vorhang zu. Dabei war er nicht damit beschäftigt, Falschgeld herzustellen; er hatte nichts zu verbergen außer sich selbst, seine Art, im Zimmer herumzulaufen, seine Art, nachlässig gekleidet zu sein, seine Art, sich übers Haar zu streichen. Sein Wohlbefinden ist bedingt durch seine Freiheit, nicht gesehen zu werden.

Die Scham ist einer der Schlüsselbegriffe der Neuzeit, dieser individualistischen Epoche, die sich heute unmerklich von uns entfernt; die Scham: eine epidermische Reaktion, um das eigene Privatleben zu verteidigen; um einen Vorhang vor dem Fenster zu verlangen; um darauf zu bestehen, daß ein an A adressierter Brief nicht von B gelesen wird. Eine der elementaren Situationen des Übergangs zum Erwachsenenalter, einer der ersten Konflikte mit den Eltern ist der Anspruch auf eine Schublade für die eigenen Briefe und Tagebücher, der Anspruch auf eine abschließbare Schublade; man tritt ins Erwachsenenalter *durch die Revolte der Scham.*

Eine alte revolutionäre Utopie, faschistisch oder kommunistisch: das Leben ohne Geheimnisse, wo öffentliches und privates Leben ein Ganzes bilden. Der surrealistische Traum, der Breton so teuer war: das Glashaus, das Haus ohne Gardinen, in dem der Mensch vor aller Augen lebt. Ach, die Schönheit

der Transparenz! Die einzige gelungene Realisierung dieses
Traums: eine total von der Polizei kontrollierte Gesellschaft.

Davon spreche ich in *Die unerträgliche Leichtigkeit des
Seins*: Jan Procházka, eine bedeutende Persönlichkeit des Prager Frühlings, wurde nach der russischen Invasion 1968 scharf
überwacht. Er besuchte damals häufig einen anderen Opposi-
tionellen, den Professor Václav Černý, mit dem er gern trank
und plauderte. Alle ihre Gespräche wurden heimlich aufge-
zeichnet, und ich habe die beiden Freunde im Verdacht, daß
sie es wußten und sich darüber lustig machten. Eines Tages jedoch, 1970 oder 1971, strahlte die Polizei, die Procházka dis-
kreditieren wollte, diese Gespräche als Feuilletons im Rundfunk aus. Seitens der Polizei war dies eine mutige, beispiellose
Tat. Und das Erstaunliche daran: sie hatte beinahe Erfolg; im
ersten Moment *war* Procházka diskreditiert: denn in der Intimität sagt man alles mögliche, man spricht schlecht von
Freunden, gebraucht Schimpfwörter, man scherzt, erzählt
sich geschmacklose Witze, man wiederholt sich, unterhält den
Gesprächspartner, indem man ihn durch Monstrositäten
schockiert, man vertritt ketzerische Ansichten, zu denen man
öffentlich nicht steht, etc. Natürlich verhalten wir uns alle wie
Procházka, in der Intimität verleumden wir unsere Freunde,
gebrauchen Schimpfwörter; sich privat anders zu verhalten
als in der Öffentlichkeit, ist die augenscheinlichste Erfahrung
jedes Individuums, die Grundlage des individuellen Lebens;
seltsamerweise bleibt diese Evidenz gleichsam unbewußt, un-
eingestanden, ständig verschleiert durch die lyrischen Träume
vom transparenten Glashaus, nur selten wird sie als höchster
Wert verstanden, den es zu verteidigen gilt. Also wurden sich
die Leute nur nach und nach (aber mit um so größerer Wut)
darüber klar, daß der wahre Skandal nicht Procházkas ge-
wagte Reden waren, sondern die Vergewaltigung seines Lebens; sie wurden sich (schockartig) darüber klar, daß das
Private und das Öffentliche zwei grundlegend verschiedene
Welten sind und die Respektierung dieser Verschiedenheit die
Conditio sine qua non ist, damit ein Mensch als freier Mensch

leben kann; daß man an dem Vorhang, der diese beiden Welten trennt, nicht rühren darf und diejenigen, die ihn abreißen, Verbrecher sind. Und da die Vorhang-Abreißer im Dienste eines verhaßten Regimes standen, wurden sie einhellig für besonders verachtenswerte Verbrecher gehalten.

Als ich aus dieser mit Abhörgeräten gespickten Tschechoslowakei nach Frankreich kam, sah ich auf dem Titelblatt einer Zeitschrift ein großes Foto von Jacques Brel, der sein Gesicht verbarg, umstellt von Fotografen, vor dem Krankenhaus, in dem er wegen seines bereits fortgeschrittenen Krebsleidens behandelt wurde. Und plötzlich hatte ich das Gefühl, dem gleichen Übel zu begegnen, vor dem ich aus meinem Land geflohen war; die Ausstrahlung von Procházkas Gesprächen im Rundfunk und die Fotografie des sterbenden Sängers, der sein Gesicht verbirgt, schienen mir derselben Welt anzugehören; ich sagte mir, wenn es *zur Gewohnheit und Regel wird*, die Intimität des andern unter die Leute zu bringen, dann treten wir in eine Epoche ein, in der das Überleben oder das Verschwinden des Individuums auf dem Spiel steht.

9

Es gibt in Island fast keine Bäume, und die wenigen, die dort stehen, wachsen alle auf den Friedhöfen; als gäbe es keine Toten ohne Bäume, als gäbe es keine Bäume ohne Tote. Man pflanzt sie nicht neben dem Grab, wie im idyllischen Mitteleuropa, sondern mitten darauf, damit der Vorübergehende gezwungen ist, sich die Wurzeln vorzustellen, die den Leichnam in der Tiefe durchbohren. Ich spaziere mit Elvar D. über den Friedhof von Reykjavik; er bleibt vor einem Grab stehen, dessen Baum noch sehr klein ist; vor knapp einem Jahr wurde sein Freund begraben; er beginnt, von seinen Erinnerungen an ihn zu sprechen: sein Privatleben war von einem Geheimnis, wahrscheinlich sexueller Art, umgeben. »Da Geheimnisse Irritation und Neugier erregen, haben meine Frau,

meine Töchter, die Menschen um mich herum immer wieder darauf bestanden, daß ich ihnen davon erzähle. Das ging so weit, daß die Beziehung zu meiner Frau sich verschlechterte. Ich konnte ihr diese aggressive Neugier nicht verzeihen, sie konnte mir mein Schweigen nicht verzeihen, das für sie der Beweis war, wie wenig Vertrauen ich zu ihr hatte.« Dann lächelt er und sagt: »Ich habe nichts verraten. Denn ich hatte nichts zu verraten. Ich habe es mir verboten, die Geheimnisse meines Freundes kennen zu wollen, und ich kenne sie nicht.«
Ich hörte ihm fasziniert zu: seit meiner Kindheit höre ich, der Freund sei derjenige, mit dem man seine Geheimnisse teilt und der im Namen der Freundschaft sogar darauf bestehen darf, sie zu kennen. Für meinen Isländer ist Freundschaft etwas anderes: sie bedeutet, ein Wächter vor dem Tor zu sein, hinter dem der Freund sein Privatleben versteckt; sie bedeutet, derjenige zu sein, der dieses Tor niemals öffnen wird; der niemandem erlauben wird, es zu öffnen.

10

Ich denke an das Ende von Kafkas *Prozeß*: die beiden Herren beugen sich über K., den sie erstechen: »Mit brechenden Augen sah noch K., wie die Herren, nahe vor seinem Gesicht, Wange an Wange aneinandergelehnt, die Entscheidung beobachteten. ›Wie ein Hund!‹ sagte er, es war, als sollte die Scham ihn überleben.«
Das letzte Substantiv im *Prozeß*: die Scham. Das letzte Bild: fremde Gesichter, ganz nah an K.s Gesicht, ihn beinahe berührend, beobachten seinen intimsten Moment, seine Agonie. Im letzten Substantiv, im letzten Bild verdichtet sich die Grundsituation des ganzen Romans: jederzeit im eigenen Schlafzimmer für andere zugänglich zu sein; sich sein Frühstück wegessen zu lassen; Tag und Nacht bereit zu sein, zum Verhör zu erscheinen; mitanzusehen, wie die Vorhänge vor dem Fenster beschlagnahmt werden; nicht besuchen zu kön-

nen, wen man will; nicht mehr sich selber zu gehören; den Status eines Individuums zu verlieren. Diese *Verwandlung eines Menschen von einem Subjekt in ein Objekt* empfindet man als Scham.

Ich glaube nicht, daß Kafka, als er Brod bat, seine Korrespondenz zu vernichten, befürchtete, sie könnte veröffentlicht werden. Auf einen solchen Gedanken konnte er kaum kommen. Die Verleger interessierten sich nicht für seine Romane, wie sollten sie sich für seine Briefe interessieren? Was ihn dazu trieb, sie vernichten zu wollen, war die Scham, die elementare Scham, nicht die eines Schriftstellers, sondern die eines einfachen Individuums, die Scham, intime Dinge vor den Augen anderer herumliegen zu lassen, vor der Familie, vor Unbekannten, die Scham, in ein Objekt verwandelt zu werden, die Scham, die fähig wäre, »ihn zu überleben«.

Und trotzdem hat Brod die Briefe veröffentlicht; früher, in seinem eigenen Testament, hatte er Kafka gebeten »dieses und jenes zu vernichten«; nun publiziert er *alles*, ohne Unterschied; sogar diesen langen und peinlichen Brief, den man in einer Schublade fand, einen Brief, den Kafka seinem Vater nie geschickt hätte und den durch Brods Verdienst nun jedermann, außer dem Adressaten, lesen kann. In meinen Augen findet Brods Indiskretion keine Entschuldigung. Er hat seinen Freund verraten. Er hat wider dessen Willen gehandelt, wider Sinn und Geist von dessen Willen, wider dessen schamhafte Natur, die er kannte.

11

Es gibt einen wesentlichen Unterschied zwischen dem Roman einerseits und den Memoiren, der Biographie, der Autobiographie andererseits. Der Wert einer Biographie liegt in der Neuheit und Genauigkeit der enthüllten Fakten. Der Wert eines Romans in der Enthüllung der Möglichkeiten, der Existenz als solcher, die bis dahin verdeckt waren; mit anderen

Worten, der Roman entdeckt, was in jedem von uns verborgen ist. Ein gängiges Lob auf den Roman: ich finde mich in der Figur des Buches wieder; ich habe den Eindruck, der Autor spricht von mir und kennt mich; oder in vorwurfsvoller Form: ich fühle mich durch diesen Roman angegriffen, entblößt, gedemütigt. Man sollte sich nie über diese Art scheinbar naiver Urteile lustig machen: sie sind der Beweis, daß der Roman als Roman gelesen wurde.

Deshalb ist der *Schlüsselroman* (der von realen Personen spricht, in der Absicht, daß man sie hinter den fiktiven Namen erkennen soll) ein falscher Roman, eine ästhetisch fragwürdige, moralisch unsaubere Sache. Kafka, hinter dem Namen Garta versteckt! Sie halten dem Autor vor: Das ist unzutreffend! Der Autor: Ich habe keine Memoiren geschrieben, Garta ist eine imaginäre Figur! Und Sie: Als imaginäre Figur ist er unwahrscheinlich, schlecht konstruiert, ohne Talent beschrieben! Der Autor: Das ist schließlich nicht eine Figur wie jede andere, sie hat es mir ermöglicht, neue Enthüllungen über meinen Freund Kafka zu machen! Sie: Unzutreffende Enthüllungen! Der Autor: Ich habe keine Memoiren geschrieben, Garta ist eine imaginäre Figur! … Etc.

Selbstverständlich schöpft ein Romancier wohl oder übel aus seinem Leben; es gibt vollkommen erfundene, ganz aus seinen Träumen entstandene Figuren, es gibt solche, die von einem manchmal direkten, häufiger indirekten Vorbild inspiriert und andere, die aus einem einzigen, an jemandem beobachteten Detail hervorgegangen sind, und alle verdanken sie der Selbstbeobachtung des Autors, seiner Selbsterkenntnis viel. Die Arbeit der Einbildungskraft verwandelt diese Inspirationen und Beobachtungen so stark, daß der Romancier sie vergißt. Dennoch sollte er, bevor er sein Buch publiziert, darauf bedacht sein, die Schlüssel, mit denen man sie entschlüsseln könnte, unauffindbar zu machen; zunächst weil diejenigen, die zu ihrer Überraschung Teile ihres Lebens in einem Roman wiederfinden, wenigstens ein Minimum an Rücksichtnahme verdienen, dann weil diese (echten oder falschen)

Schlüssel den Leser nur auf einen Holzweg führen; anstelle von unbekannten Aspekten der Existenz wird er in einem Roman unbekannte Aspekte der Existenz des Autors suchen; auf diese Weise wird der ganze Sinn der Kunst des Romans zerstört, wie ihn zum Beispiel dieser amerikanische Professor zerstört hat, der, bewaffnet mit einem riesigen Bund von Passepartouts, die große Biographie über Hemingway schrieb:

Kraft seiner Interpretation hat er Hemingways ganzes Werk in einen einzigen Schlüsselroman verwandelt; als hätte er es gewendet wie eine Jacke: plötzlich befinden die Bücher sich, nicht sichtbar, auf der Innenseite, und auf dem Futter beobachtet man begierig die (wahren oder vorgeblichen) Ereignisse seines Lebens, unbedeutende, peinliche, lächerliche, banale, alberne, kleinliche Ereignisse; so löst das Werk sich auf, die imaginären Figuren verwandeln sich in Personen aus dem Leben des Autors, und der Biograph eröffnet den moralischen Prozeß gegen den Schriftsteller: in einer Erzählung gibt es die Figur einer bösen Mutter: das ist seine eigene Mutter, die Hemingway hier schlechtmacht; in einer anderen Erzählung gibt es einen grausamen Vater: das ist die Rache Hemingways, dessen Vater ihm, als er noch ein Kind war, ohne Narkose die Mandeln schälen ließ; in *Katze im Regen* zeigt die anonyme weibliche Figur sich unzufrieden »mit dem egozentrischen und schlappen Ehemann«: das ist Hemingways Frau Hadley, die sich beklagt; in der weiblichen Figur von *Summer People* hat man die Ehefrau von Dos Passos zu sehen: Hemingway hat erfolglos versucht, sie zu verführen, und in der Erzählung mißbraucht er sie niederträchtig, indem er in die Rolle einer seiner Figuren schlüpft und mit ihr schläft; in *Über den Fluß und in die Wälder* geht ein Unbekannter durch eine Bar, er ist sehr häßlich: Hemingway beschreibt auf diese Weise Sinclair Lewis' Häßlichkeit, der, »tief verletzt durch diese grausame Beschreibung, drei Monate nach der Veröffentlichung des Romans starb«. Und so weiter, und so fort, von einer Denunziation zur nächsten.

Seit jeher haben die Romanciers sich gegen diesen *biogra-*

phischen Furor gewehrt, dessen prototypischer Vertreter, laut Marcel Proust, Sainte-Beuve ist mit seiner Devise: »Die Literatur ist nicht verschieden vom übrigen Menschen, zumindest läßt sie sich nicht von ihm trennen …« Ein Werk zu verstehen erfordert also, zunächst den Menschen zu kennen, das heißt, präzisiert Sainte-Beuve, die Antwort auf eine bestimmte Anzahl von Fragen zu kennen, selbst wenn sie »der Natur seiner Schriften fremd zu sein scheinen: Was dachte er über die Religion? Wie berührte ihn das Schauspiel der Natur? Wie ging er mit Frauen, mit Geld um? War er reich oder arm; wie waren seine Ernährungsweise, sein Alltagsleben beschaffen? Welches waren seine Laster und seine Schwächen?« Diese quasi polizeiliche Methode, kommentiert Proust, verlangte vom Kritiker, »sich mit allen möglichen Informationen über einen Schriftsteller zu versehen, seine Korrespondenzen zu vergleichen, die Menschen zu befragen, die ihn gekannt haben …«.

Dennoch hat Sainte-Beuve, »mit allen möglichen Informationen versehen«, es nicht geschafft, auch nur einen großen Schriftsteller seines Jahrhunderts wirklich zu kennen, weder Balzac, noch Stendhal, noch Baudelaire; während er ihr Leben studierte, übersah er fatalerweise ihr Werk, denn, sagt Proust: »ein Buch ist das Produkt eines *anderen Ich* als dessen, das wir in unseren Gewohnheiten, in der Gesellschaft, in unseren Lastern zur Schau stellen«; »Das Ich des Schriftstellers zeigt sich *nur* in seinen Büchern.«

Prousts Polemik gegen Sainte-Beuve ist von fundamentaler Bedeutung. Unterstreichen wir: Proust wirft Sainte-Beuve nicht vor zu übertreiben; er kreidet ihm nicht die Begrenztheit seiner Methode an; sein Urteil ist absolut: diese Methode ist in bezug auf das *andere Ich* des Autors blind; blind in bezug auf seine ästhetische Absicht; unvereinbar mit der Kunst; gegen die Kunst gerichtet; *misomusisch*.

12

Kafkas Werk ist in Frankreich in vier Bänden erschienen. Der zweite Band: Erzählungen und Erzählfragmente; das heißt: alles, was Kafka zu Lebzeiten publiziert hat, und außerdem alles, was man in seinen Schubladen gefunden hat: nicht veröffentlichte, nicht vollendete Erzählungen, Skizzen, Entwürfe, getilgte oder aufgegebene Fassungen. Wie das alles ordnen? Der Herausgeber hält sich an zwei Prinzipien: 1) alle erzählerischen Prosawerke befinden sich auf dem gleichen Niveau, unabhängig von ihrem Charakter, ihrer Gattung, dem Grad ihrer Vollendung und 2) sie werden chronologisch angeordnet, das heißt in der Reihenfolge ihres Entstehens.

Deshalb wird keiner der drei Erzählungenbände, die Kafka selbst zusammengestellt und herausgegeben hat (*Betrachtung*, *Ein Landarzt*, *Ein Hungerkünstler*) hier in der Form präsentiert, die Kafka ihr gegeben hat; diese Sammlungen sind ganz einfach verschwunden; die einzelnen Prosatexte, aus denen sie bestanden, sind nach chronologischem Prinzip zwischen anderen Prosatexten (Skizzen, Fragmenten etc.) verstreut; achthundert Prosaseiten von Kafka werden so zu einer Flut, in der sich alles in allem auflöst, einer formlosen Flut, wie nur Wasser es sein kann, Wasser, das dahinfließt und alles mit sich reißt, Gutes und Schlechtes, Vollendetes und Unvollendetes, Starkes und Schwaches, Skizze und Werk.

Schon Brod hatte verkündet, welche »fanatische Verehrung« er für jedes Wort Kafkas empfand. Die Verleger von Kafkas Werk zeigen die gleiche *absolute Verehrung* für alles, was ihr Autor je angefaßt hat. Aber man muß das Geheimnis der absoluten Verehrung richtig verstehen: sie ist gleichzeitig, und fatalerweise, die absolute Verleugnung des ästhetischen Willens des Autors. Denn der ästhetische Wille äußert sich in dem, was der Autor getilgt hat, ebensosehr wie in dem, was er geschrieben hat. Einen Absatz zu streichen verlangt von ihm ein noch größeres Talent, mehr Kultur und schöpferische Kraft, als ihn geschrieben zu haben. Zu veröffentlichen, was der

Autor gestrichen hat, ist also der gleiche Akt der Vergewaltigung wie zu zensieren, was er hat stehenlassen wollen.

Was für Tilgungen im Mikrokosmos eines einzelnen Werkes zutrifft, gilt ebenfalls für Tilgungen im Makrokosmos eines Gesamtwerks. Auch hier sondert der Autor, geleitet von seinen ästhetischen Ansprüchen, in der Stunde der Bilanz oft aus, was ihn nicht befriedigt. So erlaubt Claude Simon nicht mehr, daß seine ersten Bücher nachgedruckt werden. Faulkner erklärte explizit, er wolle »nichts anderes als die gedruckten Bücher« hinterlassen, mit anderen Worten, nichts von dem, was die *Mülltonnen-Schnüffler* nach seinem Tode finden würden. Er wollte also das gleiche wie Kafka, und man befolgte seinen Wunsch, wie man Kafkas Wunsch befolgte: alles, was man aufstöbern konnte, wurde auch herausgegeben. Ich kaufe mir Mahlers 1. Symphonie, dirigiert von Seji Ozawa. Diese Symphonie in vier Sätzen hatte zuerst fünf Sätze, nach der ersten Aufführung strich Mahler jedoch den zweiten Satz definitiv, der in keiner gedruckten Partitur mehr vorhanden ist. Ozawa hat ihn wieder in die Symphonie integriert; so kann endlich auch der Letzte verstehen, daß Mahler sehr hellsichtig war, als er ihn strich. Soll ich fortfahren? Die Liste ist endlos.

Die Art, wie Kafkas Gesamtwerk in Frankreich herausgegeben wurde, schockiert niemanden; sie entspricht dem Geist der Zeit: »Kafka liest man ganz«, erklärt der Herausgeber; »unter seinen verschiedenen Ausdrucksformen kann keine einen höheren Stellenwert beanspruchen als die anderen. So hat die Nachwelt, so haben wir entschieden; dieses Urteil steht fest und muß akzeptiert werden. Bisweilen geht man noch weiter: man lehnt nicht nur jegliche Hierarchie unter den Gattungen ab, man bestreitet, daß es Gattungen gibt, man behauptet, Kafka spreche überall die gleiche Sprache. Schließlich verwirkliche sich in ihm der überall gesuchte und immer erhoffte Fall einer vollkommenen Koinzidenz zwischen dem Gelebten und dem literarischen Ausdruck.«

»Perfekte Koinzidenz zwischen dem Gelebten und dem literarischen Ausdruck.« Das ist nur eine Variante von Sainte-Beuves Losung: »Untrennbarkeit der Literatur von ihrem Autor.« Ein Slogan, der an »die Einheit von Leben und Werk« erinnert. Was an die berühmte, fälschlicherweise Goethe zugeschriebene Formulierung denken läßt: »Das Leben als Kunstwerk.« Diese magischen Redewendungen sind Binsenwahrheiten (natürlich ist das, was der Mensch tut, untrennbar von ihm), Anti-Wahrheiten (untrennbar oder nicht, die künstlerische Schöpfung geht über das Leben hinaus), lyrische Klischees (die »überall gesuchte und immer erhoffte« Einheit von Leben und Werk wird als Idealzustand, Utopie, verlorenes und endlich wiedergefundenes Paradies dargestellt), vor allem aber verraten sie den Wunsch, der Kunst ihre Autonomie abzusprechen, sie dorthin zurückzudrängen, woher sie gekommen ist, ins Leben des Autors, sie in diesem Leben aufzulösen und auf diese Weise ihre Daseinsberechtigung zu leugnen (wenn ein Leben ein Kunstwerk sein kann, wozu braucht man dann noch Kunstwerke?). Man schert sich nicht um die Reihenfolge, in der Kafka die Erzählungen in den von ihm zusammengestellten Bänden anordnete, denn die einzig gültige Reihenfolge ist die, die das Leben diktiert. Man pfeift auf den Künstler Kafka, der uns mit seiner unklaren Ästhetik in Verlegenheit bringt, denn man will Kafka als Einheit von Gelebtem und Geschriebenem haben, den Kafka, der eine schwierige Beziehung zu seinem Vater hatte und nicht mit Frauen umgehen konnte. Hermann Broch hat protestiert, als man sein Werk in einen *kleinen Kontext* neben Svevo und Hofmannsthal stellte. Armer Kafka, ihm ist nicht einmal dieser kleine Kontext eingeräumt worden. Wenn man von ihm spricht, erwähnt man weder Hofmannsthal noch Thomas Mann, noch Musil, noch Broch; man läßt ihm nur einen einzigen Kontext: Felice, der Vater, Milena, Dora; er wird in den *Mini-Mini-Mini-Kontext* seiner Biographie verwiesen, weit weg von der Geschichte des Romans, sehr weit weg von der Kunst.

13

Die Neuzeit hat den Menschen, das Individuum, das denkende Ego zur Grundlage von allem gemacht. Aus dieser neuen Auffassung der Welt ergibt sich auch eine neue Auffassung vom Kunstwerk. Es wird zum originalen Ausdruck eines einzigartigen Individuums. In der Kunst verwirklichte sich der Individualismus der Neuzeit, dort wurde er bekräftigt, fand er seinen Ausdruck, seine Anerkennung, seinen Ruhm, sein Denkmal.

Wenn ein Kunstwerk Ausdruck eines Individuums und seiner Einzigartigkeit ist, dann ist es nur logisch, daß dieses einzigartige Wesen, der Autor, alle Rechte besitzt an dem, was ausschließlicher Ausdruck seiner selbst ist. Nach einem langen, Jahrhunderte dauernden Prozeß erhalten diese Rechte während der Französischen Revolution, die das literarische Eigentum als »das heiligste, persönlichste Eigentum unter allen Arten von Eigentum« anerkannte, ihre definitive juristische Form.

Ich denke zurück an die Zeit, als ich von der mährischen Volksmusik fasziniert war: die Schönheit des melodischen Ausdrucks; die Originalität der Metaphern. Wie sind diese Lieder entstanden? Kollektiv? Nein; diese Kunst hat ihre individuellen Schöpfer, ihre Dichter und ihre Dorfkomponisten gehabt; aber nachdem diese ihre Erfindung in die Welt entlassen hatten, gab es für sie keine Möglichkeit mehr, ihr zu folgen und sie gegen die Veränderungen, die Entstellungen, die ewigen Metamorphosen zu schützen. Damals stand ich denen sehr nahe, die in dieser Welt ohne künstlerisches Eigentum eine Art Paradies sahen; ein Paradies, in dem die Poesie von allen und für alle gemacht wurde.

Ich erwähne diese Erinnerung, um zu sagen, daß die große Figur der Neuzeit, der Autor, im Laufe der vergangenen Jahrhunderte erst nach und nach aufgetaucht ist und daß die Epoche der Autorenrechte in der Geschichte der Menschheit ein flüchtiger Moment ist, kurz wie ein Magnesiumblitz. Ohne das Ansehen des Autors und seiner Rechte aber wäre der große Aufschwung der europäischen Kunst der letzten Jahrhunderte und mit ihm der größte Ruhm Europas undenkbar gewesen. Der größte Ruhm, oder vielleicht der einzige, falls es nötig ist, daran zu erinnern: nicht wegen seiner Generäle oder seiner Staatsmänner ist Europa sogar noch von denen bewundert worden, denen es Leid zugefügt hat.

Bevor das Autorenrecht Gesetz wurde, mußte eine bestimmte geistige Bereitschaft vorhanden sein, den Autor zu respektieren. Diese geistige Bereitschaft, die sich im Laufe von Jahrhunderten langsam herausgebildet hat, scheint sich heute aufzulösen. Sonst könnte man eine Werbung für Toilettenpapier nicht mit Takten aus einer Symphonie von Brahms untermalen. Oder unter Beifall gekürzte Ausgaben von Stendhals Romanen veröffentlichen. Wenn die geistige Bereitschaft, einen Autor zu respektieren, noch existierte, würden die Leute sich fragen: Wäre Brahms damit einverstanden? Wäre Stendhal nicht verärgert?

Ich mache mich mit der neuen Fassung des Urheberrechtsgesetzes vertraut: die Probleme der Schriftsteller, Komponisten, Maler, Dichter, Romanciers nehmen darin einen winzigen Raum ein, da der Großteil des Textes der riesigen, sogenannten audiovisuellen Industrie gewidmet ist. Zweifellos erfordert diese gewaltige Industrie vollständig neue Spielregeln. Denn die Situation hat sich verändert: was man nach wie vor Kunst nennt, ist immer weniger »Ausdruck eines originellen und einzigartigen Individuums«. Wie kann der Drehbuchautor eines Films, der Millionen gekostet hat, seine moralischen Rechte geltend machen (das heißt das Recht, Eingriffe in das, was er geschrieben hat, zu verhindern), wenn ein ganzes Bataillon anderer Personen an diesem Werk mitarbeitet, die sich ebenfalls für Autoren halten und deren moralische Rechte sich gegenseitig einschränken; und wie soll er auf irgend etwas Anspruch erheben gegen den Willen des Produzenten, der, ohne Autor zu sein, gewiß der einzige echte Eigentümer des Films ist?

Ohne daß ihre Rechte eingeschränkt werden, gehören die Autoren der altmodischen Künste von vornherein einer anderen Welt an, in der das Autorenrecht im Begriff ist, seine frühere Aura zu verlieren. Diejenigen, die moralische Rechte von Autoren verletzen (die Bearbeiter von Romanen; die Mülltonnen-Schnüffler, die die sogenannten kritischen Ausgaben großer Autoren geplündert haben; die Werbung, die das tausendjährige Kulturerbe in ihrem rosaroten Speichel auflöst; die Zeitschriften, die alles ohne Erlaubnis nachdrucken; die Produzenten, die ins Werk der Filmemacher eingreifen; die Regisseure, die sich solche Freiheiten gegenüber den Texten herausnehmen, daß nur ein Verrückter noch für das Theater schreiben kann; etc.), sie alle können in diesem neuen Klima im Konfliktfall mit der Nachsicht der öffentlichen Meinung rechnen, wogegen der Autor, der auf seine moralischen Rechte pocht, Gefahr laufen wird, die Sympathie des Publikums zu verlieren und eher betreten juristischen Beistand zu bekommen, denn selbst die Hüter der Gesetze sind nicht unempfänglich für den Geist der Zeit.

Ich denke an Strawinsky. An die gewaltige Anstrengung, die er unternahm, um sein ganzes Werk als unzerstörbares Modell in seiner eigenen Interpretation zu bewahren. Samuel Beckett hat sich ähnlich verhalten: er versah den Text seiner Theaterstücke mit immer detaillierteren Regieangaben und bestand darauf (im Gegensatz zur gängigen Toleranz), daß sie strikt eingehalten wurden; oft war er bei den Proben zugegen, um die Inszenierung zu autorisieren, und manchmal machte er sie selbst; die für die deutsche Inszenierung vom *Endspiel* bestimmten Notizen gab er sogar in Buchform heraus, damit sie für immer erhalten blieben. Sein Verleger und Freund Jérôme Lindon wacht, notfalls um den Preis eines Prozesses, darüber, daß Becketts Wille als Autor auch nach dessen Tod noch respektiert wird.

Diese maximale Anstrengung, um einem Werk eine endgültige, absolut vollendete und vom Autor kontrollierte Form zu verleihen, ist beispiellos in der Geschichte. Als hätten Strawinsky und Beckett ihr Werk nicht nur vor der gängigen Praxis der Deformation schützen wollen, sondern darüber hinaus vor einer Zukunft, die immer weniger bereit ist, einen Text oder eine Partitur zu respektieren; als wollten sie ein Beispiel geben, das letzte Beispiel dafür, was die höchste Auffassung vom Autor ist, vom Autor, der auf der *vollumfänglichen* Realisierung seines Willens besteht.

14

Kafka schickte das Manuskript der *Verwandlung* an eine Zeitschrift, deren Redakteur, Robert Musil, bereit war, es zu publizieren, unter der Bedingung, daß der Autor den Text kürzte. (Ach! traurige Begegnungen großer Schriftsteller!) Kafkas Reaktion war frostig und genauso kategorisch wie die Strawinskys gegenüber Ansermet. Er konnte den Gedanken ertragen, nicht publiziert zu werden, der Gedanke, publiziert und verstümmelt zu werden, war für ihn jedoch unerträglich. Seine Auffassung vom Autor war ebenso absolut wie die Strawinskys und Becketts, doch während es letzteren mehr oder weniger gelang, sie durchzusetzen, scheiterte er. In der Geschichte des Autorenrechts stellt dieses Scheitern einen Wendepunkt dar.

Als Brod 1925 in seinem »Nachwort zur ersten Ausgabe« von *Der Prozeß* die beiden als Kafkas Testament bekannten Briefe veröffentlichte, behauptete er, Kafka habe sehr wohl gewußt, daß seine Wünsche nicht erfüllt würden. Nehmen wir an, Brod habe die Wahrheit gesagt, die beiden Briefe seien wirklich nur Ausdruck einer Laune gewesen, und über eine eventuelle (sehr unwahrscheinliche) postume Veröffentlichung von Kafkas Schriften habe Klarheit zwischen den beiden Freunden geherrscht; in diesem Fall konnte Brod, der Testamentsvollstrecker, die volle Verantwortung auf sich nehmen und publizieren, was er für gut hielt; in diesem Fall hatte er keine moralische Verpflichtung, uns von Kafkas Willen in Kenntnis zu setzen, der, ihm zufolge, nicht gültig oder bereits überholt war.

Er beeilte sich aber, diese »testamentarischen« Briefe zu veröffentlichen und damit das größtmögliche Aufsehen zu erregen; in der Tat war er bereits damit beschäftigt, das größte Werk seines Lebens zu schaffen, seinen Mythos von Kafka, dessen Glanzstück eben gerade dieser Wille war, einmalig in der gesamten Geschichte, der Wille eines Autors, sein ganzes Werk zu vernichten. Und so hat sich Kafka dem Gedächtnis des Publikums eingeprägt. Im Einklang mit dem, was Brod uns in seinem mythographischen Roman einreden möchte, in dem Garta-Kafka *alles* von ihm Geschriebene vernichten will; weil es ihn künstlerisch nicht befriedigte? Aber nein, Brods Kafka ist ein religiöser Denker; rufen wir ihn uns in Erinnerung: da Garta seinen Glauben nicht ver-künden, sondern »leben« wollte, hatten seine Schriften für ihn keinen Wert, sie waren »arme Vorstufen zu dieser letz-ten Höhe«. Nowy-Brod, sein Freund, weigert sich, ihm zu gehorchen, denn selbst wenn das, was Garta geschrieben hat, nur »Versuche« waren, bedeuteten sie »den irrenden Men-schen« auf ihrer Suche nach dem rechten Weg »etwas Uner-setzliches«.

Zusammen mit Kafkas »Testament« ist die große Legende vom heiligen Kafka-Garta entstanden, und mit ihr auch eine kleine Legende von seinem Propheten Brod, der mit patheti-scher Ehrenhaftigkeit den letzten Willen seines Freundes ver-öffentlicht, während er gleichzeitig gesteht, weshalb und im Namen welcher Prinzipien er beschlossen habe, ihm nicht zu gehorchen. Der große Mythograph hat seine Wette gewon-nen. Seine Tat wurde in den Rang einer großen, nachahmungs-würdigen Geste erhoben. Denn wer wollte an Brods Treue sei-nem Freund gegenüber zweifeln? Und wer wagte es, den Wert jedes Satzes, jedes Worts, jeder Silbe zu bezweifeln, die Kafka der Nachwelt hinterlassen hat?

So hat Brod das nachahmenswerte Beispiel des Ungehorsams toten Freunden gegenüber geschaffen; eine Rechtsprechung für die, die über den Letzten Willen eines Autors hinwegsehen oder seine intimsten Geheimnisse unter die Leute bringen wollen.

15

Was die unvollendeten Erzählungen und Romane betrifft, gebe ich gerne zu, daß sie jeden Testamentsvollstrecker in eine sehr schwierige Lage bringen müssen. Denn unter diesen Schriften von ungleicher Bedeutung befinden sich die drei Romane; Kafka hat nichts Größeres geschrieben. Dennoch ist es keineswegs anormal, daß er sie, weil sie unvollendet waren, in die Rubrik des Mißlungenen einordnete; ein Autor kann schwerlich glauben, daß der Wert eines Werks, das er nicht fertiggestellt hat, schon vor dessen Vollendung fast in seiner ganzen Deutlichkeit wahrnehmbar ist. Was jedoch für einen Autor unmöglich zu sehen ist, kann in den Augen eines Dritten völlig klar sein. Ja, wegen dieser drei Romane, die ich grenzenlos bewundere, wäre ich in schreckliche Verlegenheit gekommen, hätte ich mich in Brods Situation befunden.

Wer hätte mir einen Rat geben können?

Unser großer Meister. Schlagen wir den Anfang von Don Quijote auf, die Kapitel XII, XIII, XIV: Don Quijote ist mit Sancho in den Bergen und erfährt die Geschichte von Chrysostomus, einem jungen Dichter, der sich in eine Schäferin verliebt hat. Um in ihrer Nähe zu sein, ist er selbst Schäfer geworden; sie aber liebt ihn nicht, und Chrysostomus nimmt sich das Leben. Don Quijote beschließt, sich das Begräbnis anzusehen. Ambrosius, ein Freund des Dichters, leitet die kleine Zeremonie. Neben dem von Blumen bedeckten Leichnam liegen Notizbücher und Papiere mit Gedichten. Ambrosius erklärt den Anwesenden, daß Chrysostomus verlangt habe, sie zu verbrennen.

In diesem Moment mischt sich Vivaldo ein, ein Neugieriger, der sich der Trauerfeier angeschlossen hat: er bestreitet, daß es wirklich dem Willen des Verstorbenen entspreche, die Gedichte zu verbrennen, denn der Wille müsse vernünftig sein, und dieser sei es nicht. Es wäre also besser, seine Gedichte zu verschenken, damit sie anderen Freude, Weisheit, Erfahrung bringen könnten. Ohne Ambrosius' Antwort abzuwarten, beugt er sich nieder und hebt einige Blätter, die ihm am nächsten liegen, auf. Ambrosius sagt zu ihm: »Aus Höflichkeit mögt Ihr die, edler Herr, behalten, die Ihr genommen habt, aber es ist vergeblich, wenn Ihr darauf besteht, daß die übrigen nicht verbrannt werden sollen.«

»Aus Höflichkeit mögt Ihr die behalten«: das bedeutet, daß ich, auch wenn der Wunsch des toten Freundes für mich die bindende Kraft eines Gesetzes hat, kein Knecht der Gesetze bin, ich respektiere sie als freies Wesen, das nicht blind ist für andere, dem Gesetz zuwiderlaufende Gründe, wie zum Beispiel die Höflichkeit oder die Liebe zur Kunst. Deshalb »mögt Ihr die behalten, die Ihr genommen habt«, in der Hoffnung, daß mein Freund es mir verzeiht. Nichtsdestoweniger habe ich durch diese Ausnahme seinem Wunsch, der für mich Gesetz ist, zuwidergehandelt; ich habe es in eigener Verantwortung, aus eigenem Risiko getan, und ich habe es getan als *derjenige, der einem Gesetz zuwiderhandelt*, nicht als derjenige, der es leugnet und für null und nichtig erklärt; deshalb »ist es vergeblich, wenn Ihr darauf besteht, daß die übrigen nicht verbrannt werden sollen«.

16

Eine Fernsehsendung: drei berühmte und bewunderte Frauen schlagen gemeinsam vor, daß auch Frauen das Recht haben sollten, im Pantheon beigesetzt zu werden. Man müsse, sagen sie, an die symbolische Bedeutung dieser Handlung denken. Und sie nennen sogleich die Namen einiger großer toter Damen, die ihrer Meinung nach dorthin überführt werden könnten.

Eine berechtigte Forderung, gewiß; dennoch beunruhigt mich etwas: ruhen diese toten Damen, die man auf schnellstem Weg ins Pantheon überführen möchte, nicht neben ihren Männern? Gewiß; und sie haben es so gewollt. Was wird man also mit den Männern machen? Sie ebenfalls überführen? Wohl kaum; da sie nicht bedeutend genug waren, werden sie bleiben müssen, wo sie sind, und die umgesiedelten Damen werden ihre Ewigkeit in Witweneinsamkeit verbringen.

Aber dann sage ich mir: und die Männer? Ja, die Männer! Liegen sie etwa freiwillig im Pantheon? Nach ihrem Tod, ohne sie nach ihrer Meinung zu fragen und bestimmt gegen ihren letzten Willen, wurde beschlossen, sie in Symbole zu verwandeln und von ihren Frauen zu trennen.

Nach Chopins Tod haben polnische Patrioten seinen Leichnam zerlegt, um sein Herz herauszuschneiden. Sie haben diesen armen Muskel nationalisiert und in Polen begraben.

Man behandelt einen Toten wie ein Stück Abfall oder ein Symbol. Seiner verschwundenen Individualität gegenüber bedeutet dies die gleiche Respektlosigkeit.

17

Ach, es ist so einfach, einem Toten gegenüber ungehorsam zu sein. Wenn man sich gelegentlich dennoch seinem Willen beugt, geschieht dies nicht aus Angst, aus Zwang, sondern weil man ihn liebt und sich weigert zu glauben, daß er tot ist. Wenn ein alter Bauer, der im Sterben liegt, seinen Sohn bittet, den alten Birnbaum vor dem Fenster nicht zu fällen, wird der Birnbaum nicht gefällt werden, solange der Sohn in Liebe an seinen Vater denkt.

Das hat nicht viel mit einem religiösen Glauben an das

ewige Leben der Seele zu tun. Ein Toter, den ich liebe, wird für mich ganz einfach nie tot sein. Ich kann nicht einmal sagen: ich habe ihn geliebt; nein, ich liebe ihn. Und wenn ich mich weigere, von meiner Liebe zu ihm in der Vergangenheit zu sprechen, bedeutet das, daß der Verstorbene *ist*. Darin liegt vielleicht die religiöse Dimension des Menschen. Tatsächlich ist der Gehorsam gegenüber dem letzten Willen eines Menschen geheimnisvoll: er übersteigt jede praktische und rationale Reflexion: nie wird der alte Bauer in seinem Grab wissen, ob der Birnbaum gefällt wurde oder nicht; trotzdem ist es für den Sohn, der ihn liebt, unmöglich, ungehorsam zu sein.

Ich war einst gerührt (und bin es immer noch) über den Schluß von Faulkners Roman *Wilde Palmen*. Die Frau stirbt nach einer mißlungenen Abtreibung, der Mann bleibt im Gefängnis, auf zehn Jahre verurteilt; man bringt ihm eine weiße Tablette in die Zelle, Gift; aber er weist den Gedanken des Selbstmords rasch von sich, denn die einzige Art, das Leben der geliebten Frau zu verlängern, besteht darin, sie in seinen Erinnerungen zu bewahren.

»… und darum verging, als SIE verging, auch die Hälfte des Erinnerns, und wenn ich vergehen werde, wird alles Erinnern aufgehört haben zu sein. – Ja, dachte er, vor die Wahl gestellt zwischen dem Leid und dem Nichts wähle ich das Leid.«

Als ich später *Das Buch vom Lachen und Vergessen* schrieb, habe ich mich in die Figur von Tamina versetzt, die ihren Mann verloren hat und verzweifelt versucht, ihn wiederzufinden, die verstreuten Erinnerungen zu sammeln, um ein verschwundenes Wesen, eine Vergangenheit, die unwiederbringlich vorbei ist, wieder aufleben zu lassen; damals habe ich zum ersten Mal begriffen, daß man in einer Erinnerung nicht die *Anwesenheit* des Verstorbenen wiederfindet; die Erinnerungen sind nur die Bestätigung seiner Abwesenheit; in den Erinnerungen ist der Tote nichts als eine unerreichbare Vergangenheit, die verblaßt und verschwindet.

Aber auch wenn es mir unmöglich ist, das Wesen, das ich

liebe, jemals für tot zu halten, wie offenbart sich seine Anwesenheit?

In seinem Willen, den ich kenne und dem ich treu bleiben werde. Ich denke an den alten Birnbaum, der vor dem Fenster stehen wird, solange der Sohn des Bauern am Leben ist.

Milan Kundera
im Carl Hanser Verlag

Die unerträgliche Leichtigkeit des Seins
Aus dem Tschechischen von Susanna Roth
Roman. 1984. 300 Seiten

»Wann werden wir endlich einen deutschen Roman erhalten, der sich so einfühlsam und nachdenklich mit Liebe und Sexualität befaßt und der das Individuum vor dem Hintergrund des Lebens hier und heute zeigt? Einen Roman, der überdies so intelligent und souverän, so lesbar und so unterhaltsam wäre?«   *Frankfurter Allgemeine Zeitung*

»Man braucht gewiß nicht hinter die Geheimnisse des Prosa-Komponisten Kundera zu kommen (obwohl es ja den Reiz erhöhen würde), um in den Genuß dieser souveränen und immer wieder überraschenden Erzählweise zu gelangen.«   *Frankfurter Rundschau*

Das Buch der lächerlichen Liebe
Aus dem Tschechischen von Susanna Roth
Erzählungen. 1986. 240 Seiten

»Wenn ich definieren müßte, würde ich sagen, ich sei ein Hedonist, der in einer aufs Äußerste politisierten Welt gefangen ist. Davon erzählt das *Buch der lächerlichen Liebe*, das ich übrigens mehr mag als all meine anderen Bücher, weil es die glücklichste Zeit meines Lebens widerspiegelt.«   *Milan Kundera*

»*Das Buch der lächerlichen Liebe* enthält sieben frühe, zwischen 1960 und 1968 entstandene Erzählungen. Ein perfekter Erzähler, so virtuos wie souverän, auf der Suche nach einem Stoff. Wunderbare Kompositionen. Sieben Erzählungen, sieben Variationen eines Motivs: der lächerlichen Liebe.«   *Der Spiegel*

Milan Kundera
im Carl Hanser Verlag

Der Scherz
Aus dem Tschechischen von Susanna Roth
Roman. 1987. 350 Seiten

»In Milan Kunderas erstem Roman *Der Scherz* sind alle Motive seines späteren Werkes entwickelt, die Kraftfelder von Liebe und Herrschaft, der Gegensatz zwischen Stadt und Land, Bonzenmacht und Volkskultur, die Utopie Musik, der Verrat in Wort und Schrift. Kundera führt die verschiedenen Stimmen im *Scherz* wie in seinen späteren Romanen zu hybriden Prosa-Kompositionen zusammen, mischt Erinnerung und Begehren, Heimat und Exil, Roman und Essay. Kunderas Romane zählen zum besten, was derzeit in Europa geschrieben wird.«   *Die Zeit*

»Der Roman ist bis heute wohl das Meisterwerk des seit 1975 im französischen Exil lebenden Autors: Kunstwerk und Zeitdokumentation in einem.«   *Neue Zürcher Zeitung*

»Kunderas erster Roman *Der Scherz* wirkt, obgleich vor über zwanzig Jahren geschrieben, in keiner Weise veraltet. Er hat die zeitlose Selbstverständlichkeit des Klassikers.«
Frankfurter Allgemeine Zeitung

Abschiedswalzer
Aus dem Tschechischen von Susanna Roth
Roman. 1989. 246 Seiten

»*Abschiedswalzer* ist ein Meisterwerk des symbolischen Realismus', konsequent im Aufbau, zwingend in der Darstellung, mit starken Handlungs-Effekten im Ablauf des Geschehens. Der absurde, stilistisch glänzende Roman ist aber auch ein anarchisches Fest vor dem Untergang.«   *Rheinische Post*

Milan Kundera
im Carl Hanser Verlag

Unsterblichkeit
Aus dem Tschechischen von Susanna Roth
Roman. 1990. 416 Seiten

»Aus der Welt ein Spiel zu machen, in dem man seinen Platz behält:
das ist die Botschaft dieses Anti-Romans, der von einem der bedeu-
tendsten Romantheoretiker geschrieben wurde. Es ist die immer wieder vorgebrachte Überzeugung eines Autors, der im Witz und in der
Ironie die Waffe gegen jeglichen Despotismus gefunden hat. Es ist
die Überzeugung eines großen Schriftstellers, der sich aus der Hölle
retten konnte an dem Tag, an dem ihm klar wurde, daß man dort
nicht scherzt. *Figaro littéraire*

»Wieder hat Milan Kundera einen grandiosen Roman geschrieben.
Wieder stürzt er seine Leser ins Kaleidoskop seiner erotischen Vor-
stellungen. Wieder entwickelt er aus der Horizontalen eine philosophische Vertikale, die an den Himmel stößt. Doch diesmal ist er es,
der am Kreuz seiner Liebesvorstellung hängt – in der Einübung des
ersten Gedankens an den Tod, in der Einübung des sich selbst im
Tode Denkens. Milan Kundera hat sein intimstes Buch geschrieben.«
Die Welt

Das Leben ist anderswo
Aus dem Tschechischen von Susanna Roth
Roman. 1990. 344 Seiten

»*Das Leben ist anderswo* erweist sich in aller Vielschichtigkeit als
echter Roman, pikant auch durch Parallelitäten mit der persönlichen
Entwicklung des Autors sowie durch geschickt interpolierte Anspie-
lungen auf Dichterschicksale (Rimbaud, Lermontow, Tschechow,
Majakowski), doch besteht die stilistische Bravour darin, daß diese
Beispiele organisch ins Romangeschehen passen.«
Die Presse, Wien

Milan Kundera
im Carl Hanser Verlag

Das Buch vom Lachen und Vergessen
Aus dem Tschechischen von Susanna Roth
Roman. 1992. 312 Seiten

»Kundera hat mit diesem Buch eine virtuose Partitur geschrieben, deren Klang auch nach den gesellschaftlichen und politischen Veränderungen in Osteuropa noch gültig ist.« *Der Standard*

»Kundera schreibt über Menschen, die zu KP-Zeiten von der Politik verfolgt wurden. Über Denunzianten und Denunzierte, Mit- und Wegläufer. Vor diesem Hintergrund spielt sich das spannende Theater menschlicher Schicksale ab. Da agieren Tragik und Komödie – augenzwinkernd hält der Beobachter diese mit autobiographischem Material angefüllte Szenerie fest.« *Rhein-Zeitung*

Die Kunst des Romans
Aus dem Französischen von Brigitte Weidmann.
Essay. Edition Akzente. 1987. 174 Seiten

»*Die Kunst des Romans* fesselt von der ersten bis zur letzten Seite. Zunächst schon durch seine hervorragenden Formulierungen wie auch seine Begabung, uns sein Denken durch treffend gewählte Beispiele korrekt nahezubringen. Faszinierend aber wird der Text durch das totale eigene Engagement; durch die vielen Einblicke, die Kundera in sein eigenes Werk gibt: hier die Genesis einer Figur, dort der Stellenwert eines Essays im Roman; anderswo spricht er – wieder mit Beispielen belegt – von einzelnen Schlüsselwörtern, die er durch eine Figur zu erkunden sucht.« *Neue Zürcher Zeitung*